アスペルガー症候群への支援
――思春期編

ブレンダ・スミス・マイルズ & ダイアン・エイドリアン 著
吉野 邦夫 監訳
テーラー幸恵・萩原 拓 訳

Asperger Syndrome and
Adolescence :
Practical Solutions for
School Success
　　by Brenda Smith Myles &
　　　Diane Adreon

東京書籍

Asperger Syndrome and Adolescence
Practical Solutions for School Success
by Brenda Smith Myles & Diane Adreon

First published in the United States of America in 2001
by Autism Asperger Publishing Company
Copyright © 2001 by Autism Asperger Publishing Company
Japanese edition copyright © 2006 by Tokyo Shoseki Co., Ltd.
All rights reserved.

ISBN 4-487-79905-8 C0037 NDC378
Printed in Japan

この本を
ジョン・オーク君
ジェフリー・シュミット君
ＣＪブリッグス君
に捧げます。

彼らはみんなの希望です。

目 次

第1章　定型発達の青少年の中学・高校での体験 ……… *9*

第2章　アスペルガー症候群：中学・高校期にみられる特徴 *15*

　認 知 …………………………………………………………… *15*
　　知能 *15*／成熟度 *16*／機械的な記憶力 *16*／
　　「心の理論」の欠如 *17*／遂行（実行）機能 *19*／
　　問題解決 *20*／般化 *21*／特別な興味 *22*

　言語と社会性について ……………………………………… *23*

　感覚の問題 …………………………………………………… *29*

　行 動 …………………………………………………………… *30*
　　不安とストレス *30*／うつ状態 *31*／
　　注意散漫と不注意 *32*／外的かんしゃくと内的かんしゃく、
　　怒り、メルトダウン（パニック）*33*

　運動スキル …………………………………………………… *34*

　まとめ ………………………………………………………… *35*

第3章　アスペルガー症候群の青年の評価 ……………… *37*

　診断的評価 …………………………………………………… *37*

　身体的特徴の評価 …………………………………………… *38*

　カリキュラムに基づいた評価 ……………………………… *39*
　　読む力 *39*／書く力 *40*／ソーシャルスキルと
　　生活スキル *40*／実力テスト *41*／大学進学の計画 *42*

　感覚・運動、社会性、言語、学習特性の測定 …………… *42*
　　感覚・運動スキル *43*／ソーシャルスキル *43*／
　　言語 *46*／生徒の学習特性 *47*

　行動と知覚の機能評価 ……………………………………… *57*
　　生徒の行動の選定と記述 *57*／生徒がその状況で何を要求
　　されたのか、行動の前に何があったのかを記述する *58*／
　　ベースラインデータや作品サンプルの収集 *59*／
　　機能評価方法の完成と仮説の設定 *67*／
　　行動支援計画の開発と実施 *67*／データの収集と計画の
　　有効性の分析にむけたフォローアップ *71*

　まとめ ………………………………………………………… *71*

第4章　アスペルガー症候群の生徒のための中学・高校での支援 …… 73

教科学習での修正 …… 77
事前学習（予告）77／授業課題 78／ノートをとること 79／図式まとめ 81／エンリッチメント（教育課程の拡充）86／宿題 88

学校での構造化されていない、あるいは構造化の少ない時間帯での調整 …… 91
交通機関・バス 92／体育 94／ランチタイム 95／教室移動 96／決まりごとの変更 97／登下校 98

環境的支援 …… 99
優先席 99／整頓術 99／ホームベース 100／セーフパーソン 103／視覚支援 104／トラベルカード 108

ソーシャルサポート …… 113
暗黙のルール 114／友だちの輪 118／ソーシャルスキルの指導 120／ソーシャルスキルの通訳 124

安定化 …… 133
短期の介入 133／長期の支援 134／ASの生徒の安定化を助ける5つのステップ 136

まとめ …… 141

第5章　アスペルガー症候群の生徒のための移行計画 …… *143*
評価の実施や再検討 144／適切な学校環境の選択 144／移行計画会議 150／学校職員の研修 150／生徒のオリエンテーション 158

まとめ …… 158

第6章　実生活の断片——アスペルガー症候群の若者とその親たちの視点 …… *159*
ジル・オズグッド・シュミット——ジェフリーの母 …… 160
ジェフリー・シュミット——中学2年生 …… 163
ジョン・オーク——高校1年生 …… 163
ジュリー・ティンプトン——アリスンの母 …… 165
シェリー・モイヤー——ロバートの母 …… 166
レベッカ・ハインリックス——サムの母 …… 172
アン・ブリッグス——CJの母 …… 175
ぼくは——CJ・ブリッグス …… 183

第７章　マイケル──ケーススタディ ……………………… **185**
　　小学３年生 …………………………………………………… 186
　　４年生 ………………………………………………………… 190
　　　転校 203／家庭での行動 209／
　　　特別支援教育の認定 210／
　　　暫定措置の再検討：４年生の６月 212／夏 215
　　５年生 ………………………………………………………… 216
　　　1998年１月の出来事 218／1998年５月の出来事 219／
　　　中学校への移行計画 219／
　　　行動プランの作成 222／
　　　マイケルのオリエンテーション・ストラテジー 223／
　　　新学期初日に備えた職員研修 224
　　６年生 ………………………………………………………… 224
　　　新学期第１週目 224／
　　　「危機」に先立った最初の問題行動 225／
　　　パス制度の問題 226／機能分析 228
　　７年生 ………………………………………………………… 244
　　　学年度末再評定 246
　　８年生 ………………………………………………………… 249

監訳者あとがき ……………………………………………………… *255*
参考文献 ……………………………………………………………… *257*
索　引 ………………………………………………………………… *261*

図表 一覧

表1.1	定型発達の中学生・高校生が述べた心配事	11
表1.2	教師から見た中学生・高校生の心配事	13
表1.3	中学・高校に入ったら楽しみなこと	14
表2.1	感覚器系の場所と機能	28
表3.1	言語テスト	48〜49
表3.2	学習特性の評価	50〜55
図3.1	授業環境診断チェックリスト	60〜63
表3.3	クラスにおける14のベスト指導法	64〜66
表3.4	問題行動が起こる要因と考えられるもの	66
図3.2	生徒のものの見方に関する分析	68〜70
表4.1	容認しうる生徒の代替プロジェクト	79
図4.1	グラフィック・オーガナイザー（図式まとめ）のサンプル	82〜85
図4.2	問題解決のための学習コントラクト	87
図4.3	宿題チェックリスト	90
表4.2	整理整頓の支援例	101
表4.3	アスペルガー症候群の中・高校生のための視覚的サポート	104〜107
図4.4	ロッキーのトラベルカード	109
表4.4	トラベルカードプログラムでの役割	110〜111
表4.5	暗黙のルールの例	116〜117
表4.6	ソーシャルストーリー	123
図4.5	マンガのサンプル	125
図4.6	社会的場面検証法のワークシート	127
図4.7	SOCCSS法 実施用紙	130〜131
図5.1	移行計画チェックリスト	151〜157
図7.1	宿題計画シート	186
図7.2	宿題計画シート 改訂版	187
図7.3	祝日の絵	196

第 1 章

定型発達の青少年の中学・高校での体験

ジェニファー・ステラ (共著)

　小学校から中学校への、そして中学校から高校への移行は、多くの定型発達の青少年にとって悩みが伴う体験です。自分自身のことで、また学業でも様々な変化に直面するためです。科目ごとに先生が変わる、学校の規模が大きくなる、などの構造上の変化には多くの生徒が戸惑います。うまくやっていけるかどうか、あるいは単に「ついていけるかどうか」という不安もあります。教師が生徒を能力で分け、動機づけとして競争の雰囲気を作り始めると、とくに高校では、生徒は大人の期待に応えていくのが難しくなると述べています。中には中学や高校へ上がると、とりわけ、理科、社会、国語の読解で成績が下がる生徒がいます（エイドリアン&ステラ、2001；アルスボウ、1998）。さらに、小学校の時よりも、能力が下がったように感じるという、生徒たち自身による報告があります。例えば、中学校で授業についていけるだけの数学と国語の力があるかどうか、あるいは伸ばしていけるかどうかの自信が前よりももてないというようなことです（アンダーマン&ミッドグリー、1997；ウィグフィールド&エクレス、1994）。

　同時にこの年頃では、社会的に期待されることが増え、同年齢の子ど

もたちとの付き合いも、より複雑になっていきます。思春期の子どもたちは、家庭や小学校の「安全」で慣れ親しんだ場から出て、より大きく、より多様な生徒集団や、社会性がさらに必要となる広い地域社会への参入が求められるようになります。その結果、ソーシャルスキルに欠ける生徒は、この移行期に、深刻な適応問題を抱えたり、自分の価値を否定的に感じることがよくあります（ショフナー&ウィリアムソン、2000）。さらに追い討ちをかけられるかのように、子どもたちは思春期初めの身体的な変化にも対処していかなければならないのです（エイドリアン&ステラ、2001）。脚注1

こうした理由で、中学や高校へ進学する青少年の多くが、子ども時代と、大人に近いレベルとの狭間で揺れながら、大きな心理的ストレスに悩んでいます。大勢の子どもたちが、この移行期にひたすら戸惑うのは当然のことなのです。中学生の子をもつデブラ＝リン・フック（2000）は、そのことを適確に表現しています。

> 中学校は子どもたちが何年もさまようところ。地に足がつかないまま、人に知られることもなく、大人にならなくちゃという思いと、床に座って円盤ゲームをしていたいというひそかな望みの間を揺れ動くのです。10キロもある本を思春期の背にしょって、教室から教室へと移る時でさえも。

この時期は非常に難しいので、多くの若者がストレスを訴えます（ガーラー、ドゥルー、モーア、1990）。前述の様々なストレス因子が重なって、落ち着かず、圧倒されるように感じる生徒がたくさんいます。その結果、中学校への移行期に、らせんを描くように深刻な下降線をたどり始める生徒たちがいます。その理由として、複雑な社会的規範に従うスキルが足りない、点数や成績で評価される自分に対して不信感が強くなる（ブラ

脚注1　性の問題と成人期への移行は極めて重要な論点ですが、本書の焦点からは外れていることと行数の制約によって、ここでは取り上げません。

第1章　定型発達の青少年の中学・高校での体験

表1.1　定型発達の中学生・高校生が述べた心配事

- 校舎で迷うのではないか
- 複雑なスケジュールを理解し、従えるか
- 授業に遅れるのではないか
- 自分のロッカーを見つけ、開けられるだろうか
- 次の授業が何か、どの教室へ行くのか覚えられるだろうか
- 混み合った廊下を抜けて教室に時間内にたどり着けるか
- トイレの場所がわかるだろうか
- カフェテリアの使い方がわかるだろうか
- 複数の先生方に対応できるだろうか
- 授業ごとに変わる規則や、やり方に従えるだろうか
- 先生に「目をつけられる」のではないか
- 教材を理解できるだろうか
- 学習目標に到達できるだろうか
- 教材を使いこなし、整理できるだろうか
- 大量の宿題を完成できるだろうか
- 成績が悪くなるのではないか
- 今以上の責任をとれないと感じる
- 助けが必要な時に誰も助けてくれないのではないか
- 中学や高校で全般的に「やり通す」ことができるだろうか
- 孤独感、孤立感がある
- 他の生徒たちから疎外されるのではないか
- 一人ぼっちで、皆に好かれないのではないか
- 年上の生徒たちからいじめや虐待を受けるのではないか
- 学校で失敗すれば、今後の長期的な目標に到達できなくなるのではないだろうか
- 家に帰るバスがどれなのか、わからなくなるのではないか

Note. Items from Arowosafe & Irvin (1992); Black (1999); Hartos & Power (1997); Mizelle (1990); Mullins & Irvin (2000); Odegaard & Heath (1992); Phelan, Yu, & Davidson (1994); Schumacher (1998); Weldy (1995).

ック、1999)、ということがよく言われています。生徒が述べるストレス因子の中には、表面的にはささいなもの(ロッカーの開け方がわからない、別棟の教室での授業に間に合わないのではないかという心配)がありますが、一方で非常に大きな悩み(長期にわたる教育目標に見合う成績がとれるかどうか)もあります。**表1.1**は中学・高校で生徒が感じた具体的なストレス因子のリストです。

　生徒が述べる悩みに加え、中学・高校の教師も、生徒たちの間に数々のストレス因子を見ています。生徒からの報告と重複する内容が多いのですが、生徒側からは出ていないものもあります。しかし、出ていないからそれは違うということではありません。重大なストレス因子でありながら、何らかの理由で生徒が訴えなかったのかもしれません。他の生徒たちからの圧力にさらされる、生徒間の徒党(排他的な仲良しグループ)を理解する、自分の行為に対してより大きな責任を担う、などはそのいくつかに過ぎませんが、教師は、学業での成功や、思春期を健やかに過ごす上で大きな影響を及ぼすストレス因子と見なしています(**表1.2**)。

　しかし、すべてが見かけほど暗いわけではありません。中学・高校へ移る際、生徒たちがたくさんのストレス因子を体験するのは明らかですが、多くの場合、待ち望んでいる楽しいことがあり、それによってバランスをとっています。カフェテリアでの食事、教室間の移動といった環境の変化、また、自分で決定し、自分で解決する機会があることも楽しみの中に含まれています(**表1.3**)。さらに、定型発達の生徒にとっては、「深刻な」ストレス因子があっても、たいていそれは短期間のものであり、対処が可能です。例えば、カフェテリアでどうするのかは、年長の生徒たちの様子を2、3度見ればわかります。新しい体験から来るストレスや不安はすみやかに軽減されるのです。校舎周りの道も同様にすぐに覚え、そこを通るのが日課になります。新しい体験の中には、宿題の時間配分を決めたり、中学・高校でよく見られる生徒間の徒党関係を了解するというような、適応にもっと時間がかかることがありますが、そのよ

第1章　定型発達の青少年の中学・高校での体験

表1.2　教師から見た中学生・高校生の心配事

- 科目によって教室が変わる
- 親のかかわりが減る
- 以前より多くの教師に対応しなければならない
- 授業中や授業の合間の休み時間や自由時間がなくなる
- 新しい成績基準や評価法に順応できるか
- 同じ学年の生徒たちから、もっと圧力をかけられるのではないか
- 徒党（排他的な仲良しグループ）
- 学校が新しく、以前より大きく、冷淡な感じで怖い
- 自分の行為に、より大きな責任を担うこと
- 年長の生徒たちへの対応
- いろいろな小学校から来た生徒たちとの交流
- 親からの非現実的な期待への対処
- 課外授業の体験が乏しい
- 生徒用ロッカーに慣れていない
- 学校のスケジュールについていくこと
- 長期にわたる課題の時間配分を決め、完成させること

Note. Items from Weldy cited in Schumacher (1998).

うなことでも定型発達の生徒たちは徐々に適応していきます。

　以上、定型発達の生徒たちのことを挙げてきましたが、本書は、アスペルガー症候群（以下ASと表記）の青少年について記すものです。ASの生徒たちは、その症候群の特性によって、新しい学校生活になかなか適応できないことが多々あります。ASの若者は、「中学校」「高校」と呼ばれる新しい文化をどのように感じ、どのように対処するのでしょうか。

　ASで13歳のジョナサンは、中学や高校に対する自分の思いを端的に話しています。中学で何が待ち遠しいかと母親に聞かれて、ジョナサンは「終わり」と答えたのでした。

表1.3　中学・高校に入ったら楽しみなこと

- 自分専用のロッカーがもらえる
- 科目によって先生が変わる
- 授業ごとにいろいろな教室に移動する
- カフェテリアでの食事
- より本格的な運動プログラムへの参加
- 選択科目が増える
- 自分で管理したり、決定できることが増える
- 新しい友だち作り

Note. Items from Arowosafe & Irvin (1992); Odegaard & Heath (1992).

　ASの低年齢層に関する本は非常に増えていますが、私たちはASの人たちの人生を左右しかねない重要な段階に焦点を当てています。思春期には、ASの最も顕著な特徴が一段と強まることが多く、学業及び社会性の面で重大な問題につながることがあります。

　本書では、ASの青少年が中学・高校へ、より円滑に移行するための、またそこでの日々をより過ごしやすくするためのアイデアと方法を提起します。はじめに、学校生活をとくに難しくさせがちなASの特性を概観していきましょう。次にASの生徒のための、学校を基盤とした評価法、全般支援、移行方法について述べていきます。思春期に伴うトラウマや悩みを、親、教育者、そして生徒自身が減らしていく手助けとなるでしょう。最後の2つの章は「実生活」での体験記です。第6章では親と十代のASの子どもたちが実際に体験した成功と難問について述べています。第7章は、本書で紹介する方法によって、思春期のASの生徒が学校でどのように成功体験をおさめたかを示すケーススタディです。

第2章
アスペルガー症候群：
中学・高校期にみられる特徴

　近年、200人から250人に約1人がASだと診断されています（カーデショー、ギルバーグ＆ハグバーグ、1999）。その人数が非常に多いことから、研究者や臨床家たちは、学校と家庭での効果的な支援方法の特定と開発に大変な力を注いできました。しかし、それらの研究のほとんどは、小学生レベルの子どもに焦点を当てたもので、中学・高校へ入るASの若い人たちへの支援方法については、ほとんど注目されていませんでした。

　この章では、思春期や十代にきわめて大きな影響を与えるASの特性について検討していきます。主となるのは、認知、言語および社会性の問題、感覚、行動、そして運動スキルの5分野です。

認 知

知 能

　ASの人たちは概して、平均ないし平均以上のIQを示します。優秀、または超優秀なIQ保持者の中では、ASの人が高い割合を占めています。また、知能検査では、ASの場合、非言語性の学習障害（LD）の人たちとは異なり、動作と言語の点数に大きな差が見られません（バーンヒル、萩原、マイルズ、シンプソン）。

平均、または平均以上の知能をもっていることが、なぜ中学生、高校生にとって問題となるのでしょうか。ASのユニークな特性を理解しない人たちは、生徒の学力や学校環境での適応力を測る最良の方法はIQテストであると考えます。彼らは、IQが140もある生徒が、なぜ宿題を学校に忘れて帰るのか、スケジュールが変わるとなぜ不安になるのか、複数の指示になぜ従えないのか、理解できないのです。

成熟度

　ASなどの神経学的障害がある若者の情緒的な成熟度は、実年齢の度合いよりもかなり低くなります。とくに十代では、その度合いが同年齢の若者の3分の2程度のことがあります。成熟度はしばしば社会的な場面でのふるまい方によって評価されます。社会的にうまく立ち回るためには、他の人たちのしかめ面、ほほえみ、退屈そうな様子、感情などの社会的な手がかりに気づき、それらを理解できなければなりません。また、自分の行動と他人の行動について、はっきりと考える力が要求されます。さらに、同年齢の子どもたちが互いにどのような行動をとり、どのようなつき合い方をするのかも確認していかなければなりません。

　そのようなことはすべて、ASの生徒にとって大変な難関です。ASの生徒は、同年齢の子どもたちの微妙なやりとりを理解できなかったり、どうやって溶け込んだらいいのかわからないため、よく「とんちんかん」あるいは「世間知らず」だと思われます（マイルズ＆サウスウィック、1999）。興味の対象も彼らを幼く見せます。ポケモンへの執着は、小学校では問題になりませんが、普通の十代の子どもたちのほとんどは、年齢不相応だと考えます。

機械的な記憶力

　種々様々なことを記憶する力は、多くのASの人たちに共通する特性で、強みとなり得ます。例えば、クイズ大会、地理やスペルの競技会では、

第2章　アスペルガー症候群：中学・高校期にみられる特徴

この記憶力のおかげで、よくひっぱりだこになることがあります。彼らは、記憶している膨大な知識の中から、一般にはほとんど知られていないことや、そんな言葉があることさえ誰も知らないような単語の綴りを思い出すのです。

　しかし、機械的な記憶は誤解を生みます。記憶力が秀でているため、ASの若者は自分の話している概念をわかっているという印象を与えますが、実はそうではないことがあります。概してASの人たちは、文章や会話の中で、何らかの理由で引きつけられた語句をかいつまみ、それを理解しているかのように機械的に用います。この受け売りのせいで、しばしば、実際よりも高いレベルの理解力があるように思われます。読み終えた小説に関するプリントで、多項選択の問題には答えられても、主人公の動機は理解できないかもしれません。

　また、機械的な記憶力があると、情報や出来事をいつでも思い出すことができるはずだと勘違いされてしまいます。しかしASの人たちは、きっかけとなる特定の単語や言い回しがなければ、思い出せないことが多いのです。例えば、「今度ジムに悪口を言われたら、どうするんだった？」という質問には答えられないかもしれません。「どうするのか」は「悪口」という言葉とつなげて記憶されており、その時点では「ジム」は関連していなかったからです。

「心の理論」の欠如

　ASの生徒は、他の生徒たちや教師とは異なる視点で世の中を見たり、周りの出来事を解釈します。私たちが当然だと思うことが何なのかがわかりづらいのです。定型発達の生徒たちは、特定の場面では互いに考えていることがわかるので、いちいち説明する必要がないと思いがちです。マークが友だちのエドに「いいなあ」と言ったとします。マークは、たった今横を通り過ぎたブロンドの可愛いジェニファーのことをさしてそう言ったのですが、当然、エドもそれを了解していると思います。一方、

エドも、マークがジェニファーをガールフレンドにしたいと思っているのは明らかなので、自分はジェニファーではなくて、彼女の親友のモニクと仲良くなるのがいいかもしれないと考えます。「いいなあ」というたった一言で、以上のことが通じ合ったのです。

　このような想定を導き、それに基づいて行動する能力は「心の理論」と呼ばれています。クーミン、リーチ、スティーヴンソン（1998）は、心の理論の定義を「他者の考えについて、また、他者が私の考えについてどう思うかを考える能力、さらに他者が自分の考えを私にどう思われているかを考える、などの能力」としています（原書p.19参照）。これはASの人たちすべてに共通する問題であり、とくに思春期の子どもたちにとっては難題です。私たちは誰かと話す時、相手が話題に興味をもっているかどうか、その人の心を読み取ろうとします。相手の顔の表情、姿勢、声の調子などから、自分の推測が正しいかどうかを判断するのです。

　一般的に思春期の子どもたちは、自分は「非常に鋭い」と思っています。実際は、わくわくしたり、魅了されているのに、冷静なふりをしたり、関心がないようにふるまったりします。そっけなくうなずくのが、一番親しい友だちとの挨拶だったりします。思春期の子どもたちには、自分たちだけの言葉や暗黙の言語があると思われます。そのため、そのような言語を理解しないASの子どもたちは、彼らの中に溶け込みません。おかしな挨拶をする、不適切な時に教師に話しかける、あるいは教師を「先生」ではなく「その辺の人」と見なす、他の生徒からのさりげないコミュニケーションを無視するというようなASの生徒のふるまいは、即座に同年代の子どもたちに「付き合うと危ない」と思わせてしまいます。そしてその思いは、簡単には撤回できないかもしれません。「心の理論」のスキルが必要なのは、同年代の子どもたちとの付き合いだけに限りません。中学・高校でASの生徒を教える教師の10人中6〜7人が、言葉で説明しないこともわかってほしいと望んでいます。

第2章　アスペルガー症候群：中学・高校期にみられる特徴

遂行（実行）機能

　ASの若者には、遂行機能に問題があります。つまり、計画を立てる、整理する、注意を転換する、複数の課題を行うということが難しいのです。中学や高校では、多くの場合、時間のかかる読書、研究調査、模型製作、レポートの完成などの長期にわたる課題が出ます。ほとんどの生徒は、すべての課題が期日に間に合うように自分で予定を立てます。しかしASの生徒は複雑な課題にどう手をつけてよいのかわからないことがよくあります。少しずつできるように課題を分割する方法がわかりません。とりかかる前から、課題について話したり心配することに膨大な時間を費やしたりします。こんなまとまりのない課題は自分には無理だと思ってしまうのです。

　また、ASの生徒たちの多くは、どうすれば課題を系統立てて行えるのかもよくわかりません。ビリー・ジョーは、衛星についての長期のプロジェクトを与えられました。その中には、ある特定の衛星を選び、少なくとも5つの文献を参考に、写真も添えたレポートを書くという課題が含まれていました。ビリー・ジョーはまず、レポートを書いてから写真を探すことにしました。しかし、残念ながらレポートは書き直さなければなりませんでした。調べた衛星の写真が見つからなかったからです。普通は、課題を始める際、必要なものが欠けていないかどうかを確認します。定型発達の生徒なら、レポートを書き始める前に、まず衛星の写真を探すでしょう。必要な情報はすべて揃えておこうと思います。もし揃わなければ、プランを変更するはずです。

　課題開始の問題は、助けを求めづらいことと重なり、一層困難になります。ビリー・ジョーは、衛星の課題で数えきれないほどの問題を経験しました。情報源の1つとしてインターネットを使うことに決めたのですが、衛星の情報に辿りつくまで3時間もかかってしまいました。「衛星」（サテライト）と入力するたびに、店舗のサテライトオフィス（本社と通信機器でつながった小規模なオフィス）のページばかりが出てきます。ビ

リー・ジョーはサーチエンジンを何度も変えて試してみました。母親が進み具合を聞きに来るまで、彼は衛星の情報がまったく見つからないことを母親にはもちろん、誰にも伝えませんでした。何度試してもうまくいかないので、母親が来た時には、ビリー・ジョーの不安レベルは頂点に達していました。母親の支援がなければ、無駄なやり方でずっと検索し続けていたことでしょう。

ASの生徒たちのほとんどは、整理整頓も苦手です。宿題をしても、提出する時になって鞄の中に見つかりません。教科書とノートを一緒に保管したり、どのプリントが大切でどれが不要かを決めることができません。鉛筆やプリントが見つからないなどで、授業に必要な物をもってこないこともよくあります。

さらに、多くの場合、注意の転換が困難です。例えば、個々の作業をしている時に、教師がグループに向けて新しい指示を出しても、そちらに注意を向けることができません。シャイナは、黒板の宿題を書き写している間は、先生が話す宿題の追加情報をに耳を傾けることができません。宿題を写し終えて、初めて聞く態勢ができるのです。

多重課題が難しいのは、以上の理由からです。ASの生徒は、他の課題を始める前にまず、今行っている課題を完成させなければならないと考えます。未完成にしたままでは、次の課題になかなか移れないことがよくあります。

問題解決

ASの若者の問題解決のスキルが非常に変わっていることは、多くの人が述べています。強い興味のある分野で調べものをする時には、高度な問題解決スキルを示すことがあります。しかし、日々の課題では、効率

第2章 アスペルガー症候群：中学・高校期にみられる特徴

が悪かったり、解決スキルがまったく欠如しているかのように見えることが多いのです。一方で、解決法を1つ学ぶと、状況や成果におかまいなしに、その方法ばかり使う生徒もいます。例えば、学校のロッカーが開かないと、鍵の合わせ番号を何度も同じ組み合わせにして開けてみようとします。その方法でうまく行くこともありますが、5回試しても開かなければ、ロッカーには別な問題があるはずです。しかしASの生徒たちの多くは、困った時や、代わりが必要な際に、大人や他の生徒に助けを求めるという解決方法を知りません（マイルズ&サウスウィック、1999）。

　必要な時に情報や方法を得られないと、問題解決はさらに難しくなります。問題解決法をいくつか覚えており、どういう状況でそれらの方法を使うのかを説明できる生徒でも、いざという時には1つも思い出せないかもしれません。問題が生じていると認知できても、たいていは、ひどく取り乱したり、怒ったり、分別がなくなり、かんしゃくや引きこもりといった行動反応を起こしてしまいます。

　学習面での問題解決は、抽象的な概念が入ってきた時にとくに難しくなります。文章問題、概算、代数、幾何学は、どれも問題解決のスキルを必要とし、さらに高度の抽象概念が多々含まれているため、ASの若者には難しいことが多いのです。

般化

　前に述べた通り、ASの人たちは、設定や人が変わると、情報やスキルを応用できなかったり、学んだ内容や体験を統合できないことがよくあります。生徒がいくつかの事実をセットで覚えたとしても、その中の1つ1つの情報は関連づけられないまま記憶されていることが多いのです。例えば、どういう時にどういうルールや手順を守るのかを説明できても、必要な時にそれを適用する力がありません。教師はしばしば生徒の言葉と行為とのギャップを誤解し、わざと不適切な行動をとっているのではないかと思ってしまいます。ASの重要な特徴を見落としているのです。

生徒がストレスや不安を感じると、状況は悪化します。ストレスのない時には覚えていることが、困難な場面ではなかなか出てきません。そのような場合、ASの生徒は、早い時期に身につけた行動、それも大抵は不適切な行動（前後に行ったり来たりする、「聞かない聞かない」と言いながら話を聞くことを拒否する、他の人を叩く、など）を起こしがちです。ストレスや不安が去ると、魔法のようにスキルが再び現れ、不適切な行動はなくなります。しかし、正しい答えを出せなかったり、不適切な行動を示したことで、他の子どもたちからからかわれるというダメージは残ります。

特別な興味

　ASの人たちが、強い関心事に対して独特な「吸収帯」をもっていることは、よく知られています。しかし今までに、それが実りある暮らしを導いたとか、職業スキルにつながったという話はほとんどありません。例えば、天気が何より好きだという場合、気象学の仕事につこうという方向づけができるかもしれませんが、私たちがそのように考えない理由の1つは、その特別な興味が、子どもを他の活動から遠ざけるような、いわゆる「一次性こだわり」（ハウリン、1998）なのか、あるいは動機づけにはなっても、子どもを覆いつくすほどのものではない二次性の関心（マイルズ＆シンプソン、1998）なのかを見極めるのが難しいからです。

　マルタの特別な興味はコピー機にありました。マルタは、存在するすべての機種の製造元や型を知っており、素早く分解することもできます。マルタの両親や先生方は、これを一次性こだわりだと思っています。誰かが「コピー機」と言うだけで、マルタは早口でコピー機のことを話し始めます。最後には、どの機種のことを話そうか、どれが分解できそうかと、大騒ぎになってしまいます。そのような行動を防ぐため、マルタの両親と先生方は、他の人たちにコピー機の話をしないように頼んでいます。

第2章　アスペルガー症候群：中学・高校期にみられる特徴

　同じコピー機でも、ハリーの場合は二次性の関心です。コピー機の話は好きですが、自分の行動をどうコントロールするかを知っています。コピー機の話に制限が与えられると、それに従うことができます。例えば、日中、勉強や社会的な目標を達成できれば、コピーのことを調べたり、他の生徒や大人とコピーの話をしてもよい時間が与えらます。制限時間が終わると、ハリーはすんなりと次の課題に移ることができます。

　特別な興味が学校で活用されない別な理由は、興味の対象が多種多様だからです。つまり、特別な興味を生かそうとすると、しばしばカリキュラムを変えたり、教師間の仕事を調整しなければならず、それは1日に100人以上もの生徒を担当する中学・高校の先生方にとっては、時間がかかる大変なことです。特別な興味にカリキュラムを合わせないもう1つの理由は、その興味が一過性のものであることが多いためです。

　ジェリを国語の授業に参加させる動機づけとして、ジョンソン先生はジェリが強い興味を示していたエジプトについて9週にわたる単元を個別に設けました。単元は、他の生徒たちがその学期に習得する言語能力と同じ力がつくように作られていました。ところが、1週目で、ジェリはエジプトには興味を失い、課題を最後までやり通す動機は消え失せてしまいました。その時点でエジプトの単元はジェリにとって嫌なものとなってしまったのです。

言語と社会性について

　優れた構造言語スキルをもつASの若者は、大勢います。彼らの発音ははっきりとしており、言葉の配列なども正確です。しかし、実際的なコミュニケーション能力が乏しく、それが他者とうまく付き合う力にマイナスの影響を及ぼします。思春期には同年代の子どもたちとの付き合いが一番の動機づけとなることが多く、このことはとくに問題になります。

この時期の社会的相互作用（人とのやりとり）は複雑で、反抗的に見えることがあるかもしれません。コミュニケーションは微妙になり、また、それこそが仲間内でうまくやっていくための鍵となるのです。

　ジョンは定型発達の生徒で、学校が大好きです。しかし、そう言ってしまうと「いやな奴」と思われることを知っています。それで、本心は胸に秘め、「クールな」友だちには「学校ってほんとにつまんないよなー」と大きな声で言うのです。しかし一方で、実は学校に関心があることを先生方にはさり気なく伝える方法も知っています。ジョンは他の生徒たちの前で自分をさらけ出すのを恐れて、授業中に手をあげることは滅多にありませんが、あてられると必ず正解を述べます。友だちはジョンが頭がいいことを知っていますが、いかにも頭がいいように振る舞わないところが好きなのです。

　ところが、ASの生徒は、ジョンのような単純かつさり気ないコミュニケーションを理解せず、授業中、答えがわかる質問には全部積極的に答えてしまうといった大きな勘違いをしてしまいます。軽率に見えるその行動は、答えを知っているという興奮が高まると一層激しくなります。「クールな」生徒は決して手をあげたり、教師に手をふって「あてて！　あてて！」などとは言いません。

　一般的に、社会性の障害は、ASの若者に次のような問題をもたらします。

1．顔の表情、ジェスチャー、距離、視線など、意図や気持ちを伝える非言語の合図を理解する力が欠けている

　　　ASの生徒はコミュニケーションの要点を「得ない」ため、多くの社交の機会を逃してしまいます。顔の表情やジェスチャーを読み取れないのです。ASのジョニーは、同じ授業をとっているケイティが、よく自分の方を見てほほえむことに気がついています。しかしそれが、ケイティからの好意のサインだとはわかりません。

第2章　アスペルガー症候群：中学・高校期にみられる特徴

同様に、ジュアンは、理科の時間に先生が出す無言の合図がわからないため、困惑することがよくあります。その先生は、しばしば「教師の一瞥（ひとにらみ）」を投げかけます。ジュアンはそれに気がつきません。気づいてたとしても意味がわかりません。先生がキッとにらんでも、ジュアンは他の生徒たちのように静かになったり、集中することはありません。

2. 会話を始めたり持続させるために言葉を用いるのが苦手である

　言葉を非常によく知っていても、ASの生徒の多くは、どのように他の人に話をもちかけるか、あるいは会話を持続させるかを知りません。この問題は、ストレスや不安を伴う状況ではさらに悪化します。マークとクレイグが学校の廊下で話していると、ASのショーンがやってきて、体を前後に揺らし始めます。ショーンが体を揺らすのは、会話に入りたいけれど、いつどうやって入るのかがわからない、というサインなのです。マークとクレイグはショーンの無言のサインを無視したまま、話を続けます。

　ASの若者は十分にコミュニケーションの力量があると報告する大人がよくいますが、彼らはASの子どもたちの問題を大人の側でいかに埋め合わせているかを考慮に入れていないため、そう思うのです。つまり、大人は、興味をそそられない話（ハリケーンなど）でも辛抱して聞き、質問までします。また、生徒との距離を調整したり、「考える時間」を与え、生徒が話題の変更を拒否しても我慢してしまいます。

　ASの若者のソーシャルスキルと言葉のスキルは、大勢の人や騒音、その他の刺激があるさらに複雑な環境では低下すると考えられます。例えば、国語担当のライス先生は、タラが示すソーシャルスキルと言語スキルの矛盾に戸惑っています。始業の前、タラとライス先生は二人きりでギリシャ神話についてかなり奥深い

話をしました。先生はタラが優れた言語理解とソーシャルスキルを表したと感じました。しかし、タラは授業の終わりに、宿題計画ノートに先生の了解サインをもらいませんでした。教卓に近づき、機会を伺っていたのですが、他の生徒たちが先生に質問をしていたので、話しかけることができませんでした。そのうち終業のベルが鳴り、タラはそれを戻らなければならない合図と受け取り、サインをもらわずに立ち去りました。タラは会話にどう入っていけばよいのかわからなかったのです。

3. 語句を字義通りに理解しがちである

ASの若者は、しばしば言葉を極端に文字通り解釈します。トーマス先生は授業中の反応から、ティムを「生意気」だと思っています。ある日、先生に「時間がわかるかい？」と尋ねられて、ティムは「はい」とだけ答えました。今何時かと聞かれたのだとは、ティムにはわかりませんでした。

4. 会話では他者の観点を考慮しなければいけないことに気づきづらい

この問題のせいで、ASの人たちは、聴き手に関心があるかどうかを見極めずに一方的に話し続けることがよくあります。中学生の女の子たちのグループが授業の合間におしゃべりをしていました。ASのローリーが角を曲がってやってきます。ニコルは友だちに言いました。「あの子を見ちゃだめ！ そのまま話を続けて。そうしないと、あの子はエジプトやミイラのことを話し出すよ。私たちには全然興味がないのがわかっていないんだから」

話題のふさわしさがわからないことも、観点の問題です。解剖に関心があるニックは、隣の家の犬が車にひかれた後、内臓が出て血だらけになっていた話を詳しくランチタイムにしましたが、どうして他の子たちが夢中で聞かないのか、理解できませんでした。内臓を見ることはニックにとって何より興味のあることでし

た。

5. カリキュラムの目的に潜む説明されない原則や、誰でも知っているが直接は教わらない常識や決まりを理解しない

このような決まりの中には、
(a) 何を誰に言うのか
(b) 身だしなみをどうするか
(c) どうふるまうか
(d) 悪意のないからかいといじめをどう区別するか

の4点が含まれます。ASの若者は会話を独占するか、最小限にしか話さないかのどちらかのことが多く、さらに、言葉の抑揚がおかしかったり、不適切な表現を繰り返したり、文脈から逸脱することがあります。

6. 会話での自分の発言が、相手との今後の関係にどう影響するかという配慮が足りない

高校生のナンシーは、同じ年で定型発達のモーリーンに「横縞のシャツだと太って見える」と言った時、自分はモーリーンの役に立っていると思いました。ナンシーはモーリーンの気持ちを傷つけるつもりはなく、ただありのままを伝えただけでした。その日、二人がまた会った時、ナンシーはモーリーンに冷たい視線でそっけなくかわされ、非常に驚いてしまいました。

表2.1 感覚器系の場所と機能

組織		場所	機能
触覚 （さわる）		肌——細胞の分布密度は体の部分によってさまざま。一番密度が高い場所は口、手、陰部	環境や物の質についての情報を送る（触感、圧迫感、きめの感覚、堅さ、柔らかさ、鋭さ、鈍さ、暑さ、冷たさ、痛さ）
前庭感覚 （バランス）		内耳——頭の動きやほかの感覚からの信号、特に視覚から刺激を受ける	空間での体の位置、自分自身がまわりにある物が動いているかどうかなどの情報を送る。動きの速さや方向などを知らせる
固有感覚 （体の知覚）		筋肉や関節——筋肉の収縮や動きによって活動する	体の部分がどの位置にあるか、どのように動いているかの情報を送る
視覚 （見る）		目の網膜——光によって刺激を受ける	物や人についての情報を送る。時間の経過や空間の移動がわかるような境界を私たちに教えてくれる
聴覚 （聞く）		内耳——空気・音の波によって刺激を受ける	環境中の音に関する情報を送る（騒音、静かな音、高い音、低い音、近くの音、遠くの音）
味覚 （味わう）		舌の化学的受容体——嗅覚（においをかぐ）と密接に関係している	味の違いに関する情報を送る（甘さ、酸っぱさ、苦さ、塩辛さ、辛さ）
嗅覚 （においをかぐ）	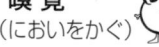	鼻腔内の化学的受容体——味覚の働きと連携している	においの違いに関する情報（かびくささ、苦味のあるにおい、悪臭、花の香り、刺激臭）を送る

From *Asperger Syndrome and Sensory Issues: Practical Solutions for Making Sense of the World* (p. 5), by B. S. Myles, K. T. Cook, N. E. Miller, L. Rinner, & L. A. Robbins, 2000, Shawnee Mission, KS: AAPC. Reprinted with permission. 『アスペルガー症候群と感覚敏感性への対処法』マイルズ他著　萩原 拓訳　東京書籍刊　19頁より改変

第2章　アスペルガー症候群：中学・高校期にみられる特徴

感覚の問題

　ASと感覚統合についての研究は、今のところまだ限られていますが、ASの子どもたちには、認知的障害がある自閉症の子どもたちと似たような感覚の問題があることは、以前から報告されています（ダン、マイルズ＆オー、2002；リナー、2000）。実際、ASの子どもたちは、(a) 触覚、(b) 前庭感覚、(c) 固有感覚（体の知覚）、(d) 視覚、(e) 聴覚、(f) 味覚、(g) 嗅覚の7つの感覚領域それぞれに何らかの兆候が現れているかもしれません（**表2.1**参照）。

　特定の感覚に対する、強烈で、しばしば苦痛を伴う不愉快な身体反応に加え、ASの人たちは感覚処理の過程で、情緒的な問題も抱えます。例えば、廊下で他の生徒に偶然触れられると、それが不快さや苦痛をもたらし、取り乱したり、不安になったりします。定型発達の人たちのほとんどは、無視をしたり、他のことに注意を向けることで自分の感覚反応を調節しますが、ASの人の多くは、調節能力に問題があるため、感覚入力時の反応は一定ではありません。調節能力が乏しい子どもたちは、状況によってはまったく反応しなかったり、逆に過敏になったりと、千差万別の反応を示します（ダンら、2002）。

　ベンが1、2時間目の間、廊下を歩いていると、他の生徒たちが通りすがりに触れました。その時は無視できたのですが、6時間目、込み合った中で誰かに押されると、ベンは怒りをあらわにして、その生徒に向かって無神経だ、軽率だとどなり始めたのです。この反応の違いは、それまでの不安の度合いによるものかもしれません。あるいは、その日は、やむを得ない体の接触が多く、もうがまんができなかったのかもしれません。

　中学・高校ではどのような感覚の問題があるでしょうか。中学や高校で、生徒たちが最も楽しみにしている場面を考えてみて下さい。そこには潜在的に多くの感覚問題が溢れています。例えば、カフェテリアです。

カフェテリアでの食事は、多くのASの生徒たちを圧倒します。騒音（聴覚）、食べ物（嗅覚、味覚）、ひしめき合う生徒たち（触覚）、トレーに牛乳、フォークやスプーン、代金を乗せて運ぶこと（前庭、固有感覚）。30分もしないうちに、生徒のすべての感覚器は、負荷過剰になってしまいます。その結果、かんしゃく、怒り、メルトダウン（パニック）、あるいはシャットダウン（拒絶）を起こしてしまうのです。

　感覚器は他の様々な場面でも攻撃にさらされます。授業の合間に廊下を歩いていても、カフェテリアと同じ問題が起こります。体育の授業中、また更衣室でも感覚は襲撃されます。

行　動

　ASの若者のすべてに行動上の問題があるわけではありません。そうした行動は、予測不能で容赦のない苛酷な世の中への反応であることが多いのです。次に挙げるプレッシャーを思うと、ASの生徒がかんしゃく、怒り、メルトダウンを起こすのもうなずけます。

- 規則や日々の決まりごとがわからない
- 友だちを切望しているのに、その望みを叶えるだけのスキルがほとんどない
- 特別な興味に没頭していたいのに、妨害される
- 変更に伴う日々の問題や、過剰な感覚入力への対処から来るストレス
- からかいやいじめから自分を守ることができない

不安とストレス

　十代のASの若者には、前述のような高いレベルのストレスと不安があります。しかし彼らが示すストレスは読み違えられやすいものです。親、

第2章　アスペルガー症候群：中学・高校期にみられる特徴

きょうだい、教師、他の生徒を含め、周りにいる人たちは、ASの子どものストレスのサインを知っておくことが大切です。ASの若者は、定型発達の子どもたちのように、ストレスを声のトーンや姿勢などで示さないことがあります。彼らの出すサインは非常に微妙なものなので、周りの人たちがその不快さに気がつかないうちに、動揺が危機的な段階まで高まってしまうことがよくあります。

　上級コースに編入したASの中学生のアルは、課題のほとんどをこなす学力があります。しかしアルを教える先生方は「予測不能のかんしゃく」と名づけたアルのパニックを懸念しています。先生方は心構えをして、必要な時には「ホームベース」（自分の居場所）に行くように促す準備も整えています（このことは第4章で述べます）。しかし、ほとんどの場合、先生方はかんしゃくに至るアルのサインを読み取れません。担当教師の1人であるムーア先生は、アルのパニックは、まるでどこからともなく出現するかのようだと話しています。そのため、アルの母親から、ストレスの兆候はあると聞いて、先生方は驚きました。髪を手ですくようにするのが、「もうたくさんだ」というアルの合図でした。この小さな合図を知ってから、先生方はアルをホームベースに導くことができるようになり、その結果、パニックを防ぐことができました。ストレスの度合いを自分自身でもわかるように、アルには、兆候となる行動に自分で気がつくためのプログラムも実施されました。

うつ状態

　ASの若者の深刻な不安とストレスを考えると、彼らにうつ状態が広がっているのは当然です。実際、診断がつくほどのうつは、思春期に初めて発症することが多いのです（ウィング、1981）。最近の研究によれば、ASと思われる人たちの70％が抗うつ剤を服用しています（バーンヒル、2000）。公式ではない報告書でも、うつ病と診断されたASの人数が多いことに警告を発しています。なぜうつ病がこれほどまでにASの思春期に見られる

のか、その理由としてウィング（1981）は、ASの子どもたちが自分が他の生徒たちと違うことに気づき始める結果だとしています。バーンヒルとマイルズ（未刊）は、さらに具体的に、ASの十代の子どもたちのうつは、自分の成功と失敗をどのように理解するかに関連しているのではないかと述べています。33人のASの若者を対象にした研究では、何か不愉快なことが起こった時、それが自分のせいであるはずがない場合でも、彼らは自分を責める傾向を示しました。それだけではなく、同じような場面では、また自分のせいでいやなことが起こるのではないかと感じていました。

　ケンは友だちのホームパーティーに呼ばれていました。ケンはパーティーを楽しみにしていましたが、パーティーではどのようにふるまったらよいのかを心配していました。不安をやわらげるため、ケンは両親と、パーティーで起こりうる様々な場面を想定して、何を言ったらよいのか、どうしたらよいのか、予行練習を念入りに行いました。ダンスの仕方や、女の子にダンスを申し込む練習もしました。練習ではすべてうまくいきました。しかし当日の晩、パーティーに着いて間もなく、ケンは不覚にも自分のシャツに飲み物をこぼしてしまいました。ケンは恥ずかしくてたまらず、両親にすぐに迎えに来てほしいと電話をかけました。帰宅するまでずっと、ケンは自分が不器用で、正しいやり方がまったくわからないことで自分をののしり、腹を立てていました。そればかりではなく、次のパーティーに招かれた時、ケンはまた何かをこぼしてすべてを台無しにしてしまうことが「わかっているから」と言って、招待を断わったのです。

注意散漫と不注意

　ASの多くの子どもたちは、かつて注意欠陥/多動性障害（AD/HD）だと言われていました。十代のASの若者は、環境によってよく注意がそれます。ティムは、社会科の時間、エジプトの講義にではなく、前に座っ

ている女の子の髪が前後に揺れる様子に注意を向けてしまいます。また、エジプト王妃の「ネフェルティティ」という名を聞くとすぐに、前日に見た同じ内容の白黒映画を思い出し、心の中で映画のストーリーを辿り始めてしまうのです。

　このタイプの注意散漫は、よく白昼夢と言われています。この状態にある時、生徒は注意を払っているかのように見えますが、実際はそうではありません。結果として、教師の指示は入らず、生徒の会話も聞こえないということがあります（マイルズ&サウスウィック、1999）。原因はわからないことが多いのですが、ストレスや、固執した興味への没頭、あるいは過剰な刺激が関係しているかもしれません。

外的かんしゃくと内的かんしゃく、怒り、メルトダウン（パニック）

　ASの生徒全員が、かんしゃく、怒り、パニックを起こすわけではありません。しかし、実に多くの生徒たちがかんしゃくなどを表します。そのような行動には多くの原因があります。思春期ではとくに、学校で日程がわからない、失敗が怖い、勉強がよくできない恥ずかしさによる恐れなど、様々な理由があります。社会的な場面もかんしゃく、怒り、パニックのきっかけとなります。同年代の生徒たちの中に入りたいと心底願っているのに入れないASの若者は、引きこもったり、一見否定的な反応を示すことが多くあります。ある特定の生徒と一緒にする作業を拒んだり、自分をいじめた生徒に対してひどい悪口を言ったり、孤立したりします。ASのマリアは、カフェテリアで近くに座った生徒からからかわれたことがありました。マリアは、いじめから自分を守るため、別なテーブルに移り、1人で座ることにしました。マイケルは自分の容姿を非常に気にして他の皆と同じように見られたいと強く思っていました。ある生徒に靴をからかわれた時、マイケルはパニックを起こしました。

　学校でのストレスは、家庭でやわらぐことがあります。十代の子ども

をもつ親の多くが、子どもたちには放課後ゆっくりと落ち着く時間が必要なので、夜までかかる宿題は負担が大き過ぎると報告しています。

運動スキル

　微細運動と粗大運動のスキルの不足はASの若者の多くに見られます。微細運動に問題があるため、例えば、科目によってはしばしば見受けられる高いレベルの知識が手書きのレポートでは発揮されなかったり、小論文のテストを完成できないことがあります。正確さと手先の器用さが求められる技術科の授業でも、同じ問題が起こります。体育の時の更衣もやはり微細運動の問題から、難しい課題になります。レスリーは、着替えに他の生徒の倍の時間がかかるため、体育の授業に毎回遅れてしまいます。

　粗大運動スキルは、生徒の全体像に影響します。スキルの乏しさによっては、体育のような身体的な活動には参加できないことがあるかもしれません。ASの生徒は動作がぎこちないとか、不器用だと思われがちです。そのため、チームで行うスポーツでは最後まで選ばれないことがよくあります。

　視覚—運動スキルも学校での活動に影響します。ASの高校生のヴィクターは、座る時に、椅子をしっかりと見て腰を降ろさなければ座れません。定型発達の生徒たちのように、椅子がどこにあるのかを感じとれないのです。ヴィクターは何度も何度も椅子から落ちて、他の生徒に笑われ、先生に叱られて、ようやくそのことがわかったのでした。黒板から宿題を写す作業も問題です。ASの生徒には、黒板から紙に目を移すことや、時間内に正確に写し終えることが難しいのです。

第2章 アスペルガー症候群：中学・高校期にみられる特徴

まとめ

　本章で述べてきたASの特徴は、中学・高校の複雑な環境で、強まるように思われます。小学校ではコントロールが可能だった子どもの問題が、中学・高校の段階で深刻になったと多くの親が報告しています。思春期には、学校のスケジュールが一層複雑になる上、教師からはより強い責任感と、より高い学力を期待されます。その結果、ASの生徒はわかっていることでも失敗してしまいます。それに加えて、行動上の問題が取り上げられることが多くなります。気分のむらが激しくなり、感情が高ぶります。

　そのような混沌とした中で、しばしば異性への不安な気持ちが現れてきます。自分の気持ちがよく理解できないASの子どもたちは、「誰かを好きになる」と、ますます混乱してしまいます。

　思春期に入ると、社会的なリスクが高くなります。十代の子どもたちが皆そうであるように、ASの子どもたちも親には引っ込んでいてほしいと思うようになります。しかし、身体的な成長は明らかでも、感情的には未熟な彼らに対して、親が引っ込んでいるわけにはなかなかいきません。社交上の合図や手がかりの誤解は、惨事を招きかねないため、実際は、思春期に入ると、それまで以上の監督が必要な場合が多いのです。ジェフは、自分はアイビーを好きだと心に決めると、彼女にバラの花を1ダース贈りました。ボーイフレンド・ガールフレンドの関係を築くには、バラを1ダース贈るだけでいいと、ジェフは思っていたのです。ジェフが毎時間電話をかけてもアイビーは応えません。しかしジェフはまだアイビーは自分のガールフレンドだと思っています。

　思春期では、学業でも行動でも、社会的にも要求されることが複雑になるため、定型発達の子どもたちの多くが、難しさを感じます。放課後の活動の数々をどうこなすか、宿題を完成させられるか、授業の合間の混雑した廊下をどうくぐりぬけるか、社会的に洗練されたふるまいをど

う維持していくかなど、課題は多岐にわたります。ASの若者が同じような問題にぶつかる時、その難しさはASの特性によって何倍にも膨れ上がります。様々なことが交錯する中、思春期が始まり、子どもたちは、周りに対応するだけのスキルをほとんどもたないまま、深刻な不安やうつ状態に苦しむことになるのです。

　ASの生徒たちがこのような動乱の年月を突き進むためには、高いレベルの支援と構造が必要です。次の章では、ASの若者たちが、より適応性のある、生産的な大人へと成長できるように、彼らの生活に支援と調整をいかに組み込んでいくかについて述べていきます。

第3章 アスペルガー症候群の青年の評価(アセスメント)

　中学・高校では、環境が複雑で、ASの生徒たちのニーズは多様です。指導者がASの子どもたちの社会性、行動、また学業上のニーズを包括的に理解することが重要です。最も適切で効果的なプログラムを作成しようとする際、評価には次の項目が必要です。

(a) 診断的評価（まだ正式な診断が下されていない場合）
(b) 教科学習での得意分野と問題点についてのカリキュラムベースの評価
(c) 感覚、社会性、言語スキルの公式および非公式の測定
(d) 行動と知覚の機能的評価

診断的評価

　アメリカではほとんどの州で、ASの診断には、医学的なバックアップが必要です。医師はDSM-Ⅳ-TR（米国精神医学会、2000）かICD-10（WHO 世界保健機関、1992）を最もよく使用します。どちらも、ASの診断には、社会性の障害が見られる一方で、言語と認知の分野には遅れが見られない

ことを要しています。さらに、行動、興味、活動に、限定的で反復的、（あるいは）典型的なパターンが見られなければならないとされています。

しかし、医学の専門家にとって（いずれの専門家でもそうですが）、診断を求められて即座に、また正確に、対象となる若者の実像を確かめるのは困難です。ほとんどの場合、短時間の観察では、診断を下すには不十分です。医師は、親や教師など本人を最もよく知っている人たちによる観察報告に頼らざるをえません。日々、他にも無数の責務を負いながら、そのような情報を収集するのは、面倒で時間がかかるものです。

アスペルガー症候群診断スケール（ASDS: マイルズ、ボック、シンプソン、2000）は、診断に役立ち、情報収集の手間も軽くします。これはASの診断基準となる50項目からなる文書で、記入は、診断を受ける当人をよく知っている人が行います。要する時間は15分程度です。項目は（a）言語、(b) 社会性、(c) 不適応性、(d) 認知、(e) 感覚―運動の5領域にわたります。例えば、社会性の領域では、(1) 個人のスペースに対する概念理解が困難、(2) 友だちになりたい、友だちでいたいと願っているのにそれが難しい、(3) 他者の気持ちを理解しづらい、という項目から当てはまるものを選ぶ仕組みになっています。それぞれの項目で当てはまるものを選んでいき、その結果の点数によってASの可能性があるかどうかが示されます。親や教師は、ASDSを記入後、診断の専門家に渡します。専門家はそれを補助資料として用いて正確な診断を下すことになります。

身体的特徴の評価

生徒が抱える社会性や学業の問題に、医学的な根拠がないことを確認しておくことが大切です。例えば、学校の記録にもう一度目を通し、最近、聴力と視力の検査が行われたかどうかを調べて下さい。他の身体領域で考慮すべきことには、次の点が含まれます。(1) 体格（小さい、平均的、

第3章 アスペルガー症候群の青年の評価

大きい)、(2)利き手（右、左、両手）、(3)粗大運動スキル（異常歩行、ぎこちなくぎくしゃくした動きがないかどうか）、(4)音韻（声の調子、イントネーション）、(5)言葉の流暢さ（どもり、途切れ、語想起困難がないかどうか）、(6)話し方の適合性、(7)感覚刺激に対する感受性（音、光）、(8)疲れやすさと睡眠パターン、(9)食欲、(10)苛立たしさや気分の揺れの度合い、(11)引きこもり、あるいはかつては楽しんでいた活動に対する興味の喪失。投薬とその副作用も検討して下さい。

カリキュラムに基づいた評価

　身体的特徴の分析に続き、現在生徒が獲得しているスキルと必要なスキルを見極めることが重要です。ほとんどの学区では特別支援サービスの適性を集団標準準拠テスト（相対評価テスト）の結果を参考に決定しています。そのような検査方法の多くでは、高い信頼性と正当性が報告されていますが、一方で、ASの生徒が苦手とするスキルを評価しなかったり、結果が学業、行動、社会性の目標設定に結びつかないことがあります。

読む力

　読む力を測る際、例えば、(a)正確に読める単語の数と、(b)事実に即した質問への正解数、の組み合わせによるテストでは、他に困難があるASの生徒の力を正確に知ることはできません。読むことに関してASの生徒は次のことが苦手です。(1)推論、(2)結果予測、(3)物語の登場人物の動機や意図の理解、(4)話の筋に関連する細部と、関連しない細部の識別、(5)主題への命名、(6)結果を導くこと、(7)語彙（注意：記憶し反復はできる語と、実際に意味も理解している語との区別をつけること）、(8)話の順を追うこと、(9)物語の中の出来事をヒントがなくても、あるいは余計な

時間をかけずに思い出すこと。

さらに、生徒の読みの問題は、読み物の主題、教室での設定(グループで読むのか、個人で読むのか)、またストレスの度合いによって変化します。判定者は、文そのものの解読(ASの生徒の得意分野と言われている)と内容の読解(ASの生徒の苦手分野であることが多い)を、混同しないように気をつけなければいけません。文の解読と内容読解の評価には、予定通りのカリキュラム教材を用いることを勧めます。

書く力

一般にASの生徒は、(1)考えを筋の通った順序にまとめること、(2)読み手によくわかるように物語の背景を伝え、描写すること、(3)創作、が苦手です。そのため、ASの生徒の書き言葉を評価する際は、以上のスキルを含め、ブレーンストーミングをしてからのテストと、ブレーンストーミングをしないで行ったテストのサンプルを筆記と口頭の両方で揃えましょう。

微細運動に問題がある多くのASの生徒にとって、書くことは難しい作業です。技巧的なことも問題となります。例えば、文字の構成、スペース、線に沿って書くこと、大文字の使用、句読点、さらに文法も難儀かもしれません。そのため、手書きの作品とコンピュータを使った作品を比べてみる必要があります。また、遠点(板書)と近点(教科書など)の書き写しの比較もして、生徒が獲得しているスキルの実態を把握するべきです。

ソーシャルスキルと生活スキル

中学・高校では、厳しい教科学習ばかりが強調され、多くの場合、ソーシャルスキルや生活スキルの指導が、なおざりになっています。ソーシャルスキルはいったいいつ教えるのか、という先生方からの質問には、教科のスケジュール以外の時間を有効に使ってという答えがよく挙げら

第3章　アスペルガー症候群の青年の評価

れています。

　カリキュラムを基準に生徒の力を測定すると、各教科でどの知識を習得しているかがわかります。すでに生徒が習得している知識を繰り返し教えることに貴重な時間を費やす必要はありません。そのような時間があれば、ソーシャルスキルや生活スキル、また、教科課程の拡充（第4章参照）のために、適切に使っていきましょう。

実力テスト

　全国的な学力向上を推進する最近の流れの中で、ほとんどの州では、全主要科目で、卒業に必要な基準を拡充させています。その内容と測定方法は、たいてい中学・高校のカウンセラーや事務担当者から入手できます。教師と親は、その測定マニュアルにある各科目のカリキュラムに基づいた評価を行い、生徒が何を知っていて何を知らないのかをはっきりさせましょう。実力テストの準備に役に立ちます。

　ASで12歳のマーガレットは、歴史と地理に特別な興味をもっていました。中学進学を間近に控えていた頃、社会科担当のマレン先生は、マーガレットに口頭で社会科のカリキュラムに基づいた評価を行ってみました。その結果、マーガレットは6年生の内容はもとより、中学1、2年レベル（訳注：アメリカの中学校の多くは2年制）のことまですべて知っていることが判明しました。IEP（個別教育計画）の話し合いで、先生方と両親は、マーガレットには通常の中学の社会科課程を学ぶ必要がないことで合意しました。その代わり、社会科の時間をソーシャルスキルの指導と、マーガレットのニーズに合った社会科学習に使うことを決めました。

　マーガレットの社会科のカリキュラムは、(a) 中学の社会科課程を拡充した内容と、(b) 高校の専門コースに関連した内容の2部で構成されました。課題として、時間をかけて行うプロジェクトがいくつか与えられ、マーガレットは次のことに焦点をあてることになりました。

41

1）課題完成までの予定を立てる。
2）毎晩、課題を行う時間を設ける。
3）中断せずに行う。
4）課題を整理する。

　マレン先生は、高校のカリキュラムから抜粋した内容を与える前に、まず高校2年生のカリキュラムベースのテストを受けさせてはどうかと機敏に提案しました。それは賢明な提案でした。マーガレットには通常、高校3年生で教わる内容を学ぶ準備ができていたのです。

大学進学の計画

　さらに、大学へ進む可能性の高いASの生徒には、特別な配慮が必要です。この段階でどの大学に進むかは予測が困難ですが、おおまかな配慮はできるはずです。例えば、地域のコミュニティカレッジへの入学には、どの程度の一般教養が必要かを調べてみるところから始めるのが良いでしょう。進学を希望するASの生徒が入学できそうな大学を考慮に入れることで、指導する側は、高校でのカリキュラムを入学条件に合わせて調整することができます。

感覚・運動、社会性、言語、学習特性の測定

　ASの若者は感覚、社会性、言語で困難を体験することが多いので、それぞれの領域を注意深く評価することが大切です。評価には公式、非公式にかかわらず様々な方法が用いられます。公式の評価には、標準的な定型発達の生徒の行動様式との比較による相対法を含みます。非公式の評価には、生徒に関する一覧表やチェックリスト、親と生徒との面接、直接観察などがあります。いずれも目標設定に役立つ詳しい情報源となります。

第3章 アスペルガー症候群の青年の評価

　どの評価方法を用いるかは、通常、生徒の問題の程度と、有効な教育プログラムの作成にはどのような情報が必要かによって決まります。ほとんどの場合、重要な情報は、親と生徒との面接から得られ、それが直接プログラムの作成に生かされます。ASの生徒が主に苦手とする領域の力を測る方法を、次にいくつか紹介します。他にも、結果として同じような情報が得られる方法はたくさんあります。紹介するものは、単に例であり、それが一番いい方法だとか、それしか方法がないというわけではありません。

感覚・運動スキル

　ASの人たちは、触覚、前庭、固有感覚、視覚、聴覚、味覚、嗅覚の感覚刺激に対する感受性が、過度に高い（ハイパー）か、過度に低い（ハイポ）ことがあります（表2.1 28頁 参照）。こうした感受性は、生徒の行動を短時間、あるいは大まかに観察するだけではよくわからないかもしれません。さらに、わかりづらいことに、この感受性は、その時々の活動や、生徒の気持ち、環境によって様々に変わりやすいのです。

　生徒の感覚処理に関する評価方法には公式、非公式共に様々なものがあります。ほとんどの場合、適切に実施し、結果を解釈するには、作業療法士の専門的な技能が必要です。以下はすべて、感覚関連のスキルを測る評価方法です（それぞれの詳細はマイルズら、2000を参照）。

ソーシャルスキル

　優れたソーシャルスキルは、私たちの人生のどの段階でも大切ですが、思春期ほど重大な役割を果たす時はありません。ASの若者にとっては、とくにそうです。ASの若者のほとんどが、他の定型発達の生徒たちのように友だちをもち、他の人たちとかかわりたいと思っています。この分野で成功するには、他人と1対1でどう付き合うか、またグループの中ではどうふるまうか、からかいや皮肉にどう気がつくか、また、教師と

の付き合い方などを理解する必要があります。

　残念ながら、ASの若者の多くにとって思春期は、からかいと嘲笑に満ちたつらい時期です。5年生で普通学級に在籍しているASのジョニーは、毎朝スクールバスから降りると図書室へ直行し、そこで本を読んでもいいことになっています。ジョニーは他の生徒たちとうまくかかわることができないため、以前は、バスを降りて校舎に入るまでの待ち時間にからかいの的になることがたびたびありました。

　人とのかかわりで要求されることは、年を重ねるにつれて複雑になっていきます。そのため、社会的相互作用（人とのかかわり）の評価は、様々な段階で行うことが大切です。評価が必要な領域は次の通りです。(a)大人とのかかわり、(b)その生徒が好意をもって、よく知っている生徒たちとのかかわり、(c)好意をもっていない生徒たちとのかかわり、(d)その生徒に好意をもっている生徒たちとのかかわり、(e)よく知らない生徒たちとのかかわり、(f)構造化された状況でのかかわり、(g)構造化されていない状況でのかかわり。

　ASの若者はスキルを断片的にしか表さないことが多いので、ソーシャルスキルの体系的な評価はとくに重要です。機械的に学んだ実際のレベルよりも高いスキルを示したとしても、それを活用するだけの低次レベルのスキルは身についていないことがあります。例えば、ジョンはグループ活動をリードするやり方を知っています。しかし、自発的に道具を共有したり、順番を守るといった、良きリーダーの前提となるスキルをもっていません。

　ASの人たちの社会的相互作用の評価には、次のような非標準の領域・系統チャート（scope-and-sequence charts）が使えます。

(a) Skillstreaming the Adolescent 改訂版 (Goldstein, 1997)
(b) Developmental Therapy Objectives Rating Form 改訂版
(from Developmental Therapy-Developmental Teaching, 第3版; Wood, Davis, Swindle, & Quirk, 1996)

第3章 アスペルガー症候群の青年の評価

(c) Diagnostic Analysis of Nonverbal Accuracy (DANVA; Nowicki, 1997)
(d) The Walker Social Skills Curriculum: The ACCEPTS Program (Walker McConnell, Holmes, Todis, Walker, & Golden, 1988)
(e) Connecting with Others: Lessons for Teaching Social and Emotional Competence (Richardson, 1996)

　また、以下に挙げる問いに答えてみると、上記の方法で収集した情報が補足され、生徒のソーシャルスキルや社会生活が一層明らかになっていきます。指導者が生徒のソーシャルスキルとその課題を理解するのに役立つことでしょう。

(1) 大人とのかかわりでは、どの程度の監督と、どのような調整が必要でしたか。他の生徒たちとはどうでしたか。
(2) 非構造的な状況で、生徒は社会的にどのような問題にぶつかりましたか。その問題を最小限にとどめるためにはどのような支援や調整が必要でしたか。
(3) その生徒は、他の生徒たちから「明らかに」違っていると思われていますか。
(4) 他の生徒たちを意識するためのトレーニングが必要ですか。
(5) その生徒の「違い」がそれほど目立たないような生徒たちのグループはありますか。もっと目立つようなグループはありますか。
(6) 学校ではどのようなからかいやいじめがありましたか。それを行ったのは、主に1人、2人でしたか。それとも複数のグループでしたか。からかいやいじめを減らすための有効な処置は何でしたか。ASの生徒は、からかいやいじめに対してどのように反応しましたか。
(7) ASの生徒に好意をもち寛容に接している生徒は誰ですか。
(8) 他の生徒たちにその（ASの）生徒と一緒に作業をさせるのは困難ですか。
(9) その生徒に好きな人はいますか。相手もその生徒のことを好きですか。

(10) どんな先生・担当者が、その生徒ととくにうまくいっていましたか。その理由は何ですか。
   (11) その生徒とのかかわりで非常に困難な経験をもつ学校職員はいますか。その主な原因は何だったと思われますか。

言 語

　主に文法や語彙、文の構造をテストする言語評価では、普通、ASの若者は平均か平均以上の機能を示します。しかし、評価をそこで終わらせないことが大切です。ASの人たちと活動を共にしていると、彼らの言語の難しさは言葉の実用性、つまり社会的な部分に集中していることに気がつきます。例えば、隠喩や慣用語句、皮肉の理解、問題解決やコミュニケーションの真意を把握することが、困難なのです。

　コミュニケーションの意図に関するスキル評価で、サリー・ブライ（マイケル・トンプソン・プロダクション、2000）は、生徒がどのように言葉を使っているかを見ることを提案しています。具体的には、(1) 単に情報を伝えるためにのみ言葉を用いているか。あるいは、(2) 大人との社会的関係を築こうとして情報を用いているのか、という問いを挙げています。ASの生徒たちは、(1) をよく行うことが多いのに対して、(2) はたいてい弱点となっています。

　ASの人たちの中には、声のトーンが変わっていることがあるので、韻律（声の抑揚）の評価もした方がよいでしょう。

　最終的には、次の領域に関する問題を検査しましょう。

　　(a) 話題を変える能力
　　(b) 人に向かって話すのではなく、人と話しているかどうか
　　(c) 語彙の複雑さ
　　(d) 相互注意の確立

　ASの生徒と定型発達の生徒のかかわりを直接観察することは、コミュニケーションスキルを自主的に使っているかどうかを知るために不可欠

第3章　アスペルガー症候群の青年の評価

です。性質上、他の生徒とのかかわりは、通常の大人とのかかわりとは異なります。つまり、大人は、生徒が会話をリードするのにまかせたり、応答を待ってあげることが多いのです。長い一方的な話に我慢したり、学者のような言い回しをおもしろく感じたりもします。しかし、同年齢の子どもたちは、会話で相手がそのような特異性を示してもサポートをしてくれません。ASの生徒が最もトラブルを抱えるのは、その時なのです。言葉の問題は深刻な結果をもたらす恐れがあるため、追跡していかなければいけません。**表3.1**は、ASの人たちがとくに苦手とする分野の言語テストの例です。

生徒の学習特性 脚注2

　生徒がどのような事実や情報、概念を習得しているかは、学習特性に現れます（マイルズ、コンスタント、カーソン、1989、p.9）。評価を行うには、学習特性を次の5領域に分けることができます。(a) 学習スタイル、(b) 行動パターン、(c) 対策（マイルズら、1989）、(d) 環境を予測する力、(e) 感情・行動の調節。生徒の学習特性がわかれば、学校でうまく過ごせるようにするためにはどのようなタイプの調整や特別支援が必要かが決めやすくなります。

学習スタイル

　学習スタイルとは、課題への取り組み方や、周囲から情報を学び取る方法のことです。学習スタイルには、(1) 長期・短期の記憶力、(2) 部分から全体へ移る学習／全体から部分へ移る学習、(3) 偶発的な学習、(4) 学習習慣、(5) 般化、が含まれます。評価から得た洞察は、指導方法を決めるのに用いることができます（マイルズら、1989）。学習スタイルの観察のガイドとなる具体的な質問を**表3.2**に示します。

脚注2　コロラド大学ヘルスサイエンスセンターのジェニファー・ステラ、セントラルミズーリ州立大学のジョイス・アンダーソン・ダウニング、カンザスシティ、ミズーリ大学のジュディス・K・カールソンからの寄稿により執筆

表3.1 言語テスト

タイトル、開発者、出版社	発行年	実施時間	対象 年齢
Clinical Evaluation of Language Fundamentals（第3版）(CELF-3) セメル、ウィーグ、セコード The Psychological Corporation	1995	30〜45分	6歳〜21歳11か月
Comprehensive Receptive and Expressive Vocabulary Test ウォーレス、ハミル Pro-Ed	1994	20〜30分	4歳〜17歳11か月
Peabody Picture Vocabulary Test（改訂版） ダン、ダン American Guidance Service	1981	10〜15分	2歳〜40歳11か月
Test of Language Competence（拡張版） ウィーグ、セコード The Psychological Corporation	1989	60分	9歳〜18歳11か月
Test of Pragmatic Language フェルプス-タラサキ、フェルプス-ガン Pro-Ed	1992	45分	5歳〜13歳11か月
Test of Problem Solving（青少年版） ザックマン、バレット、ヒューシン、オーマン、ブラグデン LinguiSystems	1994	40分	12歳〜17歳11か月

From Harris, L.G., & Shelton, I.S. (1996). *Desk reference of assessment instruments in speech and*

第3章 アスペルガー症候群の青年の評価

サブテスト	テストの評価
文構成、単語構成、概念と方向づけ、文章系統、品詞、文章記憶、文の組み立て、言語の意味上の関係、補足サブテスト：文のまとまり、段落の聞き取り、機械的言語認知	刺激提示・内容構成・スコア：優 標準化：優 目的・製品度・評価目的と適合した内容：優
受容的語彙 表現的語彙	刺激提示・内容構成・スコア：良 標準化：優 目的・製品度・評価目的と適合した内容：良
なし	刺激提示・内容構成・スコア：良 標準化：良 目的・製品度・評価目的と適合した内容：良
両義文、推断、文章再構築、隠喩的文章の理解	刺激提示・内容構成・スコア：良 標準化：優 目的・製品度・評価目的と適合した内容：良
なし	刺激提示・内容構成・スコア：良 標準化：良 目的・製品度・評価目的と適合した内容：可
なし	刺激提示・内容構成・スコア：優 標準化：優 目的・製品度・評価目的と適合した内容：良

language. San Antonio, TX: Communication Skill Builders. *Compiled by Stephanie D. Stansberry.*

表3.2 学習特性の評価

学習スタイル

長期・短期記憶
1. 生徒は全ての学習、社会面において、長期・短期両方の記憶力を活用できているか
2. 情報が口述、または筆記で提示されるかによって、長期記憶に残る情報の量と質に違いは出るか
3. 学習しなければならない情報を、どうやって記憶していくのか

機械的記憶と意味をもつ記憶
4. 機械的に覚える方が、意味を持つ情報を覚えるよりも楽だろうか
5. 聞いて学ぶのと見て学ぶのとでは、どちらが学習しやすいか
6. 決まった作業を遂行したり、完了はするが、作業中の特定のステップに混乱したり、間違えることがあるだろうか

部分から全体へ移る学習／全体から部分へ移る学習
7. 新しい課題を始めるとき、資料にざっと目を通してだいたいの内容を把握するか、それとも始めから全ての細部に目を通そうとするか
8. 部分から全体へ移る学習か、全体から部分へ移る学習のどちらが得意だろうか。数学では、全体から部分へと移る学習者は、概要を学んでから詳細にとりかかる。学習者によっては、物事がなぜ、どのように働くのか理解してからでないと、記憶に取りかかれない人もいる。部分から全体へ移る学習者は、逆の学習法、つまり、基本をしっかりと理解することなしに、詳細を記憶していく

偶発的学習
9. 偶発的学習はいつ起こるか。学習面と社会的な面のいずれで見られるのか
10. 偶発的学習が起こるには、どのような条件や環境が整っていなければならないか
11. 教師やクラスメイトのどのような行動を、教えられることなしに模倣するか

学習習慣
12. 授業に遅れることがないか
13. 授業中の教師の指導・説明の方法は（口頭で、板書デモンストレーションで）
14. 教師が違った説明法を用いた場合、生徒の反応は違ってくるか、またそうした場合、どちらの方が反応がよいか（口頭、板書デモンストレーション、その他）
15. 生徒は質問に対して、指されてから答えるか、それとも自分から手を挙げて、授業を受けているか
16. クラスのディスカッションに情報を提供することがあるか？ また、それはディスカッションの内容に沿っているか。情報が詳しすぎることはないか
17. 連続して何回も説明を求めてくることがあるか。もしそうなら、20分間に何回くらいか
18. 指示に従って、教科書の正しいページを開くことができるか
19. 注意されることなく、進んで課題を始めることができるか

第3章 アスペルガー症候群の青年の評価

表3.2 つづき

20. 生徒はすぐに作業に取りかかることができるか、あるいは慣れていく段階が必要か
21. 課題をどのように始めたり、完成させたらよいかわからないとき、どうするか
22. 作業を開始・継続・完了するにあたり、書面・口述・図表による指示が必要か。また、それぞれの段階において、いくつ程度の指示に従うことができるか
23. 課題の指示に中に、W-Hの疑問文が含まれているか
24. 生徒は課題を急いで終わらせる方か、または、一つ一つの問題を系統立てて仕上げていく方か。このスタイルは、学習課目によって違いはあるか
25. どのような環境なら、一人で課題を終わらせることができるか
26. 今取り組んでいる課題を完成させなければ、新しい課題に取りかかることはできないか
27. どのくらい長く作業に集中できるか。集中できる作業は、学習課目、授業法、使用するメディアの違いによって異なることがあるか。集中できないときはどのような状態か。何がその状態にさせるか
28. どのような状況で、集中できないことがあるか（ワークシート、黙読、講義・ディスカッション、共同学習）
29. 与えられた作業が、生徒のレベルより高すぎる場合、どのような行動が見られるか（空想にふける、手足をそわそわ動かす、もので遊びはじめる、わざと音を立てる、一人で変な顔をつくる、席を離れる、他の生徒に話しかける、声を立てる）。これらの行動は、何か決まった作業時に起こるか。環境は、こういったストレスから起こる行動を、どのように強化するか
30. 作業中、生徒はどのように助けを求めてくるか
31. 作業に集中するよう、教師からの継続的な励ましが必要か
32. 他の生徒に比べて、作業率はどうか（早い、ちょうど良い、遅い）
33. 生徒は、どのような課題に意欲をもって取り組めるか

般化
34. どのタイプの情報を、さまざまな状況、人物、課題、時間に対して般化できるか
35. そのような情報を、生徒はどのように学んだか

行動パターン

対人・集団での交わり
1. 積極的に他の生徒と交流しているか、または、そばで皆と同様の作業を一人でしているか
2. 自分から他人に、またどのように、交流を働きかけているか。それはどのようにされているか
3. 特定のクラスメイトといつも付き合っているか、または、いろいろな生徒と交流するか
4. クラスメイトや大人と、どのくらいの距離を置いて座るか

表3.2 つづき

強化への反応
5. 生徒の行動は強化システムによって向上しているか。もしそうなら、どのようなタイプの強化をどの程度与えているか。強化に対する「飽き」はいつ起こるか
6. 作業が完了した時点で、生徒は大人からの賞賛を求めているか
7. 強化、または、作業を完了したこと、生徒は主にどちらに反応しているのか

アイコンタクト（人に目を合わせる）
8. どのくらい頻繁に、生徒はアイコンタクトをとろうとしているか
9. 教師が話し始めようとしているとき、生徒は教師を見て反応しているか
10. 教師はどのような手段で生徒の注意を引いているか（例：生徒の名前を呼ぶ、生徒に近づく、クラスメイトが生徒の注意を促す）
11. 生徒はアイコンタクトでの注意を引くことに、どのように反応するか
12. アイコンタクトが伴う行動にどのようなものがあるか

ユーモア感覚
13. 生徒にユーモアの感覚は見られるか
14. それはどのような形で見られるか
15. 何によってユーモアのある表現が引き出されるか
16. 生徒は意味の通る冗談を言うか
17. どのようにして周りとユーモア感覚を共有するか
18. 他の人の冗談にどのように反応するか

自己刺激行動
19. どのような自己刺激行動が見られるか
20. その行動はいつ起こるか
21. その行動のもつ、コミュニケーション的意味は何か
22. どのような形で、自己刺激行動をやめさせる指導がなされているか

固執（こだわり）
23. 口調・運動・筆記関係に固執が見られるか
24. 何がそのような固執を喚起するか
25. どのようにしてその固執は止むか

衝動的・強迫的行動
26. どういった衝動的・強迫的行動に、生徒はとらわれるか
27. そのような行動がもっとも見られるのはいつ頃か
28. その行動は、欲求不満、コミュニケーションの問題、恐れ、まとまりのない環境などに付随しているか

注意散漫度
29. 生徒の集中度はどのように散漫になるか
30. 注意散漫は、与えられた作業の種類に関連しているか
31. 聴覚や視覚刺激によって注意散漫が生じる場合があるか

第3章　アスペルガー症候群の青年の評価

表3.2 つづき

  32. どのように元の作業に戻るよう、指導しているか

過剰な動き
  33. 生徒が過剰な動きをするのはいつ頃か
  34. その動きの特徴は
  35. 生徒自身、あるいは教師の行動修正が必要か。どういった修正がなされるのか
  36. 過剰な動きは、特定の状況、環境、作業、または人物に付随して見られるか

回避行動
  37. 生徒がきらう作業にはどのようなものがあるか
  38. そのような作業中、どんな行動が見られるか
  39. 生徒の回避行動に、教師はどのように対処しているか

注目要求行動
  40. 大人や他の生徒に対し、どのような注目要求行動が見られるか
  41. そのような行動はいつ頃頻繁に起こるか
  42. 教師や他の生徒は、そのような行動にどのように対処しているか

ストラテジー（方略）

ストラテジーを使った学習
  1. どのような、自己開発したストラテジーを使っているか。それはどのようなとき使われているか
  2. それらのストラテジーは複数の状況で効果的に使われているか
  3. 生徒は自身でストラテジーの正確さ、成功度をチェックしているか
  4. 自己刺激行動が、有効でないストラテジーの代わりとして出ていないか

学習・記憶ストラテジー
  5. 生徒は教師が指導した学習ストラテジーを、自発的に使用しているか
  6. ストラテジーをマスターするまでに、どのくらいの練習が必要か
  7. 般化を促進するのに、直接的指導が必要か

自己言語化
  8. 作業を学習したり完成するために、自己言語化がみられるか（作業中自分の動きについて、独り言を言う）
  9. 自己言語化はどのようなとき見られるか
  10. 自己言語化は実際に作業の完成に役立っているか、それともそれは単なる自己刺激行動にすぎないか

自己修正
  11. 生徒は間違いを自己チェックできるか
  12. 間違いの修正に、教師の助けが必要か
  13. 生徒の正確さに対する過度なこだわりが、作業の完了を妨げることがあるか

表3.2 つづき

整理スキル
14. 生徒は「心理的」な整理スキルを持っているか
15. それらのスキルは作業の完成度を高めているか、それとも妨げとなっているか
16. 時間・場所・空間・個人間において整理が行われているか
17. 整理スキルは般化されているか
18. 生徒の鞄や個人ロッカーの整理はどうか
19. あるものが必要なときに、すぐに見つけられるか

問題解決法
20. 全く知らない状況に、生徒はどのように反応するか
21. 学習面・社会面において、どのくらいすばやく問題解決法を習得したり、応用できているか
22. 問題を未解決のまま放置しておくのと、問題解決法を利用することに関する動機の違いは何か

環境的予測

1. 技能教科（美術・音楽・体育等）に参加しているか。もししていないのなら、それはなぜか
2. 決まった日常的手順に必要以上に依存していないか
3. 日常を構成するもののなかで、前もって知らされなかった変更に、生徒はどのような反応をするか。たとえば、(1)教室の机の配置換え、(2)席順替え、(3)時間の変更、(4)教室の変更、(5)時間割の変更、(6)日常的手順の加減、(7)予定のキャンセル、(8)担任の欠席、(9)友人の欠席など
4. 物事に先行した情報整理や、時間をかけた導入などで生徒の行動は変わるか。もしそうなら、それらは口述、または書面、どちらの形で提供されるのか
5. 生徒は、これらの変更（(1)教室の机の配置換え、(2)席順替え、(3)時間の変更、(4)教室の変更、(5)時間割の変更、(6)日常的手順の加減、(7)予定のキャンセル、(8)担任の欠席、(9)友人の欠席など）が起こるどのくらい前に知らされていなければならないか
6. いつもとはちがう代理教師になったとき、生徒はどのようなふるまいをするか

感情・行動の規制

1. 次のような状況における、生徒の感情状態（興味深げ・混乱・注意散漫・心配・退屈・平静）はどうか：一人で座って作業する、黙読、ディスカッションや講義、共同作業
2. 自分自身のどのような感情を意識できているか
3. 何がそういった感情を引き出すのか、自分で理解できているか
4. 軽い、または激しい欲求不満、ちょっとした心配、その他の感情を、生徒はどのように表すか

第3章 アスペルガー症候群の青年の評価

表3.2 つづき

> 5. 自分がいつホームベース（第4章参照）を必要とするのか、生徒はわかっているか。もしそうなら、何がそのときの指標になるのか
> 6. 生徒は、ホームベースや、自分が安心できる人を、自ら求めているか
> 7. 教師にホームベースへ行くように合図されたとき、生徒は従うか。その際、どのような支援が必要とされるか
> 8. どのような行動が、生徒がホームベースを必要としている指標になるか
> 9. 自分を落ち着かせるとき、生徒はどのようにするか。それをして落ち着くまで、どのくらいかかるか
> 10. どのような状況で、生徒は「過剰反応」しやすいのか
> 11. どういった行動が過剰反応時、典型的に見られるか
> 12. 権威を尊重するか
> 13. 生徒が破壊的であると思われたことはあるか。どのような状況下でそのような行動が見られたか

From *Asperger Syndrome and Assessment: Practical Solutions for Identifying Students' Needs*, by B.S. Myles, D. Adreon, & J. Stella, in press. Shawnee Mission, KS: AAPC. Reprinted with permission.

行動パターン

　対人スキル、ストレス因子、視線、行動（課題中と、課題のない時）は、ASの人を評価する時にとくに重要です。学習と社会性に影響を与える他の行動特徴には、衝動性―強迫性、過剰な動き、注意喚起、回避行動があります（マイルズら、1989）。

ストラテジー（方略）

　学習特性の3つ目の領域であるストラテジーとは、生徒が情報を操作し、蓄積し、そこから取り出す規則性やテクニックを指します。この用語は教科学習での課題や社会的状況への対応を導くテクニックとしても広く使われています。その中には、(1) 方略的学習スキル、(2) 学習・記憶ストラテジー、(3) 自己言語化、(4) 自己修正、(5) 整理スキル、(6) 問題解決（マイルズら、1989）が含まれます。

環境予測

　環境を予測する力の評価では、生徒が教科学習や社会的な状況でどのような構造を必要としているかに着目します。例えば、日々の決まり、予期しない変更、代替教師への対応がこの領域に入ります。さらに生徒に順応性を与えるためにはどのような種類の支援が必要かも、評価の重要な要素になります。

感情・行動の調節

　ASの生徒たちは、自分の感情や行動を調節するのが苦手です。例えば、彼らの多くは、最も理想的な状況でも、気持ちが満たされているのか、少し疲れているのか、あるいは不安なのかを伝えることができません。まして勉強や社会性がつまづくようなストレス因子があると、さらに伝えられなくなります。私たちの臨床経験では、ASの生徒の大多数は、学校の全職員が「安心できる人のところか、ホームベース（第4章参照）に行かせた方がいい」と思うようなレベルまで感情が高まっても、自分では気がつきません。そのため、生徒がどのように自分の感情を受け止め、コントロールするかを理解するのが大切です。

　学習特性の徹底した評価は、学校側と親が、生徒の強み、問題点、特異性、また生徒を取り巻く世界の理解を考慮に入れたプログラムを組む助けとなります。生徒の知識を測るのは大切ですが、それはスナップ写真のようにその場限りの知識の評価にしかなりません。一方、学習特性は、長く続く傾向があります。そのため、学習を補助するためにはどのような指導方法が良いのかが見えてきます。考慮される指導方法は多種多数あります。学習特性の評価は、直接観察と教師と親へのインタビューを通して行うのが一番です。生徒自身が自分の学習特性について思うことを報告してくれる場合もよくあります。

第3章　アスペルガー症候群の青年の評価

行動と知覚の機能評価

　機能評価とは、ある行動、あるいは一連の行動が何故起こるのかを明らかにすることです。機能評価の背景には、その行動と状況、その時の生徒の知覚や反応と共に、他の生徒たちや大人たちの知覚反応を理解すれば、効果的な支援プランが立てられるという考え方があります。上に挙げた要因をしっかり理解しないと、かかわりによっては生徒の行動を悪化させることがあります（オニールら、1997）。

　生徒の行動は、孤立して起こるわけでも、無作為に起こるわけでもありません。何らかの理由や原因に基づいて起こるのです。つまり行動はコミュニケーションの一形態なのです。機能評価は、そうした行動によるメッセージを基盤として効果的な支援方法を進める第一歩です。機能評価には6つのステップがあります。

　1）生徒の行動を選定し、記述する
　2）生徒がその状況で何を要求されたのか、行動の前に何があったのかを記述する
　3）ベースラインとなるデータや実例を集める
　4）機能評価方法を完成し、仮説を立てる
　5）行動支援計画を立て、実施する
　6）計画の有効性を分析するため、データを集め、追跡調査を行う

生徒の行動の選定と記述

　機能評価の過程で最も基本になるのは、支援方法の立案を要する行動を選定し、その行動を記述することです。生徒の行動を調べる際には、その行動を明確に操作できるようにすることが大切です。行動の記述には、生徒にかかわる誰もが同じ行動を識別できるような用語を使いましょう。もし行動の記載に統一性がなければ、どの行動がターゲットなの

かがわからなくなる教師も出てくることでしょう。そうなるとせっかくの支援プランが適切な時に使われなくなる恐れがあります。

例えばある行動を「生徒はストレスを表している」と書いても、教師にとっては、生徒がパニック寸前の時、ほとんど役には立ちません。行動は、どのように示され、どのくらいの頻度で起こり、どのくらい続くのか、またどの程度の激しさを、動詞を用いて記述する必要があります。例を挙げると、観察に基づいて「ストレスがあると、ささやきながら前後にせわしく歩き始める。」という具合です。教師は容易にこの行動を認識することができるでしょう。

生徒がその状況で何を要求されたのか、行動の前に何があったのかを記述する

生徒の行動を分析する時、生徒が問題を体験する状況と、問題がほとんど、あるいはまったく起きない教室での状況、両方を描写することが不可欠です。この２つの設定を比較すると、行動上の問題とその原因の手がかりがわかることが多いです。

ニラルは、英文学の小テストが出されると必ず、それを何度も拒み、その後、引きこもって（授業が終わるまで机にうつぶせになる）しまいます。中学校の先生方によるチームとニラルの両親はそのことで悩んでいました。先生方も両親も、ニラルは自分が読む物を理解しており、テストの前には全部読んでいることを確信していました。調べてみると、引きこもり行動が起こるのは、英文学の時間だけでした。さらに、詳しくみていくと、他の授業でのテストは選択問題か口頭で答えるものばかりでしたが、文学のテストはたいてい論文形式で出されることがわかりました。これがヒントになって、ニラルの拒否行動は解明されたのです。

この例が示すように、支援プランを立てる前に、その行動がどのような状況で起こるのか、どのような状況では起こりづらいのかをしっかりと理解することが大切です。この課題をより容易に、また有効なものに

第3章 アスペルガー症候群の青年の評価

するために、自閉症・アスペルガー情報センター (1997) では「教室環境の必要事項 (CSD)」というチェックリストを作成しました。このチェックリストは、次に挙げる項目についての具体的な質問によって、現在の教室環境がどのようなものであるかを浮き彫りにする役目を果たします。(a) 指導方法、(b) 成績のつけ方、(c) テスト、(d) 教材、(e) 提出課題、(f) 生徒の行動、(g) クラス管理、(h) 教室構造。なぜ、その行動が起こるかを理解するためには、以上の要素がすべて不可欠です。チェックリストの適用は次頁の**図3.1**に示します。その生徒にかかわる教師一人一人が、チェックリスト（あるいは類似のもの）の記入を行えば、生徒の環境の実態が明らかになってきます。環境にかかわる他の要求因子には、指導上での期待、行動上の期待、社会的要求が入ります。

中学校レベルの授業での指導実践として、優れたものが14挙げられています。内容は、有意義で機能的なカリキュラムの保持から、生徒の特別な健康管理にまでわたり、幅広く様々です（ケネディ、フィッシャー、2001）。ASの生徒が受けるどの授業でも、この14の広範囲な支援方法が行われるべきです。**表3.3**（64-66頁）は14の最適アプローチとその概略です。

ベースラインデータや作品サンプルの収集

先に述べた通り、直接観察は、標的行動が発生する環境と、発生しない環境の両方で行います。観察データは機能的評価の過程での大切な要素です。行動の頻度、持続時間、激しさのデータを収集し、記録します（カー、ネルソン、1993）。前述の学習特性の評価は、ここでも用いられます（**表3.2** 50-55頁参照）。

可能な限り、生徒の提出物や作品例も、学科全体の達成率を測るために分析しましょう。具体的に、作品の分析は (a) 質（クォリティ）、あるいは「きちんとしているか」どうか、(b) 完成度、(c) 提出物を出す割合、(d) まとまりがあるかどうか、を知るのが目的です。

図3.1 授業環境診断チェックリスト

授業環境診断チェックリスト

氏名: _____ クラス: _____ 作成日: ___年___月___日

それぞれの質問で、いちばんあっていると思われる数字を○でかこむか、
指定されたスペースに書きこんでください。

授業の仕方

		いいえ		ときどき		いつも
A. 講義に費やす時間の割合 ……………… _____%						
B. 皆で議論をする時間の割合 …………… _____%						
C. 自習をする時間の割合 ………………… _____%						
D. 共同学習に費やす時間の割合 ………… _____%						
E. 毎日決まった日課がありますか？………………		1	2	3	4	5
F. 毎週決まってやることがありますか？…………		1	2	3	4	5

コメント：＿＿＿＿＿＿＿＿＿＿＿＿＿＿＿＿＿＿＿＿＿＿＿＿＿＿＿＿＿＿
＿＿＿＿＿＿＿＿＿＿＿＿＿＿＿＿＿＿＿＿＿＿＿＿＿＿＿＿＿＿＿＿＿＿＿

成績の評価法

	いいえ		ときどき		いつも
A. 特別評価課題を認め、また奨励していますか？…………	1	2	3	4	5
B. 過去にやった課題をやり直すことを認めていますか？	1	2	3	4	5
C. 評価基準は学期前に設定され、教室に掲示されていますか？	1	2	3	4	5

コメント：＿＿＿＿＿＿＿＿＿＿＿＿＿＿＿＿＿＿＿＿＿＿＿＿＿＿＿＿＿＿
＿＿＿＿＿＿＿＿＿＿＿＿＿＿＿＿＿＿＿＿＿＿＿＿＿＿＿＿＿＿＿＿＿＿＿

テストの仕方

	いいえ		ときどき		いつも
A. いろいろなテスト方式を取り入れていますか？………	1	2	3	4	5
1. 選択問題 ………………………	1	2	3	4	5
2. 論述問題 ………………………	1	2	3	4	5
3. マッチング（線で合っているものをつなぐ）式 ……	1	2	3	4	5
4. 正誤記入式 ……………………	1	2	3	4	5
5. 教科書持ち込み可 ……………	1	2	3	4	5
6. 宿題式（家でやってよい）テスト ………………	1	2	3	4	5
7. 共同でやってよいテスト ………………………	1	2	3	4	5
B. あなたのクラスではテストを行いますか？…………	1	2	3	4	5
1. 毎日のテスト …………………	1	2	3	4	5
2. 週ごとのテスト ………………	1	2	3	4	5
3. 月ごとのテスト ………………	1	2	3	4	5
4. 学期ごとのテスト ……………	1	2	3	4	5
C. あなたはテスト時にノート持ち込みを許可していますか？	1	2	3	4	5

コメント：＿＿＿＿＿＿＿＿＿＿＿＿＿＿＿＿＿＿＿＿＿＿＿＿＿＿＿＿＿＿

第3章　アスペルガー症候群の青年の評価

図3.1 つづき

教材	いいえ		ときどき		いつも
A. 教科書は使いますか？	1	2	3	4	5
B. 配付物はありますか？	1	2	3	4	5
C. 生徒が学校外から教材を持ってくる必要がありますか？	1	2	3	4	5

あれば明記 _____

D. 授業の前に知っておかなければならないこと、できなければいけないことがありますか？	1	2	3	4	5

あれば明記 _____

E. ワープロ、コンピューターの技術が必要ですか？	1	2	3	4	5

コメント：_____

レポートの作成	いいえ		ときどき		いつも
A. 生徒は完結した文章を書くことが要求されますか？	1	2	3	4	5
B. 生徒は段落に分かれた文章を書くことが要求されますか？	1	2	3	4	5
C. 生徒は小論文、または3〜5段落の文章を書くことが要求されますか？	1	2	3	4	5
D. レポートは要求されますか？	1	2	3	4	5
E. レポートの口頭発表は含まれますか？	1	2	3	4	5
F. 授業の中に長期にわたる課題、宿題がありますか？	1	2	3	4	5

あれば明記 _____

G. あなたはどのくらいの頻度で生徒に筆記課題を出しますか？	1	2	3	4	5

コメント：_____

行動面の評価	いいえ		ときどき		いつも
A. 遅刻は成績に影響しますか？	1	2	3	4	5
B. 出席率は成績に影響しますか？	1	2	3	4	5
C. 授業への意欲的参加は成績に影響しますか？	1	2	3	4	5
D. 各課題の完成度は成績に影響しますか？	1	2	3	4	5
E. その他成績に影響する授業態度はありますか？	1	2	3	4	5

あれば明記（例：提出期限を守る、授業をよく聞くなど）_____

F. ノートを取ることはあなたの授業では重要なことですか？	1	2	3	4	5
G. 生徒の授業外での行動に自主性を持たせていますか？	1	2	3	4	5

コメント：_____

図3.1 つづき

行動マネージメント

	いいえ		ときどき		いつも
A. 前向きな学習環境をつくるため、罰ではなく、適切な行動をほめることを中心に行っていますか？	1	2	3	4	5
B. クラスに不適切な行動に対して、一貫した態度をとっていますか？	1	2	3	4	5
C. 不適切な行動に対するあなたの反応によって、そのような行動の頻度が弱まったり、止まったりすることがありますか？	1	2	3	4	5
D. 行動マネージメントは、単なる罰ではなく、適切な行動を身につけさせることに焦点を当てていますか？	1	2	3	4	5
E. 生徒は、適切な行動、作業に集中した、課題を終わらせたことなどについて、個人的にほめられていますか？	1	2	3	4	5
F. 不適切な行動をとったとき、生徒は教室から離れるように指示されますか？	1	2	3	4	5
G. 行動が手に負えなくなる「前」に、生徒は教室を離れるよう指示されますか？	1	2	3	4	5

クラス管理

	いいえ		ときどき		いつも
A. 授業中のきまりや方針などを教室に掲示し、生徒の注意を促していますか？	1	2	3	4	5
B. 賞罰は生徒に明確に説明してありますか？	1	2	3	4	5
C. 生徒に物で賞やご褒美をあげますか？	1	2	3	4	5
D. 他に生徒を褒める時に使ったり、行ったりするものはありますか？	1	2	3	4	5

あれば明記 _____

コメント： _____
_____

教室の構成

A. 現在のあなたの教室の机はどのような配置になっていますか？
例に従って簡単に記してください。このチェックリストで注目している生徒が座っている場所を、○でかこってください。
（T 教師　S 生徒）

例

```
       T
   S S S S S
   S S S S S
   S S S S S
```

あなたの教室

第3章 アスペルガー症候群の青年の評価

図3.1 つづき

	いいえ	ときどき	いつも
B. 黒板や教師に対して、生徒の座っている向きはどうなっていますか？（生徒は両方に向かって座っているか、それとも動いたり体を横にしなければ向けない位置に座っているのか）状態を明記 _____			
C. 生徒は、注意散漫の原因となりやすいものや、人がよく通る場所（ゴミ箱、鉛筆削り、出入口など）から離れて座っていますか？	1　2	3　4	5
D. 教室のどこかに、生徒が集中したり、気を落ち着かせられる場所がありますか？	1　2	3　4	5
E. その生徒に周りに座っているクラスメートは、良いお手本となっていますか？	1　2	3　4	5
F. どのくらいの頻度で、Aで記したような配置にしていますか？	1　2	3　4	5
G. 他にどのような配置にしていますか？あれば明記			
H. どのくらいの頻度で、Gで記したような机の配置にしていますか？	1　2	3　4	5

コメント： _____

Adapted from *Assessing the Setting Demands in the Classroom*, Autism Asperger Syndrome Resource Center (www.KUMC.edu/AARC).

表3.3　クラスにおける14の最適アプローチ

薦められる最適アプローチ	簡単な説明
有意義で機能的なカリキュラム	生徒に教えている内容は、彼らの日常生活に関連しているか？　有意義で機能的なカリキュラムを組むということは、教材に取り組む生徒のやる気を増幅する重要な意味を持っています。
仲間意識を促進させる	障害の有無にかかわらず、生徒には、ふだん、交流し、お互いの関係を発展していく日常的機会がありますか？　他の生徒との頻繁な交流は、人間関係の発展や、社会的能力の発達を助けます。
選択の提示	生徒は、教材の焦点や内容を、主導的に選ぶことが許されていますか？　このことは、生徒の教材に対する興味を高め、自分たちが自分たちのカリキュラム内容を積極的に選択するという点において重要です。
教材に変化を持たせる	毎日、教科ごとに、どのようにして教材を生徒に提示していますか？　生徒の教材の接し方を積極的に変えることによって、指導中、学習中の集中度が向上します。
年齢にあった教材を与える	教材や指導内容は、定型発達児が通常使用しているものでしょうか？　このことは、クラスメイトに関連した学習経験を与えるという点で、重要なことです。
生徒の良い行動に注目する	教師の注意はおもに、生徒の適切な、または望ましい行動に対して向けられているでしょうか？　教師の注意が、生徒の適切な行動に向けられていることは、生徒にどのような行動をとるべきか教える上で、大切なことです。

第3章 アスペルガー症候群の青年の評価

表3.3 つづき

予測できるスケジュール	生徒はそれぞれ、何をしなければならないか、理解し、予測できていますか？ 教育上の日常手順を予測できるようにしておくことは、生徒が、なぜ作業を中止するのか、何が次に起こるのか、参加することによって何を得るのか、などを理解する手がかりとなります。
グループ学習ストラテジー	生徒が教材を学習するに当たり、グループのための、さまざまな学習ストラテジーが使用されていますか？ 共同で学び、お互いに交流する機会を、ふだんから生徒に与えていくことは、学習向上に有効です。
さまざまな学習スタイルを組み込む	生徒はそれぞれ、異なる学習パターンをもち、教材に取り組んでいます。指導法は生徒の個人差に適応していますか？これは大切なことです。なぜなら、これによって、生徒一人一人が最大限の指導を受けられることになるからです。
生徒に焦点をあてる	指導内容は、生徒の興味や好みがベースになっているでしょうか？ 生徒は、自分たちが好きな作業に取り組んでいるときは、問題行動を起こすことが少なくなります。
適切な行動をやってみせる	教師やクラスメイトは、良い学習者になるにはどうしたらよいか、積極的に模範となっていますか？ モデリングは、非常に効果的な指導法であり、他の人が適切な学習体験にうまく取り組んでいるところを、生徒に見せることができます。
生徒中心の多様なサポートチームをつくる	教師や教育管理者は、生徒の行動向上に共同で働きかける、学校をベースとしたチームを持っていますか？ チームで働くことは、さまざまな見方、経験、技術を、問題解決、前向きな支援計画に役立てることができます。

表3.3 つづき

薬物療法を理解する	行動に影響が出るような薬を飲んでいる生徒はいませんか？ 教師は、薬が生徒の行動に及ぼす影響をモニターするために、そういった薬の主作用、副作用、長期にわたる影響を知っておく必要があります。
特別な保健ケアの必要性	特別な保健ケアを指摘されている、または可能性のある生徒はいますか？ そのような生徒には、定期的な保健ケアのモニターや、保健スタッフによる定期的診断が、問題行動に関連する健康問題の有無を評価するために（ことに新しい支援計画を立てる前は）必要になります。

From *Inclusive Middle Schools* (pp. 110-111), by C.H. Kennedy & D. Fisher, 2001. Baltimore: Paul H. Brookes Publishing Co. Used with permission.

表3.4 問題行動が起こる要因と考えられるもの

理解に失敗する、または何をしたらよいかわからない
特定の作業・状況から逃げよう、または避けようとしている
クラスメイトや教師の注意を引きたい
怒りまたはストレス
憂うつ、欲求不満、混乱（感情的なもの）
力の加減
威嚇
感覚刺激の過不足
何かを要求している（食べ物、活動、物、安心、決まった手順、社会的交流）
身体的刺激を表現している（激しい鼻づまり、皮膚からの刺激、空腹）
強迫的思考
失敗への恐れ
自信に関連する恐れ（めんつを失う、思っていたことの間違い）
物、人、出来事に対する恐れ、または恐れからの解放
いらいらする考えから自分を守ろうとする必要性

第3章 アスペルガー症候群の青年の評価

機能評価方法の完成と仮説の設定

　問題行動に対して、最も効果的かつ効率の良い支援を行うためには、その行動の原因や機能を理解することが重要です。機能評価や、それに関連する支援方法の目的は、単に問題行動を消滅させることだけではなく、生徒が、自分の必要を満たすための新しい方法、より適切な方法を学ぶ手助けをすることです。問題行動が起きる理由について研究者や臨床家が仮説したリストを**表3.4**に示します。何がその行動を起こすのかを理解することが、効果的な支援方法を決める最初のステップの一つです。

　ASの人たちのものの見方を理解するのも、有効なプログラム作成に大切です。次頁の**図3.2**の**インタビュー**は、ここで役に立ちます。項目では他の生徒たち、教師、教科課題の好き嫌いが表れるようになっています。同時にそれぞれの授業で必要な情報を得る目的もあります。

　機能評価方法には、教師や親が問題行動のきっかけや機能を知るのに便利なものがいくつかあります。動機測定尺度（デュランド、クリミンス、1992）、問題行動調査票（ルイス、スコット、スガイ、1994）、生徒参加の機能評価面接用紙（カーン、ダンラップ、クラーク、チャイルズ、1994）。

行動支援計画の開発と実施

　機能評価のデータを集め、見直しと分析を行ったなら、チームは行動の原因を十分に理解するために、分析結果を把握しておかねばなりません。行動の生起にはたいていパターンがあるので、この過程は重要です。パターンがわかれば、有効な支援を立案し、それを行動支援計画の中で提案することができます。この計画には、行動面、社会面、学業面でうまくやっていくために、生徒と一緒に用いることになる詳細な支援内容記した書面が含まれます。さらに実施にあたる責任者の名前も記載します。行動支援計画はアメリカ合衆国の全障害者教育法（IDEA、1997）に基づき、問題行動のある生徒のために発令されます。

図3.2 生徒のものの見方に関する分析

インタビューをする方へ

インタビューを行う前に、生徒に関する情報をできる限り集めておきましょう。インタビューの助けになる情報はたとえば、

- A．生徒の日常スケジュール
- B．教師の名前と担当教科
- C．生徒に関係するその他の大人の名前と、彼らの役割
- D．最近出された課題。生徒が受けた課題のサンプルを、全ての教科にわたって入手しておくと、役に立ちます。

もし生徒に関する情報があらかじめ手に入らなかった場合、インタビューを数度に分けて行い、その日一日生徒の情報を集めるようにしましょう。

　生徒になぜインタビューを行うのか、理由を説明しましょう。次のように言うと、生徒が機能的評価を理解する手助けとなるでしょう。「私がこれらの質問を君にするわけは、君を学校で悩ませているものを、君と私が調べていくためなのです。それらのいくつかは、私たちで解決できるでしょう。その他のことは変えられないかもしれない。君の言うことを聞いているだけで、全てが解決できるわけではありません。この場で得た情報は、先生方が、より君を理解し、何が君を悩ませているのかを知る手がかりとなるのです。人の心の中にあるものを知ろうとするとき、その人が何を考えているのか、ということについての情報が得られるのです。ある状況で、沢山のことが解決できないにしても、これは人がお互いを尊敬し、うまくやっていく助けとなるのです」

　注意していただきたいのは、この表を使用するにあたり、代名詞ではなく、教科、または教師の実名を使っていただくことです。アスペルガー症候群の生徒は、代名詞に混乱することがよくあります。ですから、あなたが質問をする際、彼・彼女、彼らなどではなく、明確に教師の名前を使うと、よりわかりやすいものとなります。

学 校

1. 1時間目（または○時間目）の教科は何ですか？
2. 先生は誰ですか？
3. 君がよいことをしたとき、[先生の名前] 先生は気づいてくれますか？
4. 君がよいことをしたとき、[先生の名前] 先生はなんと言ってくれますか？
5. [先生の名前] 先生は、君のことを気に入っていると思いますか？
6. [先生の名前] 先生が君のことを気に入っていることを、何から知ることができますか？
7. 君はいつも一人で、または他の人といっしょに勉強していますか？
8. どんなことは、一人きりでしますか？
9. どんなことは、他の人と一緒にしますか？
10. 君が好きなことは？
11. 学校の勉強は難しい？　それとも簡単？

第3章 アスペルガー症候群の青年の評価

図3.2 つづき

12. 学校ですることのうち、簡単なものは何？
13. [教科の名前]で、嫌いなことは何？
14. [教科の名前]で、何か一つ変えることができるとしたら、何を変えたい？
15. [教科の名前]で、ひとつ簡単なことは何？
16. [教科の名前]で、ひとつ得意なことは何？
17. [先生の名前]先生のクラスで、他のクラスメイトとうまくいっていないことがありますか？
18. どの生徒とうまくいっていないの？
19. どんな風にうまくいっていないのか、話してください。
20. その状況をよくするには、何がいいかな？
21. 君はいつも同じ席に座っているの？
22. その席は気に入っている？ なぜ？ またはなぜ気に入らないの？
23. [先生の名前]先生は、どうやって君に宿題のことを教えてくださいますか？
24. [先生の名前]先生は、君が気にするような変更をすることがありますか？
25. [先生の名前]先生がすることで、気に入らないことは具体的に何ですか？
26. 教室で、とても気になっていることはありませんか（騒音、におい、照明、室温など）？
27. [先生の名前]先生に言われたことをするのに、十分な時間がありますか？
28. [教科の名前]の時間中、次の作業に移るのに、十分な時間がありますか？
29. 課題を終わらせるのに、十分な時間がありますか？
30. 1位を一番好きなもの、○位を一番嫌いなものとして（昼食、通学時も含む）、学校での時間をランクづけしてください。（生徒に、学校での全ての時間、活動を書いたリストを見せる）

ランク	クラス

31. 1位を一番好きな人、○位を一番嫌いな人として、君が会う学校の先生、職員の方々をランクづけしてください。（生徒に、ランクづけする先生と職員のリストを見せる）

図3.2 つづき

ランク	教師の名前

通 学
（注意：行きと帰りの通学について、別々のインタビューをする必要があるかもしれません）
  32. どの電車、バスに乗るの？
  33. バスの運転手の[名前]さんは、君のことを好き？ それとも嫌い？
  34. どんなことから[運転手の名前]さんが君を好き/嫌いだとわかるの？
  35. いつも同じ席に座りますか？
  36. いつも決まった人がとなりに座りますか？
  37. 一緒に通学する生徒で、気に入っている人はいますか？ それはだれ？
  38. 彼らに話しかけたことはありますか？
  39. どんなことを話すの？
  40. 彼らはどんな話を君にするの？
  41. 通学途中で会う、嫌いな生徒はいますか？ それはだれ？
  42. どうして彼らが嫌いなの？
  43. 通学は好きですか？ それはなぜ？ （もし嫌いな場合、さらに質問をする）

昼 食
  44. 昼食の時間はいつですか？
  45. 「いつも同じ席に座りますか？
  46. 一緒にご飯を食べたい人は誰ですか？
  47. 一緒にご飯を食べたくない人がいますか？ それはだれ？
  48. 昼食の時間は十分にありますか？
  49. 昼食の時間が好きですか？
  50. 昼食時の騒音やその他のことで、いらいらさせられることはありますか？
  51. もし、昼食の時間中、一つだけ変えられるとしたら、何を変えたいですか？

この質問票を開発するに当たって、ディーナ・ギトゥリツさんの何物にも代え難い援助に感謝します。

第3章　アスペルガー症候群の青年の評価

　差し迫った問題解決ばかりに目を向けるのではなく、生徒の行動を理解し、計画を実施することによって、教師や親は事前対策を考えやすくもなります。例えば、次の学年の計画を立てる際、行動に問題が生じる前に、あらかじめ支援を生徒のプログラムの一環としておけば、その実施が可能になります。

データの収集と計画の有効性の分析にむけたフォローアップ

　成功を確かなものにするためには、計画に沿った行動支援の有効性を監視する必要があります。そのためには、まずデータ収集計画を確立することです。教師と親が、あらかじめ決めたスケジュール通りに会議を開き、支援前後のデータを比べて有効性を調べます。うまく行っていれば、ある程度の修正や調節は必要かもしれませんが、そのまま支援を続けます。もし、期待したほどの効果が見られなければ、行動機能を調べ直し、新たな行動支援計画の組み立てと実施が必要かもしれません。

まとめ

　徹底した診断評価は、ASの若者への洞察に役立ちます。カリキュラムベースの、公式、非公式の測定は、生徒が何を知っており、どのように学ぶかを判断するための大きな役割を果たします。行動上の問題がある場合は、機能評価を行うと、生徒の環境と課せられていることに関する重要な情報が得られます。他の人たちには「なぜASの人にはこれが大変なのか」理解できないことがあります。そのため、本章で触れたように、生徒の視点を知ることが大切なのです。状況を生徒の目で注意深く見ていくと、ASの若者にふさわしいカリキュラムや適切な社会体験を構築するにあたっての良いヒントが得られます。

第4章 アスペルガー症候群の生徒のための中学・高校での支援

　中学・高校での伝統的なプログラムは多くのASの若者にとって困難です。

　第1章で述べた通り、小学校と比べて学校の規模は大きく、教科ごとに教師が変わり、生徒にはより高い期待が寄せられるようになります。成績評価はさらに厳しくなり、宿題も増えます。さらに、通常、この頃にはホルモンの変化によって、思春期の始まりならではの試練が、幸福で順応性のある子どもたちをことごとく叩きのめします。

　十代(ティーン)の若者と生活や活動を共にしたことのある人なら誰でも、この時期はどんな生徒にとっても動揺の時だと知っています。行動も感情も起伏が激しくなります。ASの生徒には、ソーシャルスキルやコミュニケーション、感情と行動の調節における特有の障害によって、思春期の問題はさらに大きなものとなります。ASの生徒のための「定型的な学校プログラム」というものはありません。若者は1人ひとり異なっており、従ってプログラムもそれぞれ異なるべきだからです。

　ASの生徒たちが成功する環境は様々です。補助教員がつかなくても通常の授業にずっと参加できる生徒がいる一方で、補助教員と共に、あるいは通級学級のサポートを受けながら参加する生徒がいます。また、個別の場所が必要な生徒もいます。親と教師は、マグネットスクール（充実

した設備と広汎な教育課程を特徴とし、既存の通学区域にとらわれずに通学が可能な公立学校）や小規模の私立学校、ホームスクーリング（在宅学習）が、構造的に多くのASの若者のニーズを満たすことを知りました。第3章で指摘した通り、ASの生徒のプログラム作成には、その子のニーズをよく知り、教科内容や社会性のニーズとストレスや不安の度合いのバランスをとることが必要です。

　プログラムには、おそらく学期全体を通して速やかな変更が必要になるでしょう。ジュリーは6年生になった時、補助教員と共に通常学級にずっと出席することになりました。学科の課題をこなす力はありましたが、教室の雑音や生徒たちの動きに気が散って、課題の完成には余分な時間が必要でした。ジュリーは柔軟性にも問題がありました。ある課題をしている最中に別な課題が与えられると不安に陥りました。活動に予定外の変更があると、引きこもってしまいました。そうなると「麻痺したように何もしない」とよく報告されていました。不安が高まり、メルトダウン（パニック）を起こすこともありました。

　ジュリーが成功をおさめ、自己評価をもっと高められるように、様々な方策が立てられましたが、どれも十分な効果をもたらしませんでした。補助教員との通常学級への完全参加はうまくきませんでした。そのため、学校チーム（学級担任、特別支援教育担当者、補助教員、言語聴覚士や心理士などの支援職員、学校管理職員）と両親は、通級学級を中心にした案を立てました。ジュリーは通級学級で1日を過ごし、そこでほとんどの授業を受けることになりました。それから1日に1度だけ、調子の良い時に少しずつ通常学級に出席するようにしていきました。学年が終わる頃には、通常学級で4時間、通級学級で3時間過ごすようになりました。ジュリーにとっては、これが成功したプログラムでした。

　私たちはベストといえるモデルはないと考えています。最近は、通常の教育環境を第一の場として障害のある生徒の支援を行う流れがありますが、私たちの考えは違います。私たちはおのおのの生徒に一番効果的

第4章　アスペルガー症候群の生徒のための中学・高校での支援

なモデルを支援します。ASの中学生・高校生の個別プログラムの作成では次の項目を目標とします。

- ソーシャルスキルの学習と社会的相互作用（人とのかかわり）への関与
- 日常生活スキルの獲得
- 自己理解、とくに感覚や感情面でのニーズに関連させて
- 問題解決スキルの学習
- 教科内容の学習

　これらのスキルの中には、まず学校で学ばねばならないものもありますし、おのずから親に責任がかかってくるものもあります。どれを学校で、どれを家庭で行うかは、生徒によって様々ですが、学校チームと親は生徒本人と共に考えて決めましょう。

　中学・高校で困難にぶつかるASの生徒のために、効果的な支援策が数多く錬られてきました。ASの生徒が成功をおさめるには、これから述べる修正や調整がすべて必要だというわけではありません。しかし多くの場合、いくつかは必要になるでしょう。

　修正には**個別化**に加え、**構造化**と**予測性**という2つの明確な共通点があります。1つ1つの援助を構造化することで、生徒が日々のきまりごとを行ったり、活動や課題にかかわる具体的な場所や時間を確認する手助けとなります。このような調整によって、生徒は自分がするべきことや、活動の順番、次に何があるのか、また、教師や親の期待が自分のスキルのレベルに見合っているかどうかまで常にわかるようになります。予測も確実になります。つまり、修正事項がきちんと伝われば、生徒は何をするべきかを自分で決められるようになるのです。

　柔軟性も修正に必要な要素です。**柔軟性**は一見、構造化や予測性に相対するように思われるかもしれませんが、そうではありません。私たちは生徒のニーズに応じて**柔軟な構造化**、**柔軟な予測性**という言葉を使い

ます。例えば、理科の教師が授業プランを立てたとします。クラスにいるASの生徒は授業で何があるのか何をするべきかを知っています。ある日、教師は教室に入ってきたその生徒の顔つきや全体的な様子に、高いレベルの不安を見てとり、急きょいつものプランを変更することにします。生徒はグループ実験に参加する予定でしたが、3つの選択肢が与えられます。

　　(a) 実験が始まる前にホームベースへ行く
　　(b) 他の生徒1人だけと実験を行う
　　(c) 実験には参加せず、見学する

ほんのつかの間のことであっても、生徒のニーズが変化したのですから、こうした柔軟性が必要になります。この場合、計画通りに活動をやり遂げることよりも、まずストレスの除去が生徒のニーズになります。このように、ASの生徒に有効なプログラムとは、個別化、構造化、予測性、そして柔軟性に基づいたものなのです。

　家庭や学校では、実際には移行計画の手順を決めるのが先で、支援がそれに伴う形になるでしょう。支援はもちろん、計画の一部です。移行計画については次の第5章で詳しく述べていきます。話の流れから、本書では移行計画の手順よりも先に支援方法を挙げることにしました。主な内容は、教科学習での修正、学校での構造化されていない時間帯や構造化に乏しい時間帯の修正、環境上の支援、社会性の支援です。さらに危機的状況で生徒の安定を測る方法についても述べていきます。

第4章　アスペルガー症候群の生徒のための中学・高校での支援

教科学習での修正

　学習のストレスを減らすために、多くのASの生徒には予測性と構造化を備えた教科学習の修正が必要です。軽度から中程度の障害（学習障害など）をもつ生徒に用いられる方法で、教科学習に役立つものがいくつかあります。また、秀でた才能のある生徒に関する文献で強調されている技法も適用できることがあります。ここでは、(1) 事前学習、(2) 授業課題、(3) ノートをとること、(4) 図式の使用、(5) 強化、(6) 宿題、といった具体的な修正について述べていきます。

事前学習（予告）

　事前学習とは、情報や活動をあらかじめ紹介しておく支援方法です（ワイルド、ケーゲル＆ケーゲル、1992）。その目的は (a) 事前に教材に慣れさせる、(b) 情報や活動を予測可能にすることで、ストレスや不安を減らす、(c) 生徒の成功体験を増やすこと、です。

　事前学習では、授業で使う教材を前日に、あるいは前日の夕方や当日の朝に生徒に見せておきます。生徒が教材に注意を向けたらほめて強化します。場合によっては、活動の直前にそれが必要なこともあります。例えば、理科で実験を行うような時には、授業の前にASの生徒を補助することになっている同級生にもおおまかに実験の経緯を話しておきます。事前学習は、教室か家庭で行います。家庭では親が、学校では補助教員や通級学級の担任、あるいは信頼できる生徒が行います。

　ワイルドと彼の共同研究者たちは、事前学習では、プリントや教科書など実際に使用する教材を使うように勧めています (1992)。しかし、私たちは、一覧表や活動の説明書きを用いても成功しています。例えば、ヘザーの事前学習は、翌日の各授業ですることをリストアップしたカードを繰り返し確認することです。カードには、読むことになっている箇所、例題に従って答える質問の数と種類、活動内容とその形態（少人数のグル

ープで行うのか個別に行うのか)、最後にそれぞれの授業での自分の役割が書かれています。

　事前学習は生徒の日課に組み込むと最も効力を発揮します。しかし、事前学習は、教示でも、修正でも、テストでもありません。くつろいだ環境で、忍耐強く、生徒を励ますような担当者が行うべきです。短時間で、それぞれの授業や活動の概要を端的に伝えましょう。

授業課題

　課題の内容と構成は、生徒の長所と問題点によって決まります。課題の完成に余分な時間が必要な生徒もいれば、課題自体を短くしたり、問題数を減らした方がよい生徒もいます。課題の短縮は、たいてい特別な準備をせずに簡単にできます。例えば、数学のプリントでは、教師がASの子がする問題の番号に○をつけるだけで済みます。

　中学・高校では、読まなければならないものが増えてきます。ASの生徒の場合、どのくらいの量を読めるのかを評価することが大切です。社会科や国語などの科目では、読む負担が非常に重くなります。ASの生徒は読むのが遅かったり、主題と関係のない情報を識別できないことがあり、テストに出ないような取るに足りない箇所に膨大な時間を費やしてしまいます。大切な箇所に目印をつけた教科書や学習ガイドがあれば、読む時間を大幅に活用できるようになるでしょう。教師は生徒がどの情報に焦点をあてているのかを正確につきとめることも必要です。

　課題で何が要求されているのかを示す例や、課題評価の具体的な基準リストも役に立ちます。例えば独立戦争についての小論文で、評価が内容の他に、丁寧さ、単語の綴りも対象になる場合、そのことをはっきりと生徒に伝えておきます。また、「A」評価と「C」評価の作文例を挙げ、違いが目立つようにしておくのもよいでしょう。

　手書きは多くのASの生徒にとって難題なので、生徒に有利な方法をいろいろと用意してあげましょう。小論文を書く代わりに口頭応答を、鉛

第4章 アスペルガー症候群の生徒のための中学・高校での支援

表4.1 容認しうる生徒の代替プロジェクト

1. ほかの人が情報を学べるようなゲームをつくる
2. ラジオやテレビ放送、またはビデオ制作をする
3. 歴史上重要な事柄の年表や人物の日誌を作る。歴史上のある人物が行ったであろう演説を想像して書く
4. 歌、ラップ、詩、宣伝、コマーシャルソングなどをつくる
5. 外国や宇宙への旅行ガイドをつくる
6. 演劇や架空の裁判などのシナリオを書く
7. やり方や使用法がよくわからない人のために、説明書を作る
8. 物事を総合的に表した図やポスターを制作する
9. ほかの生徒と協力して、歴史上のある時代について、また、歴史上の様々な人物が、現代にどのように影響しているかについて、パネルディスカッションを開く
10. 個人的、社会的必要性を満たすような、発明をする
11. 模型をつくる。それぞれの部品、機能について説明する
12. アンケートを採る。収集したデータを表やグラフにする

From *Teaching Gifted Kids in the Regular Classroom: Strategies and Techniques Every Teacher Can Use to Meet the Academic Needs of the Gifted and Talented* (p. 148), by Susan Winebrenner, 2001. Used with permission from Free Spirit Publishing Inc., Minneapolis, MN: 800/735-7323; www. freespirit.com.

筆の代わりにコンピュータを、文章で答える問題の代わりに選択問題を与えるなどの方法があります。プロジェクトも同様に、生徒に合った方法で発表させましょう。例えば、南北戦争の出来事を年表にすることでも、学んだ内容を発表できます。ワインブレナー（2001）は、従来の紙と鉛筆で行う課題に代わる様々なプロジェクトをまとめています（**表4.1**）。

ノートをとること

ASの生徒の多くは、授業中にノートをとることが苦手です。運動機能の問題で、大事なことをよく書き損じてしまいます。さらに、聴きながら書き取ることが困難な生徒もいます。聴くことも書くこともできるのですが、同時にはできないのです。教師は次のような方法で、ノートをとる手助けができます。

（1）主題とその詳細を完全に記した概要（教師作成）を与える
（2）主題と、授業で話し合われる詳細を書き込む空欄を設けた概要（教師作成）を与える
（3）他の生徒が書いた概要をカーボン紙やコピーを使って複製して与える
（4）コンピュータに強い生徒には、概要作成のソフトウェアで主題と詳細を入力させる

　上記の方法を実行する際には、教師は事前に、生徒が主部と細部の識別の仕方を知っているかどうかを確認して下さい。そのようなスキルは直接指導されることはほとんどないのに、中学生にもなれば当然身についていると思われがちです。

　ノートをとる指導の第一歩は、まずなじみのある読み物を使って主部と細部の識別方法を教えることです。口頭での話よりも読み物の使用を勧める理由は、読み物の方が固定的で見直すことができるからです。さらに、新しい話ではなく、なじみのある話であれば、生徒は内容の理解よりも要点のまとめ方を学ぶことに集中できます。

　それができるようになったら、教師作成の概要の完全版の使用へ、次に空欄を設けた概要へと進むことができます。慣れてくれば、ますます概要を汲み取れるようになっていきます。「最初の主題は…」とか「ここでは、覚えておかなければならない3つの細部があります。1つ目は…」というような言葉による直接的なヒントに気がつくように指導することで、生徒の自立を促していきます。このレベルまで上達すれば、次に、直接的ではないヒント（例：「覚えておかなければならない…」「南北戦争の最初の戦いは…」）を使っていくように教えましょう（カッセルマン＆マイルズ、1988；マイルズ＆シンプソン、1998）。

　空欄を含む概要で行き詰まってしまう生徒もいます。その場合、必要な教材やソフトウェア、他の生徒のノートを使っていくと、学習の助けになります。クラスによっては、授業を録音するのも役立ちます。

第4章　アスペルガー症候群の生徒のための中学・高校での支援

図式まとめ
(グラフィック・オーガナイザー)

　図式まとめとは、教材の内容を理解しやすいように整理して示す視覚支援です。適切に用いると、大切な概念や事実を浮き彫りにし、同時にそれらの相互関係も表してくれます。つまりこの方法では、抽象的なあるいは暗黙の情報を具体的な形で示しながら、相互関係を示す鍵となる言葉を列挙していくのです。とくに社会科、文学、科学での内容を表す時に便利です。図式まとめは、本を読む前にも、読みながらも、また、読んだ後にも使えます。予習としてのまとめにも、復習としての概念理解にも用いることができます。

　図式まとめ(グラフィック・オーガナイザー)がASの生徒の学習を高める理由は次の通りです。

(1) 視覚的であること。ASの人たちは視覚的理解が得意なことが多い

(2) 固定的であること。一貫しており、不変である

(3) 時間をかけることができる。生徒はマイペースで学習ができる

(4) 抽象的な情報が具体的な形で示される（マイルズ＆サウスウィック、1999）

　図式まとめ(グラフィック・オーガナイザー)にはいくつかの種類があります。ブロムリー、アーウィン＝デヴィティスとモディオ（1995）は4つの基本タイプ、(1) **序列型**、(2) **概念型**、(3) **連続順型**(シークエンス)、(4) **循環型**、を決めました。**序列型**では主題とそれに続く副次的な情報を直線で結びます。**概念型**は主人公の行動や動機を表す時によく使われます。これは、概念、出来事、考えをまず軸として、そこから関連することを枝上に分かれて書いていく方法です。**連続順型**の例には年表があります。原因と結果だけではなく、出来事の順序も示すことができます。最後の**循環型**では、その名前の通り、始まり、中間、終わりがない出来事を表します。水の循環や心臓から体を巡る血液の流れなどの化学的な概念は、この型で視覚的に示されることが多いです。次頁の**図4.1**は、ASの子どもたちに効果的な図式まとめの実例です。

図4.1 グラフィック・オーガナイザー（図式まとめ）のサンプル

循環型グラフィック・オーガナイザー

水は、海や湖、川に集まる

↑ ↘

水は川を下ってゆき、　　　　　　　海や湖、川の表面の水は、
海にとどく　　　　　　　　　　　　太陽光で暖められ蒸発し、
　　　　　　　　　　　　　　　　　水蒸気と呼ばれる気体になる

↑ ↓

降水は植物に吸収されたり、　　　　水蒸気は風に運ばれ、
地面にしみこんでいき、　　　　　　冷たい空気に触れると
残りは川に流れていく　　　　　　　凝縮する

↑ ↓

降水は雨や雪となって　　　　　　　凝縮した水蒸気は
地面に落ちてゆく　　　　　　　　　雲を形成する

↖ ↙

雲は満杯になると、
降水となり、水分を放出する

Adapted from Time-Life Books (1997). *Time Life student library: Planet earth.* Alexandria, VA: Author. Developed by Cindy Van Horn.

第4章　アスペルガー症候群の生徒のための中学・高校での支援

図4.1　つづき

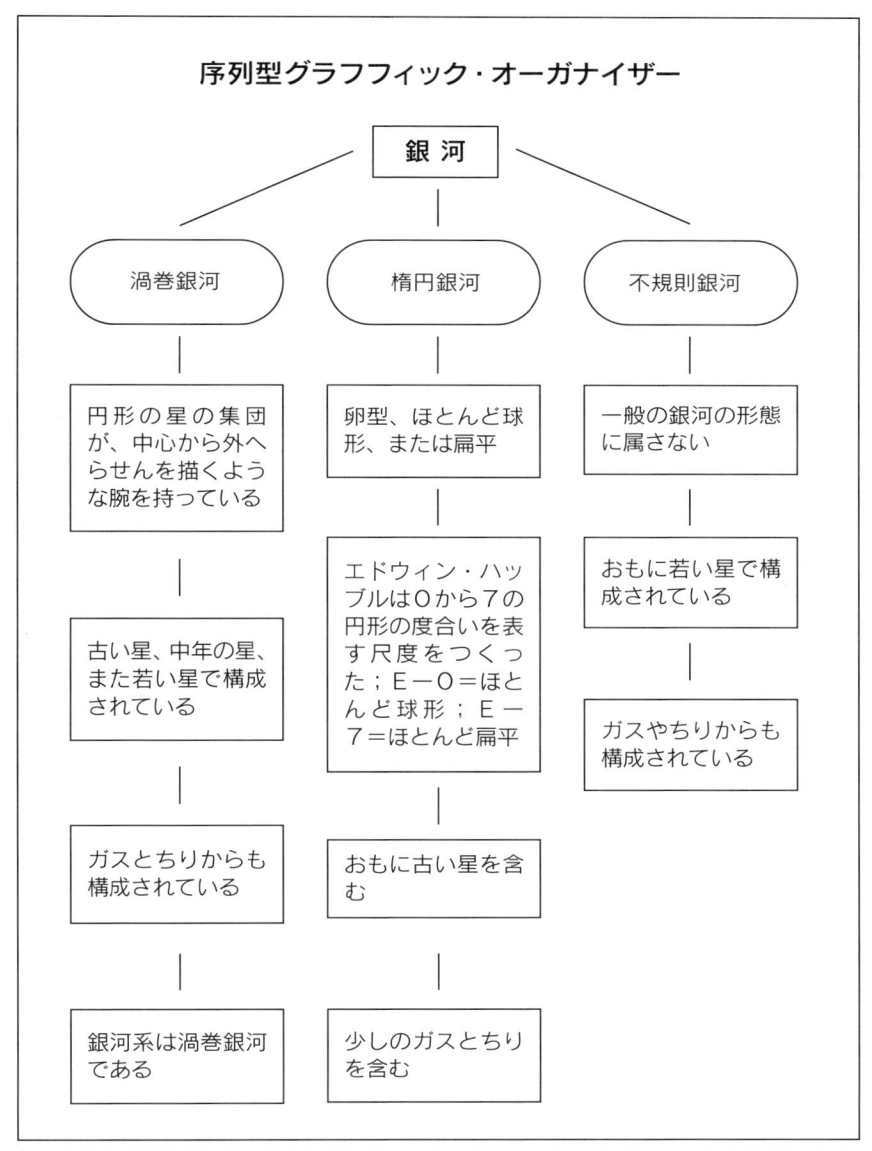

序列型グラフフィック・オーガナイザー

```
                    銀 河
         ┌───────────┼───────────┐
      渦巻銀河      楕円銀河     不規則銀河
         │           │           │
   円形の星の集団   卵型、ほとんど球  一般の銀河の形態
   が、中心から外   形、または扁平   に属さない
   へらせんを描く
   ような腕を持っ
   ている
         │           │           │
   古い星、中年の星、 エドウィン・ハッ  おもに若い星で構
   また若い星で構成  ブルは0から7の  成されている
   されている       円形の度合いを表
                   す尺度をつくっ
                   た；E－0＝ほと
                   んど球形；E－
                   7＝ほとんど扁平
         │           │           │
   ガスとちりからも  おもに古い星を含  ガスやちりからも
   構成されている   む              構成されている
         │           │
   銀河系は渦巻銀河  少しのガスとちり
   である          を含む
```

Campbell, A. (1997). *The New York Public Library: Amazing space: A book of answers for kids.* New York: John Wiley & Sons, Inc., pp. 34-36. *Developed by Cindy Van Horn.*

図4.1 つづき

連続順型グラフィック・オーガナイザー

◆ 西南戦争 1877年9月 鹿児島城山の戦い ◆

9月1日
薩摩軍、私学校を占領し、**西郷隆盛**、鹿児島に入り、城山に布陣
→
9月3日
官軍、城山周辺の薩摩軍前衛部隊を撃退
→

9月4日
薩摩軍、米倉に反撃に出るが敗退
→
9月6日
官軍、城山を包囲する。薩摩軍、このとき350名ほど
→

9月8日
官軍の山県有朋が現地入り
→
9月22日
隆盛、「城山決死の檄」を出す
→

9月23日
隆盛、官軍からの降伏・自決の勧めを拒否。将校とともに決別の宴を開く
→
9月24日
午前4時、官軍総攻撃を開始。隆盛は戦闘中被弾し、自決を決意。薩摩軍将校別府晋介が介錯。
　その後薩摩軍将校の多くは決死の突撃をして討ち死にし、戦闘は午前9時頃、薩摩軍ほぼ全滅の形で収束

図 4.1 つづき

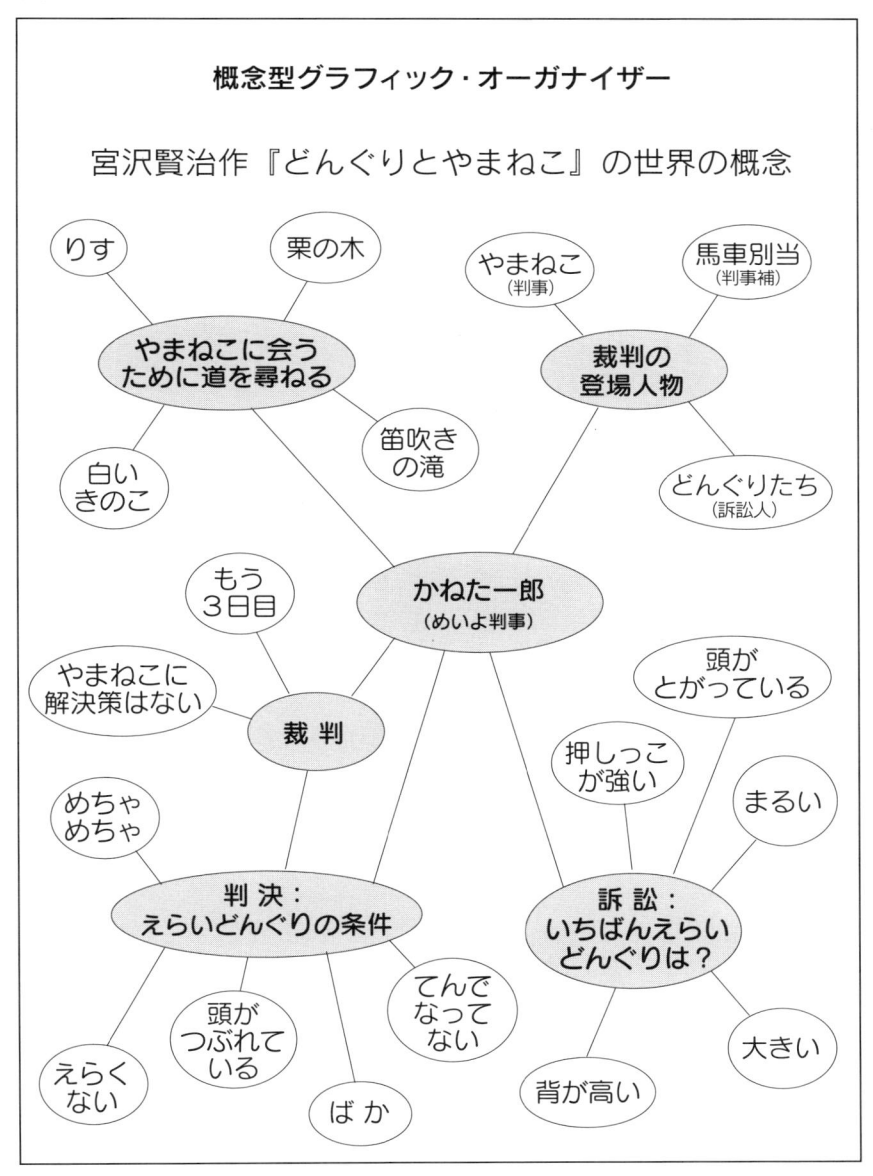

概念型グラフィック・オーガナイザー

宮沢賢治作『どんぐりとやまねこ』の世界の概念

- やまねこに会うために道を尋ねる
  - りす
  - 栗の木
  - 笛吹きの滝
  - 白いきのこ
- 裁判の登場人物
  - やまねこ（判事）
  - 馬車別当（判事補）
  - どんぐりたち（訴訟人）
- かねた一郎（めいよ判事）
- 裁判
  - もう3日目
  - やまねこに解決策はない
- 判決：えらいどんぐりの条件
  - めちゃめちゃ
  - 頭がつぶれている
  - えらくない
  - ばか
  - てんでなってない
- 訴訟：いちばんえらいどんぐりは？
  - 頭がとがっている
  - 押しっこが強い
  - まるい
  - 大きい
  - 背が高い

宮沢賢治作『どんぐりとやまねこ』より作成

エンリッチメント（教育課程の拡充）

　ASの人たちの才能が、それを必要とする分野で無視されることが、何と多いことでしょう。優秀な、あるいは超優秀なIQをもつASの生徒たちの割合は一般の生徒たちよりも高いことが研究で示されています（バーンヒルら、2000）。生徒が他の領域でスキルを伸ばしていくには、どのようなエンリッチメントを行うとよいのでしょうか？　ライス、バーンズ、レンズーリは、**凝縮化**を提案しています。**凝縮化**とは、生徒の能力を明らかにした上で、その能力の強化に時間をかけることを意味します。

　ワインブレナー（2001）は、国語で読み書き、文法に才能を示す11歳のジェイムズに**凝縮化**を行いました。ワインブレナーは、まず各分野でこれから習うことになっている概念について、あらかじめテストをしました。そして、ジェイムズがその概念をすでに理解していることがわかれば、他の生徒たちが規定の課題をしている間、別の課題を与えるようにしました。その課題はジェイムズの興味のある分野である「人体」に関するものでした。ジェイムズの課題は、何と「人体の解剖学、生理学、その他」というタイトルの本を書くことでした（ワインブレナー、2001、p.42）。

　学習コントラクト（契約）は**凝縮化**のあるなしにかかわらず効果的に使えることが多く、教師は本来の指導内容から外れることなく、指導義務を守ることができます。対象となる生徒は、これから授業で習うことについて事前にテストを受け、その結果が良ければ、実際にクラスでその内容を教わる際に、**凝縮化**と共に学習コントラクトを使います。ワインブレナー（2001）によれば、学習コントラクトとは、活動が完了するまでの時間配分表（タイムライン）や、紙と鉛筆代用のコンピュータのような必要な道具のリストなど、特別な指示を付加しながら拡充活動を具体化していくためのものです。優れた知識や技能を表すための様々な方法も、学習コントラクトに含まれるでしょう。

　コントラクトには、学習条件も入ります。ワインブレナーは、生徒の具体的なニーズに合わせて、次の項目を条件として考慮するように勧め

第4章　アスペルガー症候群の生徒のための中学・高校での支援

図4.2　問題解決のための学習コントラクト

生徒氏名：＿＿＿＿＿＿＿＿＿＿＿＿＿＿＿＿＿＿＿＿

＿＿　表やグラフの作成　　　　　　＿＿　作業手順の終わりの方から手をつける
＿＿　絵を描く　　　　　　　　　　＿＿　実際にやってみる
＿＿　図解する　　　　　　　　　　＿＿　ものを使う；操作してみる
＿＿　パターンを見つける　　　　　＿＿　論理的に分析する
＿＿　はじめは見当をつけ、　　　　＿＿　問題を簡潔に表す
　　　あとで詳しく調べる
＿＿　まとめたリストをつくる　　　＿＿　等式に表す

拡充オプション

クラスのために文章題をつくる　　　　　　　　　　＿＿＿　＿＿＿　＿＿＿

上記の方法から一つ選び、4〜6つの
問題をそれぞれ異なる難易度で作成する　　　　　　＿＿＿　＿＿＿　＿＿＿

現在使っている教科書よりレベルの高い、
上級学年用の数学テキストを勉強する；
特別な問題解決法が要求される問題を見
つけ、その解決法を指摘する　　　　　　　　　　　＿＿＿　＿＿＿　＿＿＿

学校でふだん扱っているタイプの問題を
選び、それらを上に上げたような解決法
をいくつか使って解く　　　　　　　　　　　　　　＿＿＿　＿＿＿　＿＿＿

個人的な問題解決に応用する。ほかの生
徒が問題解決法を理解する手助けをする　　　　　　＿＿＿　＿＿＿　＿＿＿

問題解決に関連した、活動をつくる　　　　　　　　＿＿＿　＿＿＿　＿＿＿

＿＿＿＿＿＿＿＿＿＿＿＿＿＿＿　　　　　　＿＿＿＿＿＿＿＿＿＿＿＿＿＿＿
　　　　教師のサイン　　　　　　　　　　　　　　　生徒のサイン

From *Teaching Gifted Kids in the Regular Classroom: Strategies and Techniques Every Teacher Can Use to Meet the Academic Needs of the Gifted and Talented* (p. 57), by Susan Winebrenner, 2001. Used with permission from Free Spirit Publishing Inc., Minneapolis, MN: 800/735-7323; www.freespirit.com.

ています。
(1) 自分が選んだ課題をずっと行います。
(2) 先生が教えている時には話しかけません。
(3) 助けが必要な時、先生が忙しければ、同じ課題をしている誰か他の人に頼みます。
(4) 誰も助けてくれない時には、先生が来るまで自分で続けてやってみます。あるいは先生が忙しくなくなるまで、他の課題をします。
(5) 課題のことを話す時には「15cmの声」を使います。「15cmの声」とは、15cm離れると聞こえなくなるくらいの声です。
(6) 別な課題をすることを決して自慢してはいけません。
(7) 教室を出たり入ったりする時には、音を立ててはいけません。
(8) 場所が変わったら、そこですることになっている課題をします。また、係の大人の指示に従います。
(9) 他の人の邪魔をしてはいけません。
(10) 周囲の注意を自分に向かせようとしてはいけません (p.51)。

学習条件も学習コントラクトの使い方と同様に指導していく必要があります。問題解決のための学習コントラクトの一例を図4.2に示します。

宿 題

ASの生徒にとって、宿題があるということは、数々の問題を抱えるということになります。ASの生徒は学校で1日を過ごすだけで、ストレスが極まっています。宿題を出すかどうかは、生徒のストレスレベルを考慮して決めなければいけません。帰宅後、生徒が「脱ストレス」やリラックスすることに集中できるように、宿題を減らしたり免除することはよくあります。また放課後の時間を、学校で学んだソーシャルスキルの実践やその子の興味のあることに当てる親もいます。

宿題を出すことがその生徒にとってメリットがあるとわかっていても、

第4章 アスペルガー症候群の生徒のための中学・高校での支援

教師や家族は、多くの場合、どのように援助をし、適応させ、また、宿題の情報を得るシステムをどうつくりあげるとよいのかわかりません。宿題に関して最もよく聞かれる問題点は次の通りです。

- 生徒が宿題の問題を書き写してこない
- 宿題のほんの一部しか書き写してこない
- 授業中に口頭で出された宿題の詳細を覚えていない、あるいは知らない
- 宿題に必要なものを家に持ち帰らない

このような問題が起こる原因は数多くあります。まず、黒板やOHPから情報を書き写すという、視覚運動に困難があるのかもしれません。前に述べた通り、手書きは多くのASの生徒にとって難しいことです。さらに、教師はよく、生徒が宿題を写している最中に口頭で細かい指示を出します。しかし、ASの生徒は書きながら、同時に他の刺激に注意を払うことができません。また、ASの生徒は宿題に関する「全体」に目配りができないこともあります。例えば、宿題に必要な物を確かめ、それを「予定リスト」に書き入れ、下校前の決められた時間内に揃えるというようなことは、具体的な指導がなければ難しいでしょう。

こうした理由から、多くの場合、宿題を完成させるためには、たくさんの調節が不可欠です。学校チームと親は、宿題完成のスキル指導をどこから始めたらよいのかを決めることも必要です。宿題を家に持ち帰り、完成させ、提出するためには、図4.3の宿題チェックリストが役立ちます。

宿題を家に持ち帰ることは、課題の3分の1に過ぎません。残りの3分の2は、(a) 宿題をやり遂げること、(b) 期限内に学校で提出すること、です。家庭では、宿題をする場所と時間を決めましょう。場所は、注意がそれづらく、大人が進み具合を容易に確認できるところにします。中には、放課後はすぐにリラックスする時間が必要だという親の報告もあ

図4.3 宿題チェックリスト

1. 宿題のタイプ（一つチェック）
   - ☐ 自宅でする宿題を出す
   - ☐ 宿題をする時間を、授業時間中に設ける
2. 宿題帳には…（当てはまるもの全てをチェック）
   - ☐ 生徒が書き込めるスペースがある
   - ☐ 宿題をメモするスペースが教科ごとにある
3. 宿題を出したとき（一つチェック）
   - ☐ 生徒にメモさせずに、教師が宿題を書いたプリントを配布する
   - ☐ 生徒自身が宿題帳に宿題をメモするよう、教師が注意する
4. 生徒が宿題をメモしたら（当てはまるもの全てをチェック）
   - ☐ 生徒がメモし忘れた箇所を、教師が補う
   - ☐ 宿題について、生徒が書かなかったところを指摘し、それについて解説する（例：提出日など）
   - ☐ 教師は、生徒が宿題をメモしたことを評価（強化）する
5. 宿題の指示は…（当てはまるもの全てをチェック）
   - ☐ 毎日同じ場所に同じやり方で書いた形で出される
   - ☐ 書かれた指示から、保護者は宿題で何をしなければならないか、はっきり理解できる
   - ☐ 必要なときは、完成した宿題の例を指示に添付する
6. 家庭で宿題を完成することを習慣づけるために…
   （当てはまるもの全てをチェック）
   - ☐ 宿題をする、気の散らない、決まった場所がある
   - ☐ 宿題をする時間は決まっている
   - ☐ 本生徒への特別配慮（明記する）
   - ☐ 教科書や参考書など、いつでも利用できるよう、家庭の決まった場所に保管している
7. 宿題について質問できるシステムが確立している
   （当てはまるもの全てをチェック）
   - ☐ 学校に宿題ホットラインがある
   - ☐ 保護者に宿題の指示がファクスまたは電子メールで送られる
   - ☐ 必要なとき、宿題について問い合わせできるクラスメイトがいる
8. 宿題の完了、提出を確認するシステム
   （当てはまるもの全てをチェック）
   - ☐ 保護者が宿題帳に毎晩サインをする
   - ☐ 保護者の監督で、カバンの中の宿題を整理整頓する
   - ☐ 教師は、宿題を提出するよう生徒に注意する
   - ☐ 未提出の宿題は、毎週保護者に連絡する

ります。そのような生徒たちには、帰宅直後にレジャータイムを与えると、宿題を完成できるようになることがよくあります。また、下校後すぐに宿題をしなければ気が済まないケースも報告されています。すぐにしないと、勢いを失ってしまう、と親は言っています。一旦そうなってしまえば、親はすぐに宿題をさせたいのに、子どもはやる気にならず、双方が苛立つことになります。

　宿題を始めると、実は課題をよく理解していないことに、本人や親も気がつくことがよくあります。学校の宿題ホットラインや、他の生徒たちとのネットワークがあれば、曖昧さを解決できるでしょう。娘の日々の課題をメールやファックスで送ってもらうよう、先生に頼んだ親もいます。そうすることで、その生徒は誤解せずに宿題を行えるようになりました。

　宿題を終えたら、学校に持って行くために、例えば、すぐに所定のファイルにはさみ、かばんに入れておくなど、整頓しておかなくてはなりません。さらにもう1つのステップが残っています。教室に入ったら、視覚的な補助に従って提出することを日課にしておくと、忘れずに済むでしょう。教師がプロンプトを出すのも提出を確実にし、「任務完了」の助けとなります。

学校での構造化されていない、あるいは構造化の少ない時間帯での調整

　ASの生徒たちの多くは、構造化されていない、あるいは構造化の少ない時間帯で最も大きな問題にぶつかっています。スクールバスへの乗車、体育、昼食、教室間の移動、日課に変更があった時、また登校前や放課後の時間帯は、構造化が最小限で、社会的に要求されることは複雑です。さらに、そのような時間帯には、騒音や接触、匂いなどの感覚的な刺激

を伴うことが多くなります。

　そのような要因はどれもそれ自体が問題となり、不適切な行動を招きやすく、その結果、生徒はからかわれたり、いじめられることが多くなります。ASの生徒は、定型発達の生徒たちよりもからかいや攻撃を受けたり遠ざけられやすいので、いじめはとくに重大な問題です（リトル、2000）。以下の提案は、いじめの被害を受けるような機会を最小限にとどめ、構造化の少ない活動時間をうまく切り抜ける力を向上させるものです。

交通機関・バス

　バスによる通学には、事故がなく全員の安全が保証できるように、ASの生徒に何らかの調整や変更が必要がどうか、様々なことを十分に検討して下さい。例えば、

- (1) バスの騒音レベルはどうですか。バスによっては、騒音レベルが高く、ASの生徒に感覚的な不快感を与えます。
- (2) 運転手がいつも示す身ぶりや言葉、またバスの中での規則はどのようなものですか。バスでの規則は暗黙のルール（本章の「暗黙のルール」を参照）であることが多く、ASの生徒は、どのくらいの声で話すべきなのか、いつおしゃべりをしてもよいのかを知らないことがあります。
- (3) いじめっ子がバスに乗っていますか。バスの中は、からかいや嘲笑の場となることがありますが、何よりも安全運転に集中している運転手は、気がつかないことが多いのです。

　ジョシュアは中学校の最初の2週間、バス通学をしましたが、毎朝、登校すると自分のホームベース（本拠地）で眠っていました。通学教室の教師からそのことを指摘された母親は、ジョシュアには睡眠時間がもっと必要なのだと考えました。しかし就寝時間を変えても、ジョシュアはやはりホームベースで眠ってしまいます。教師は、もしかするとジョシュアは疲れているから眠るのではなく、ストレスや感覚的な負担に耐え

第4章　アスペルガー症候群の生徒のための中学・高校での支援

きれず「シャットダウン」をしているのではないかと話しました。その可能性を調べるため、補助教員のチー先生が2日間、朝のバスに同乗し、バス停と車内でのジョシュアの様子、登校後の日課を始める過程を観察することになりました。チー先生は、「乗り降りの際、生徒同士の押し合いがあった。車内では生徒たちの大声が聞こえたが、バスの中という場面を考えるとごく普通の感じであった。軽いからかいや、小突き合いもあった（チー先生は、生徒たちはふざけてしているようだったが、ジョシュアがそれを理解していたかどうかはわからない、と考えています）。また乗車中、上下の揺れがあった。」と報告しています。先生は、ジョシュアが学校に到着するまでの約1時間、ずっとストレスと感覚過重に耐えていたことを確認しました。バスを降りてようやく静かな安全な場所に着いたジョシュアが引きこもってしまうのは、当然のことでした。バスではなく、父親の車で登校するようになると、ジョシュアはぴたりと学校で眠らなくなりました。

　ASの若者すべてがバスに乗ると問題を抱えるという訳ではありません。しかし、バス通学をさせる時には、学校チームと親が以下の点を確かめておくことが必要です。

(1) 優先座席が必要か。必要ならそれは運転手のそばか、友だちのそばか。
(2) 生徒は運転手が課すマナーやおしゃべりのルールを知っているか。
(3) 運転手が課すルールを破ったらどうなるかを知っているか。
(4) バスを待っている間や乗車中、他の生徒たちと適切におしゃべりをするためのソーシャルスキルを身につけているか。
(5) いじめにあった時、あるいは何をすることになっているのかわからない時、生徒はどこで援助を受けられるか。
(6) 運転手はASについて知っているか。一般的な知識だけではなく、その生徒特有のニーズも知っているか。
(7) バスに大人の同乗は必要か。

体育

　ほとんどの十代の定型発達の生徒たちは、机で学ぶ教科からの気分転換として、体育やスポーツのプログラムを楽しみます。しかしASの生徒は多くの場合、運動スキルが乏しかったり、「チームワーク」の概念が総じて難しいことから、そのような時間がストレスになっています（エイドリアン&ステラ、2001）。体育の授業の構造もASの生徒を混乱させます。教える側は、生徒たちはこのゲームのルールや、どこにどのように並ぶとよいか、またルールを守って勝ち、負けても怒ったりしない、ということを了解していると思いこんでゲームを始めてしまうことがよくあります。同様に体育で使われる用語も、当然全員がわかっているものと考えます。

　中学生でASのリタは、体育の教師が厳しい声で「全員リレーの形に並びなさい」と言った時、ただあたりを見回していました。教師はそれを不従順なふるまいだと誤解し、「リタ、ギブ ミー ファイブ (Give me five)」と言いました。するとリタは教師に近づき、片手をあげてハイ ファイブ（うまく行った時に、相手と手をパチンと合わせること）をしたのです。教師は、笑いがこみあげるのを抑えなければならなかったこと、他の生徒たちは皆笑ったことを後で報告しています。Give me five が「腕立て伏せを5回しなさい」という意味だったとは、リタにはわかりませんでした。

　学校チームは、生徒を体育の授業に参加させるかどうか、参加の場合はどのような条件で行うかを個々の能力に基づいて考慮しなければなりません。マラソンなどの個人競技に重きが置かれると、成功する生徒もいます。実際、ある高校の優秀な「天性のランナー」の1人はASの生徒です。体育の授業に参加させる場合、教師はその生徒が授業の構造やルール、体育用語を知っていること、またどの活動にも参加できることを確実にしておきます。例えば、チームのメンバーを生徒に選ばせると、明らかにASの生徒がいつも最後に残るようであれば、教師がメンバーを編成する必要があるかもしれません（エイドリアン&ステラ、2001）。

第4章　アスペルガー症候群の生徒のための中学・高校での支援

　体育では、また更衣も問題になります。ASの生徒にとって更衣の時間は十分ではないことが多く、また人前での着替えに自意識過剰になる生徒もいます。また、身体的なぎこちなさやソーシャルスキルの乏しさから、更衣の時間には、他の生徒から、からかいなどの標的にされやすくなります。当然、こうした時間帯には大人の注意深い監視が必要です。

　もし学校チームと親が、その生徒が体育の授業を受けるのは望ましくないと判断したなら、体育の時間は、ソーシャルスキルの指導、ホームベースや自習室での学習などに使えます。あるいは、生徒が秀でている科目の拡充学習にあててもよいでしょう。試合のスコア係や、道具の管理係などとして、体育に積極的に参加する生徒もいます。

ランチタイム

　ランチタイムもASの生徒には難しい時間帯です。スポーツの場合と同じく、社会性や感覚的な要求に時間の制約が伴い、困難でストレスの多い時になっています。実際、多くのASの生徒たちが、ランチタイムを恐れています。調理場からの匂いや音、他の生徒たちが立てる騒音が嫌だと言っています。20〜30分で食事と会話をやりくりするのも苦手なことがあります。さらに、他の生徒とかかわるために、新しく覚えたソーシャルスキルを試みるというストレスもあります（エイドリアン&ステラ、2001）。

　オディガードとハース（1992）は、ランチタイムは生徒にとって食事をし、雑談をして、リラックスできる心地良い時でなければならないとしています。もしそうでなければ、調整が必要です。例えば、カフェテリアで昼食をとるなら、嫌な生徒や大きな音から離れた大人の目の届くところで、決められた席に同じ学年の親しい生徒たちと一緒に座るように指示することが必要かもしれません。カフェテリアに導き、列に並び、フォークを取ったり、支払いをするといったことは、他の生徒が手助けをできるでしょう。食べ終わったらすぐにカフェテリアを出てもよいこ

とにすると、ランチタイムが成功体験となる場合もあります。しかし、そのような調整を行っても、カフェテリアで食事をするとストレスを感じ、圧倒されてしまう生徒がいます。そうした生徒には空き教室などの別な場所で（できれば友だちと）食事をさせる方がよいでしょう。

教室移動

授業の合間は多くのASの生徒に大きな不安をもたらします。生徒たちは制限時間内に、自分のロッカーへ行き、扉を開け、どの教材が必要なのかを見極め、それらを取り出して、授業が始まる前に次のクラスへ行かねばなりません。能力に欠けているからできないというよりも、時間内に何かをしなければならないと考えるだけで、ストレスや欲求不満を起こすことがよくあります。実際に、あせりを感じると「停止状態」になってしまう生徒もいます（エイドリアン＆ステラ、2001）。教室移動の時間の性質そのものが、私たちの多くが知るASの特徴「2倍の時間で、仕事の半分が終わる」に相反しているのです（エイドリアン＆ギトゥリッツ、私信、2000）。つまり、ASの若者が課題を完了するには、同じ年齢の定型発達の生徒よりも多くの時間が必要なのです。

授業の合間の廊下は、混沌としています。まるで生徒全員を収める教室がないかのように見えることがあります。生徒たちは、自分の進む方向へ行こうとひしめき合います。それを、わざと乱暴に押しのけられていると誤解し、互いにフラストレーションや怒りさえ覚えたりもします。とくにASの生徒たちには、多くの場合、感覚的な問題も引き起こします。

様々な調整を行うことで、このような移動時間の苛立ちは軽減されます。ASの生徒はできれば（社会的な理由で）誰か他の生徒1人と一緒に、他の生徒たちよりも早く、あるいは遅れて教室を出るようにさせると、教室間の移動がもっとうまくできるようになります。付き添いの生徒は、

第4章　アスペルガー症候群の生徒のための中学・高校での支援

　ASの生徒を一番良い順路で誘導し、ロッカーを開けて、必要な教材を取り出す作業の手伝いをします。整頓スキルの弱さを補えるように、普通よりも大きなロッカーが要る場合があります。微細運動が苦手な生徒には、ロッカーの鍵は数字の組み合わせによらないものの方がいいかもしれません。視覚支援（104-108頁参照）も移動時間を楽にします。また、教師が授業終了5分前の合図を出すと、生徒は移動への予測がつきやすくなります。

　調整をしても、移動時間に耐えられない生徒もいます。先に述べた通り、その理由は単に移動時間そのものにあるというよりも、他の問題に関連しているのです。例えば、生徒は新しいルールや日課、授業ごとに変わる教師からの要求になかなか適応できないのかもしれません。本章で挙げる支援を行っても生徒がストレスやフラストレーションを感じる場合は、移動時間を短くするような構造化が必要かどうか、学校チームと親が検討していかなければなりません。構造化の例には、生徒が同じ教室で続けて理科の授業を2時間受ける、1日の何時間かを通級教室で過ごす、などがあります。

決まりごとの変更

　日々の決まりごとを定着させ、生徒にもそれを知らせて理解させるように努めていても、時には変更が生じることがあります。スケジュールの変更を調整するためには、例えば集会、避難訓練、客員講師、席替えなどの際、ASの生徒には何らかの準備が必要か、あるいはその準備をどう行うかを学校チームと親が決めなければなりません。代替教師による授業というたった1つの変更でも特別な配慮が必要です。もし代替教師の授業を受けるのが難しければ、なじみのある教師を伴わせたり、その日は1日ホームベース（本拠地）で過ごさせたり、図書館やコンピュータ室で課題をさせるようにしましょう。

登下校

　始業前のひとときや、終業のベルが鳴ってから下校するまでの時間帯にも修正の必要性があるかどうかを検討して下さい。ウィルソン中学校では、生徒は朝7時に登校し始めます。しかし、玄関には7時40分にならなければ入ることができません。待っている時間、生徒たちは食堂に集まります。そこでは構造化などほとんどなされていません。テーブル（！）やベンチに腰をおろしたり、立ったままおしゃべりをしてもよいのです。時間がそれほどかからないボードゲーム（チェッカー、チェス、紙フットボール）も許可されています。動きや雑音が多いのも無理はありません。

　そのような構造化の少ない時間帯が苦手なASの生徒には他の過ごし方があります。

(1) 別な場所で過ごす（できれば他の生徒たちも共にいることが望ましい）。
(2) 食堂で、監督する大人の近くで選ばれた生徒のグループと優先席に座る。
(3) 登校後すぐにロッカーへ行けるように7時40分にバスから降りるようにする。あるいは7時30分に降りて、他の生徒たちよりも先にロッカーへ向かうようにする。
(4) 始業までの朝の時間をどこで過ごそうとも、生徒には決まった活動が必要かもしれません。他の生徒たちとの交流には会話を始めるためのカードが役立つでしょう。

　終業ベルが鳴る時も、同じような状況が生じます。自分の持ち物を揃えたら、食堂や他の決まった場所で親の迎えやバスを待つ生徒もいます。早朝の修正がうまく行くのであれば、終業後にも同じ修正が必要になるでしょう。（訳注：アメリカではスクールバスがあることが多い）

第4章　アスペルガー症候群の生徒のための中学・高校での支援

環境的支援

　ASの生徒が学校でうまく過ごせるようになるためには、環境の修正や改善が必要になります。中学・高校レベルでの目標は、環境的支援に向けて、まず生徒が自分のニーズを認識するよう指導することです。次に生徒は支援を要求する方法や、それを実行するやり方を学ばなければなりません。ASの若者に効果的な環境的支援には、(1) 優先席、(2) 整頓術、(3) ホームベース、(4) セーフパーソン、(5) 視覚支援、(6) トラベルカードなどがあります。

優先席
　ASの生徒の座席を決める時には配慮が必要です。何度も注意を与えなくても生徒が課題に集中しているかどうかを教師が容易に監視できるような位置にあらかじめ机を配置して下さい。また、人の動きが多い場所(ゴミ箱や鉛筆削り機のそば)や、窓側は注意が散りやすいので避けます。ソナ・チャドウィックは、障害のない、洞察力の鋭い生徒を少なくとも2名厳選し、ASの生徒を囲むように配置することを勧めています (私信、2000)。ASの生徒はその生徒たちから、本や課題に集中したり、正しいページをめくるように合図をもらえます。

整頓術
　整頓術が欠如していると、多くの場合、ASの生徒たちは十分に能力を発揮できません。例えば、課題を完成したのに、それを期限内に提出できなかったASの生徒の話をよく聞きます。提出の問題に加え、課題の整理には、どのプリントが必要でどれが不要かを見分けなければなりません。また、ロッカーの開け方や、例えば生物の授業のノートがどこにあるのかも知らなければ整理整頓はできません。それだけではなく、カバンには、本、ノート、ファイル、ペン、鉛筆、その他の学用品、今行っ

ている課題、昼食代金、体操服などをきちんと詰めなければなりません。

　時間配分を学ぶことは、ASの生徒にとって大切な整頓術になります。宿題や課題などをいくつかの部分に分け、それぞれに期限を設けます。ASの人たちは、時間の概念に弱いことが多く、締め切り前夜に小説を1冊読んで、10ページの感想文が書けると思ってしまうことがよくあります。補助がなければ複雑な課題を分割できず、手をつけられない生徒たちもいます。課題の始め方も完成の仕方もわからないことから、不安と苛立ちがつのるのです。表4.2は中学生、高校生のための整頓支援の概要です。

ホームベース

　ホームベースとは、以下の目的で生徒が行くことができる校内の場所のことです。(a) その日の出来事の計画を立てたり、復習をする。(b) 教室のストレスから逃れる。(c) メルトダウン（パニック）を予防する。(d) かんしゃくや怒り、メルトダウンが起こった時にコントロールを取り戻す。ホームベースにどの部屋を使うかは重要ではありません。カウンセラーや言語聴覚士の部屋、通級学級はすべてホームベースとして使えます（マイルズ&シンプソン、1998。マイルズ&サウスウィック、1999）。私たちが知っているある生徒は守衛と信頼関係を結んでおり、守衛室がホームベースになっています。ただし、場所がどこであれ、そこは必ず肯定的な場として見なされなければなりません。ホームベースへ行くことは、決して罰（タイムアウト）ではありません。教室での課題から逃げることでもありません。生徒は授業の課題を持ってホームベースへ行きます。

　中には、日常的にホームベースでの時間をスケジュールに組み入れる必要のある生徒もいます。1日の始まりをホームベースで過ごすようにすれば、その日のスケジュールを確認できる上、変更がある場合にはそのことを伝えて馴染ませることができます。また、生徒の教科書などが揃っているかどうかのチェックや、特定の科目の事前学習もできます。

第4章 アスペルガー症候群の生徒のための中学・高校での支援

表4.2 整理整頓の支援例

学校の教材、用具
1. 色分けしたフォルダーを用意する。各フォルダーに関連する教科書の背表紙には、そのフォルダーと同じ色のシールを貼ってもよい
2. 全てのフォルダーを保存できる、ルーズリーフ・バインダーを用意する
3. 家へ持って帰るプリントや、学校への提出物などを保管するフォルダーをつくる
4. フォルダーに筆記具が装着できるようにする
5. 体育や、美術など、持っていくものが決まっている教科のある日は、カバンにすぐに入れられるよう、あらかじめ袋などにまとめておく
6. プリントも、捨ててもよいものと、家へ持って帰らなければならいものとの区別がつけられるようなシステムを作る。家へのプリントは毎日持って帰る

カバン
1. 収納箇所の多いカバンを選ぶ。教材、フォルダーなど、場所ごとに区別してしまう
2. 各フォルダーに筆記具を付け、さらに筆箱にも筆記具を入れてカバンにしまう
3. 毎日帰宅時にカバンの中身を全て出す
4. 宿題が終わったら直ちに、カバンに明日必要なものを整理して入れる
5. 家庭でカバンをおく場所を決めておく

ロッカー
1. ロッカーに物品をためておかないように、収容能力の大きい、キャスター付きのカバンを使う
2. ロッカーに入れるものは、必要なものの順に保管するようにする。もし生徒がその日2つの教科に数冊の本を持っていかなければならないなら、それらをいっしょにロッカーにしまうようにさせる。大きい輪ゴムなどで本をまとめておく（輪ゴムは余分にカバンに入れておく）

TO-DO（やること）リスト、スケジュール
1. TO-DOリストを作成させる。指示は、(a) 終わったものには線を引く、(b) まだ終了していないものは、次の頁へ書き写しておく、(c) 忘れ物防止のリストをつくる（例：授業に持っていく特別なもの、図書館でどの本を借りなければならないか）。TO-DOリストは、教科ごとに分類することもできる
2. 長期にわたる課題では、TO-DOリストは、作業の細分化、スケジュール表としても機能する。課題で行うそれぞれの作業は、それぞれの締め切り日といっしょに書いていくことを生徒に指導する。生徒は作業が一つ完了するたびに、作業項目に線を引いていく

From *Organizational supports* by D. Adreon, 2000. *Florida Asperger Syndrome Times*. Miami: University of Miami Center for Autism and Related Disabilities. *Special thanks to Cindy Griego for her suggestions.*

ホームベースは、とくにストレスの多い活動や授業の後にも組み込むことができます。マルコはランチタイムが苦手です。カフェテリアが、騒がしく混沌とした場に見えるのです。マルコは一生懸命、時間内に食事を終えようとします。食べながら、他の生徒たちと話をしたいのですが、ほとんどうまくいきません。そのような理由から、マルコはいつも少し苛立ちながらカフェテリアを出ます。午後の残りの時間を過ごすウォーミングアップとして、マルコは社会科の授業の前にホームベースへ行きます。ホームベースでは通級学級の教師が、社会科の準備を手伝ったり、ランチタイムで起きた問題について話し合ったりします。マルコはいつも社会科の授業には10分遅れて行きます。そのため、授業の最初の活動へ参加したり、板書をすることができませんが、社会科の先生は、ホームベースのことを知っているので、板書のコピーをちゃんとマルコの机の上に置いて待っていてくれます。

　ホームベースのために授業に遅れたり早く出るのがいやな生徒には、別なアプローチが可能です。成功しやすい例として、他の生徒1人と一緒にホームベースに出入りする方法があります。この場合、必ず、

　　(a) ASの生徒を好きで
　　(b) もともと気が合いそうな
　　(c) 他の生徒たちから一目置かれている

生徒を丁寧に選んで下さい。ASの生徒に付き添わないかともちかけると、定型発達の子どもたちはたいてい喜んで応じます。わずかでも授業を聞き逃したくないなどという生徒は結局いないのです。2次的効果として、ホームベースへの行き帰りは、ASの生徒と定型発達の生徒が話をする機会となります。一般的にこの時の社会的相互作用は、ASの生徒にとってある程度成功しやすいものです。時間が短く、相手の話を聞こう、相手に話そうとするためです。

第4章 アスペルガー症候群の生徒のための中学・高校での支援

セーフパーソン

　セーフパーソンとはASの生徒が安心して信頼し、共にいるのが心地良い大人のことです。ホームベースの監督役がセーフパーソンであるのが理想です。セーフパーソンの役割は多岐にわたります。ホームベースで生徒が活動をやり遂げられるように助けるだけではなく、

　　(a) ソーシャルスキルの指導
　　(b) 社会的場面での通訳
　　(c) 生徒の話を傾聴する
　　(d) 次の授業や活動への心の準備の支援

などができます。
　心の準備の支援には、
(a)作業療法士の指示のもとで感覚的な活動を行う（『アスペルガー症候群と感覚の問題-外界理解への具体策』マイルズら、2000。または『教師と親、そして生徒のための道具箱』ヘンリー作業療法サービス、1998、を参照）、あるいは
(b)『きみのエンジンの調子はどう？』（ウィリアム＆シェレンバーガー、1996 東京書籍刊『アスペルガー症候群とパニックへの対処法』95-96頁に掲載）などのプログラムを用いて生徒の覚醒レベルの調整を助ける、という方法があります。
　セーフパーソンの具体的な役割は、生徒のニーズやホームベースに割り当てられた時間数、その人の資格によって変わります。例えば、生徒が守衛室長と信頼関係を築いており、社会的なことをいろいろと話したがっていても、守衛室長はソーシャルスキルや感覚的な活動を行うことはできません。しかし時間とトレーニングを重ねれば、守衛も社会的な場面でASの生徒の理解を促す手伝いができるでしょう（本章の「ソーシャルスキルの理解」を参照）。もし、通級教室の教師がセーフパーソンであれば、その教師がソーシャルスキルも感覚的な事柄もすべて指導できるでしょう。

視覚支援

　視覚支援とは、課題を明らかにし、思い出させ、指示することで、ASの人たちが今行っていることに集中できるように手助けをすることです。中学や高校では、ASの生徒がより楽に過ごすことができるように、様々な視覚支援が使用できます。思春期の子どもたちのほとんどは、他の生徒たちと違って見えることをいやがります。そのため、視覚支援となる

表4.3　アスペルガー症候群の中・高校生のための視覚的サポート

サポートのタイプ	目的	場所
学校の各教室を表した地図	生徒の構内移動をアシストする	テープやマジックテープでロッカーの内側に張る；教科書やフォルダー、ノートの裏表紙にマジックテープで留める
教室名、教室番号、教科書その他必要な教材を書いたリスト	生徒が必要なものを持って授業参加できるようにする	テープやマジックテープでロッカーの内側に張る；教科書やフォルダー、ノートの裏表紙にマジックテープで留める
各教科で望まれることいつもすることのリスト	生徒の環境理解を助ける	教科書やフォルダー、ノートの裏表紙にマジックテープで留める；ポケットやカバンに入れておくキーホルダーにつけておく
授業中のスケジュール	次の作業に備えたり、作業の移行をアシストする	板書しておく
授業の概要やノート	学習内容の理解度を高めるため	教師が授業前につくり、生徒の机においておく。クラスメイトのノートを授業後にコピーして渡す。教師の近くにテープレコーダーをおいて、授業を録音する。授業後、目立たないように生徒に渡す

第4章 アスペルガー症候群の生徒のための中学・高校での支援

ものを作る際には、
　(a) クラスの全員が使えるかどうか
　(b) 対象となる生徒以外の子どもたちにはわからないようにできているかどうか

によく注意して下さい。**表4.3**にあるような視覚支援を使い始めると、教師はたびたび、それが他の生徒たちにも便利であることに気がつきま

	簡単な説明	
	方向感覚、建物の構造の把握を助ける。この地図は、教室の場所、移動の仕方、ロッカーにものを取りに行くタイミングなどを生徒に教える	
	このリストは、地図を読むのが苦手な生徒にも理解しやすい。教室名、教室番号、必要な教材などがこのリストからわかる	
	習慣的にすること、またそれがわからないことへの不安を軽減するため、この視覚的サポートは、各教科で行われている習慣を明確にする（教室に入ったら何をするか、宿題はいつ、どこへ提出するのかなど）。また、クラス内でうまくやっていけるように、各教科の特徴をまとめている（ジョンソン先生は隣の生徒と話すのを許さないし、両足をきちんと床にいつも着けて座る姿勢が好きだ。トーマス先生は、教室に飲み物を持ち込むことを許してくれる）	
	このリストは、これからの授業でやることを簡潔に説明したもの。一つのことが終わるたびに、リストから消したり、線を引いたり、チェックマークをつけることもできる	
	アスペルガー症候群の生徒の多くは、微細運動が困難であり、それによって筆記が難しい場合がある。一方、筆記と授業を聞くことを同時にできない生徒もいる。これらのサポートはこのような困難を軽減し、生徒が授業内容の理解に集中できる助けとなる	

表4.3 つづき

サポートのタイプ	目 的	場 所
課題のサンプル	具体的に何をしなければならないか生徒に理解させる	教師が前もって準備しておき、目立たないように生徒に渡す。これは、過去によい成績を取った課題のコピーでもよい
テストの予定表	テストがいつ、何について行われるか、生徒が知っておくようにする	教師が前もって準備しておき、生徒がテストの準備をする時間を与える；テストの前日にもう一度テストについて知らせる。カラー用紙などに書いて、生徒にフォルダーに入れておく；学校による、宿題ホットラインは効果がある。もしそれがない場合は、クラスメイトがホットラインの役割をする
スケジュール変更のリスト	生徒の、変更に対する準備を確実にする	板書する；教師が前もって用意しておき（変更の最低一日前までに）、生徒にノートに張っておくように渡す。もし、変更する内容が、生徒のなじみの薄いものであった場合、生徒がどのような行動をするべきか、伝えておく
宿題のリスト	生徒が宿題の内容を理解し、自分で宿題を完了させるアシストをする	前もって用意しておき、目立たないように生徒に渡す。この宿題のサポートは、提出日、終わらせるべき内容、フォーマットなど、宿題の全てに関する情報を含む
ホームベースに行くよう合図する	生徒のストレスや心配度を下げるために、教室を離れるようプロンプトする	教師は名刺大の小さなカードを持っていて、生徒にホームベースが必要と判断したとき、目立たないようにカードを生徒の机の上に置く

第4章　アスペルガー症候群の生徒のための中学・高校での支援

	簡単な説明
	課題のサンプルは、生徒が課題に求められているフォーマットを、視覚的に理解する手助けとなる。これによって、生徒は内容に集中できる
	テストに出る要点と、教科書のページをリストにしたテストガイドは役に立つ。このガイドは、毎晩どこをどのように勉強したらよいか、また勉強に費やされるおおよその時間を書いた計画表を含む。ガイドは、最初の時期は教師が責任をもって作成するが、生徒が自主的に作成していけるよう、共同して行うようにしていく	「英語」のテスト 実施日：6月23日（火） 先生：スミス先生 テストの内容： 1．人称代名詞の使い方 　（教科書24-29ページ）10分 2．動詞の現在形と過去形 　（教科書34-40ページ）15分 3．前置詞の使い方 　（教科書41-48ページ）15分
	このプロンプトは、日常決まったスケジュールの変更に対応する助けとなる。どのような行動をとるべきかという情報は、生徒が最低限のストレスや心配で、その活動を完了するサポートとなる	
	アスペルガー症候群の生徒は、宿題について詳しく書かれたものが必要。教師は通常、宿題の基本的な内容は板書し、補足的説明は、生徒が筆記するよう口述する場合が多いが、アスペルガー症候群の生徒にとっては、それだけでは足りない	マーチン先生の第3時間目 「地理」のクラス 宿題とその内容 日付：　　月　　日（　） 提出日：　　月　　日（　） 宿題の内容：
	アスペルガー症候群の生徒は、かんしゃく、暴発、メルトダウンのサイクルに自分が陥っていることに気づかないことがある。このサイクルに関連した行動に教師が気づいたとき、教師はこのカードを使って、教室を離れるよう、生徒を促すことができる	ホームベースに行こう

Sample visual supports developed by Rochelle Matthews.

す。確かに視覚支援はどの生徒にも便利ですが、ASの生徒にはそれだけではなく、必須のものです。

トラベルカード　脚注3

　トラベルカードは、最初に2人のジョーンズ（1995）によって、次の目的で提案されました。

　　(a) 様々な場面でASの若者の生産的な行動を増やす
　　(b) 教師間の協力を促進する
　　(c) 生徒が現在取り組んでいる目標に対する教師同士の意識を向上させる
　　(d) 家庭と学校間のコミュニケーションを増進させる

　トラベルカードの仕組みを簡単に説明すると、まず、表の上の横軸に、生徒が現在取り組んでいる目標行動を4つか5つ記入します。表の左側の縦軸には生徒が授業を受けている科目名を書きます。授業の終わりに教師は、生徒が目標となっている行動をとったかどうか、+（はい）、0（いいえ）、NA（対象外）のマークで記入します。

　1日の終わりに、+（はい）の数を数え、グラフにします。+（はい）の得点が目標に達すると生徒はご褒美がもらえます。ご褒美の内容は生徒とトラベルカードの担当者が一緒に決めておきます。はじめのうちは、トラベルカードを1週間のうち4日使い、5日目にご褒美をあげるようにして下さい。生徒はすぐにご褒美をもらうか、ポイントを「トラベル口座」にためて、後でもらうか、どちらかを選ぶことができます。図4.4は、6年生のASの生徒、ロッキーのトラベルカードの例です。

　目標となる行動を選ぶ際には、

　　(a) 通常学級の教師や親が定めた問題領域
　　(b) 生徒のIEP（個別教育計画）の目標
　　(c) 生徒の自己評価

を考慮します。

脚注3　モンゴメリー、オウバーン大学のローラ・B・カーペンターの寄稿

第4章 アスペルガー症候群の生徒のための中学・高校での支援

図4.4 ロッキーのトラベルカード

　　　　　　　　　　　　　　　　　　　　　　　　　年　　月　　日

記号：＋ はい、− いいえ、NA 対象外

	生徒はクラスの決まりに従っているか？	生徒は授業に積極的に参加しているか？	生徒は課題をこなしているか？	生徒は宿題を提出しているか？	教師のサイン
国語					
理科					
社会					
英語					
数学					

ボーナスポイント	登校後、保健室へ行ったか？		宿題帳を持っていたか？	

総合点	＋	−

教師のコメント、提案、告知

表4.4 トラベルカードプログラムでの役割

特別支援教育の教師
1. 支援のターゲットとなる行動を、学校チームと保護者と協力して突き止める
2. 学校スタッフと保護者にトラベルカードプログラムのオリエンテーションを開く
3. ターゲットとした行動を生徒に教える
4. 教師のプロンプトとともに、教えた行動ができるかどうか、評価する。生徒は、はじめから様々な場所で習った行動を応用するよりも、最低一つの環境で、プロンプトとともに、正しい行動ができなければならない
5. トラベルカードの仕組みについて、短いレッスンを連続して生徒に行う。嘘の報告をしたときのペナルティーも教えられる（その場合、今までためたポイント全てを失う）
6. 評価の仕方について、生徒と決める。ご褒美のメニューは、短い期間で得られるものから、獲得するまである程度期間が必要なものまで、バラエティに富んだものにする
7. 毎日の始めに、トラベルカードを配る
8. １日の終わりにトラベルカードを集める。トラベルカードに書かれたメモ、気になること、問題などに対し、なるべく早く対応するよう、努力する
9. 生徒の様々な環境における行動を、モニターし、アセスメントを続ける。他の教師や保護者と、生徒の進歩に関してコミュニケーションをとる
10. 通常学級の教師、保護者、生徒からのフィードバックをもとに、トラベルカードを改良していく

生 徒
1. 指導のあと、ターゲットの行動ができるようにする
2. トラベルカードを使用するに当たり、そのシステムに対する理解を示し、必要なスキルを持っている
3. 特別支援教育の教師とともに、評価のメニュー用のご褒美を選ぶ
4. 学校にいる間、トラベルカードを携帯する
5. 各教科の終わりに、担当教師にトラベルカードに記入するようお願いする
6. その日の最終教科の教師にトラベルカードを預ける（特別支援教育の教師は、その教師から、トラベルカードを回収する）
7. 自分でトラベルカードのポイントを表やグラフにつけていく
8. 週最後の日に、どのトラベルカードを、生徒の記録用か保護者への連絡用にするか選ぶ
9. 獲得したトラベルカードのポイントにあったご褒美を選ぶか、トラベル口座にためる

通常学級の教師
1. トラベルカードプログラムでターゲットとする行動を決定する助けとなる
2. トラベルカードの使い方のオリエンテーションに参加する
3. 現在ターゲットとしている行動についての、進歩、関心事などを伝える

第4章　アスペルガー症候群の生徒のための中学・高校での支援

表4.4 つづき

> 4. 生徒がターゲットとした行動を起こすよう、プロンプトを与える（プログラム初期段階）。教科の終わりごとに、それぞれの行動についての建設的なフィードバックを、書面または口頭で、生徒に伝える
>
> **保護者**
> 1. ターゲットとする行動を学校のチームと協力して決定する
> 2. トラベルカードプログラムのオリエンテーションに参加する。オリエンテーションは、保護者面談、PTA、または、書面上などで行われる。書面と口頭両方で行われるオリエンテーションが望ましい
> 3. トラベルカードでの子どもの進歩を評価する

　通常は、特別支援教育の教師や生徒のケースマネージャーといった大人が、トラベルカードの作成とモニターに責任をもつことになっています。目標となる行動が決まったら、教師はその行動に向けた一連のレッスンを行います。生徒が目標行動を1つ以上の設定場面で示すことができるようになったら、トラベルカードに記入します。プロンプトによってその行動が起こった時には、ボーナス得点が与えられます。この段階では、まだ行動が現れつつある途中なので、生徒には罰を与えずにスキルを実践する動機づけを行っていきます。担当の教師は、次のことも責任をもって行います。

　(a) 1日の終わりにトラベルカードを集める
　(b) 毎朝、新しいカードを配付する
　(c) 生徒の行動を監視する
　(d) トラベルカードの効果について他の教師たちや親と話し合う

担当教師の役割は、**表4.4**の通りです。
　ASの生徒本人もトラベルカードに責任をもちます。行動の自己制御はトラベルカードの基本目標の1つであり、とくにその点での生徒の責任が強調されます。最終的には生徒に次のことをさせるのが目標です。

(a) どの授業にもトラベルカードを持参する
　　(b) カードの記入を各教師に促す
　　(c) 担当教師にカードを返す
　　(d) +マークを数え、グラフに記入する
　　(e) ご褒美を選ぶ（**表4.4**を参照）

　ほとんどの場合、この過程には時間がかかります。トラベルカードを1人で使う練習は、生徒のニーズと機能レベルに従って、系統的に始めることを勧めます。

　トラベルカードの導入には、いくつかの方法があります。まず、通常学級の教師がカードを手に持ち、生徒に目標行動を起こすようプロンプトを出します。カードは毎日、必ず担当教師に返すようにして下さい。トラベルカードは、最初は1つの場面だけで用いるようにします。生徒がうまくできるようになったら、場面を増やしていきます。

　通常学級の教師がトラベルカードのプログラムに参加することも不可欠です。カードを使うことで、通常学級の教師は、生徒が特別支援の教師やケースマネージャーから教わった行動を般化させる補助ができます。カードがあれば、生徒の現在の目標行動がわかるので、その行動が起こった時に強化することができます（**表4.4**の通常学級の教師の役割を参照）。

　表4.4の通り、親もトラベルカードプログラムでは重要な役割を担います。親は、目標行動を決め、家庭で適切な時にその行動を示すように励まします。また、学校で示した目標行動を強化したり、支援に対する子どもの反応について学校側と連絡し合います。

第4章　アスペルガー症候群の生徒のための中学・高校での支援

ソーシャルサポート

　ASのほとんどの若者には社会性の問題がみられます。そのため、学校での成功を導くためには社会的な支援が絶対に欠かせません。まず、生徒の暮らしをより楽にするソーシャルスキルとは何かを、細かく書き出すことが大切です。ソーシャルスキルの複雑さから、この領域での指導の価値には懐疑的な意見がありますが、ASの生徒が同じ社会的な間違いを繰り返さないように、社会的に排斥されないように、また、良い自己評価を維持できるようにするために、支援は必要です。

　とくに学校では、次のような点でソーシャルサポートが不可欠です。

　(a) 表記されない社会的ルールの理解
　(b) 友だち作りや手伝ってくれる生徒との出会い
　(c) 社会的相互理解を支える基本スキルの習得
　(d) 理解できない社会的場面や、予定が変更になったことを
　　　説明してくれる人をもつ
　(e) 人とのかかわりに感覚的なニーズがいかに作用するかの理解

これらの項目は、(a) 暗黙のルール、(b) 友だちの輪、(c) ソーシャルスキルの指導、(d) ソーシャルスキルの通訳、(e) 感覚の問題、としてこれから述べていきます。

　本書が挙げる他のストラテジーや調整方法の多くと同じように、ほとんどの場合、ソーシャルサポートは、より低学年のASの生徒にはずっと実施されていますが、それにもかかわらず、中学・高校では、とくにその移行期におろそかにされています。小学校からの友だちはASの生徒と同じ中学・高校へ行かないかもしれません。つまり新しい友だちを作らなければなりません。ASの生徒には、般化もよく問題になります。社会的な状況の必要に応じて、新しく出会う生徒たちとのかかわりには指導と仲裁を絶えず行うことが必要です。

113

暗黙のルール

　暗黙のルールとは、一度も直接教わったことがないのに、学校では誰もが知っている一連のルールを指します（ビーバー、1994）。どのように装うか、どのようにふるまうか、何をするのか、あるいは何をしてはいけないのか、誰に話しかけて、誰を無視するのかなどは、すべて暗黙のルールです。また、(a) 教師から期待されていること、(b) 教師が喜ぶ行動、(c) 良い友だちになれそうな生徒、(d) かかわると困ることになりそうな生徒、(e) 教師や他の生徒たちからの良い意味で注目を得る行動、(f) 教師や他の生徒たちから否定的に、あるいは不適切だと思われる行動、を知っていることも暗黙のルールに含まれます（マイルズ＆シンプソン、1998、2001）。

　ASの十代の子どもたちが、教師の個性や期待を理解することは非常に大切です。このことを私たちは必須事項と考えています。この年頃になると生徒のほぼ全員が、学校が始まって1週間もすると教師のことがわかってきます。例えば、どの先生には冗談を言えるか、どの先生には言えないか、宿題の提出が遅れても大目に見てくれる先生は誰か、答案を丁寧に採点しない先生は誰か、を知るようになります。単に授業に出席して、先生の自然なそぶりを観察するだけで、ほとんどの生徒が担任はどんな"人"か理解します。

　しかし、この価値あるサバイバル情報を、通常ASの生徒は入手できません。私たちはASの生徒がこの情報を入手することは、不可欠だと考えます。ASの生徒がそれを学べる唯一の方法は直接指導です。通常、セーフパーソンが教師の行動や期待について直接教える必要があります。具体的には、生徒は次のことを判断できなくてはなりません。

- 先生が「本気」かどうか
- 先生が自分の発表に満足しているかどうか
- 先生は怒るとどうするか

第4章 アスペルガー症候群の生徒のための中学・高校での支援

- どの先生に、どういう時になら冗談を言ってもよいか
- 先生が最も重要視する課題は何か（テストか宿題かなど）
- 何が先生を苛立たせるのか、または先生が嫌いなことは何か
- 授業中に話をする時のルール
- 講義や授業での質問の仕方
- 困った時に、誰に頼むか
- 各授業で助けを求める方法
- 宿題や授業の課題をいつ、どのように提出するか
- 提出物の遅れを、先生はどの程度認めてくれるか
- 提出日の変更について、生徒が交渉することを認めてくれるか。また、課題をどのようにどこで完成させるか
- 先生にすぐに相談できるように、授業中どこに座るか
- 授業で教材が揃っていない時、宿題をロッカーに忘れてきた時、どうするか
- 終業のベルが鳴ったら教室でどうするのか
- 宿題の提出が遅れたり、授業に遅刻したり、物をなくした時の罰則は何か

　ASの若者は暗黙のルールをぜひ知っておくべきです。それを知っていれば、トラブルから身を守ったり、友だちを作りやすくなります。どの隣人、どの学校、どの地域社会にも暗黙のルールがあります。しかしそれは説明されることがないため、ASの若者は認識不足からトラブルに巻き込まれることが多いのです（マイルズ＆シンプソン、2001）。

　ASの若者が社会性、学業、両方で確実に成功するためには暗黙のルールの指導を受けることが必要です。中には、きちんとしたルール指導を受けずに、独自のルールを編み出したASの人たちもいます。これまでに出版された暗黙のルールのほとんどは、ASのテンプル・グランディンが編み出したものです。グランディン博士の暗黙のルールには、

表4.5 暗黙のルールの例

トイレ
1．トイレの壁に落書きをしない（とくにそこに大人がいる場合には）
2．男の子は用を足しているとき、ほかの人に話しかけない
3．女の子は、どれが洋式トイレで、また、どれが和式トイレか、知っておく

学校
1．階段の上り下りは、通行に逆らわないよう、右側を歩く
2．人が電子メールを見ているときは、肩越しにのぞき込まない
3．どの生徒がからんできたり、いじめたりしないのか知っておく
4．水泳の時間などでシャワーを浴びているとき、ほかの人をじっと見つめない
5．授業中におならをしたり、鼻をほじったり、股をかいたりしない
6．先生には、明るい調子で話す。そうすれば、もっと積極的に答えてくれる。時々ほほえみを見せることも気に入られる
7．先生によって、ルールはちがうものだし、不公平だと思ってばかりいるのはよくない
8．先生がおしゃべりをやめるように言ったときに、隣の人に話しかけるのは、先生がすでに禁止したことをしているからよくない
9．きみが何かおもしろいことをしても、たいていそのときだけおもしろい。もしきみが繰り返してそれをするなら、きみがつまらなく、変に見えるし、友だちはきみをからかい出すかもしれない

生活上のルール
　してはいけないこと…
1．人（とくに先生）が話しているとき話しかけること
2．人が泣いているときに笑うこと
3．映画館で大声で話すこと
4．何かのチケットを買っているときに列に割り込むこと
5．ダンスをしたい相手を強引につかむこと
6．人が怒っているときに笑うこと
7．誰かに彼女はブスだということ
8．"Jump in a lake." (邪魔しないで) と言われて、字義通り湖に飛び込むこと
9．自分の興味のあることばかり話すこと。相手が興味のあることも話すようにする
10．誰かが座っているいすに無理矢理座ろうとすること（たとえそれがきみのいすであろうと）
11．警官に言い返したり議論すること（たとえきみが正しいと思っていても）
12．人の髪の毛がきれいだからといって、断りもなしにさわること
13．人が怒っているときに、その人の文法を訂正すること
14．法律を破ること（どんな理由があっても法律を破ってはいけない）
15．誰かのパーティーに招待してくれとたのむこと
16．人の家が汚いとほかの人に言いふらすこと

第4章 アスペルガー症候群の生徒のための中学・高校での支援

表4.5 つづき

17. 人が新しく飼い始めた子犬を、悪い性格だとほかの人に言いふらすこと
18. 好きな、またはアプローチしようとしている異性に、きみの口はくさいと言うこと
19. テレビの俳優がやっているまねをすること。テレビでやっていることは、実際の生活とはちがう

(a) 絶対に悪いこと
(b) マナーのルール
(c) 違法だが悪ではないこと
(d) 組織の罪

と称する事柄の判別が入っています。例えば博士は、少しスピードを出して運転することは、「違法だが、悪ではないこと」としています。しかし、安全を考慮し、スピード違反のチケットをもらわないようにするためには「少しスピードを出す」のがどういうことなのかを慎重に見極める必要があります（グランディン、1999）。

中学生のケイトリンは言葉遊びや駄洒落に強い興味をもっていました。ある日、体育館で着替えをしながら、2人の生徒がケイトリンに「ずっと惑星を観察して、やっと天王星（ユラヌス）が見えた」と言いました。そして笑いながら「ユア、アヌス（あなたの肛門）よ。わかった？」と言いました。ケイトリンはすごいジョークだと思い、一緒に笑いました。後で理科の授業で惑星の話を聞いている最中、ケイトリンは同じジョークをとばしましたが、受けませんでした。「授業中に、あるいは先生に向かって体の部分に関する冗談を言ってはいけない」という暗黙のルールを知らなかったケイトリンは、理科の教師を困らせ、他の生徒たちには笑われるはめになりました。役に立つと思われる暗黙のルールを**表4.5**に記します。

友だちの輪

　中には、友だちとして互いの面倒を見合うような、小さなグループに入れるASの若者がいます。友だちグループが充実していけるかどうかが、ASの生徒の成功と失敗を分けることがよくあります。

　ASの十代の生徒、ジャスティンと隣に住んでいるトムは、小学校3年生からの友だちです。トムは同学年の子どもたちに人気があり、教師が喜ぶようなふるまいも多々示します。トムは良い友だち、良い生徒だと見なされています。トムとジャスティンは、南北戦争などたくさんのことに共通の興味をもっています。2人はジャスティンの家の地下室で、何時間もかけて南北戦争の場面をプラモデルで再現します。トムにとって南北戦争は単に興味のあることでしたが、ジャスティンにとってそれはほとんどこだわりになっています。ASのことを知るまでは、トムはジャスティンが好きで、頭がよくて愉快な友だちだと思っていました。ジャスティンが他の子どもたちとうまく付き合えないことに気がついた後でも、ジャスティンとの間でトラブルはありませんでした。ジャスティンが6年生の時、通常学級で問題を抱え始めるまでは、誰もジャスティンがASであることを口にしませんでした。トムは、ジャスティンには、先生の指示に従うこと、授業に遅れないこと、勉強道具をきちんと揃えること、他の子どもたちとの付き合い方を理解すること、が難しいのだと見抜き、そのことを母親に話しました。母親は、一緒にジャスティンと彼の両親に話してみることを提案しました。ジャスティンの両親はトムの洞察力に驚き、息子が抱えているASについて説明しました。双方の両親の支援のもとで、トムとジャスティンは、授業が一緒の時にはトムがジャスティンを「見守る」ような役割をすることに合意しました。ジャスティンは質問があればトムに尋ね、トムはジャスティンが困っていればその問題を誰かに伝えることができたのですが、双方の親は、それはトムの仕事ではないし、たとえそうしてもジャスティンの学校生活がうまくいくとは限らないと考えました。トムの役割は、一生徒であること、

第4章　アスペルガー症候群の生徒のための中学・高校での支援

そして友だちであることです。

　ASの人たちの社会的なネットワークは自然には広がらないため、確実にそれを発展させてあげることが大切です。**友だちの輪**の概念では、かかわる生徒は1人以上であるのが望ましいと考えます。**友だちの輪**を構成する生徒たちは、

(a) 同年代の子どもたちの間で高い評価を受けている
(b) 一般的に校則を守っている
(c) 社会性において機敏である
(d) ASの生徒に純粋な関心（願わくば、好意を）を寄せている

ことが必要です。ASの人たちの視点を楽しめる生徒は、**友だちの輪**にうってつけでしょう。また、**友だちの輪**に参加する者は、ASの生徒を単に慰めたり、指導するのではなく、その生徒を尊重していかなければいけません（マイルズ&シンプソン、1998）。この年代では、男子生徒よりも女子生徒の方が養育力があり、他者のニーズに気がつきやすいので、依頼しやすいことがあります。**友だちの輪**を確実に成功させるためには、ASを理解するためのトレーニングを行うことが大切です。「AS」という言葉を使うかどうかは重要ではありませんが、「友だち」がASの生徒を理解し、仲良くなるにはどうしたらよいかを考えることは不可欠です。ASの子の両親も**友だちの輪**を広げたり、AS理解のトレーニングに参加するのがよいでしょう。ASの生徒本人をAS理解のトレーニングに参加させる親もいます。一方で、それとは反対に、他の生徒たちに**友だちの輪**のメンバーであることを言わないでほしいと頼む親がいます。放課後、**友だちの輪**に参加してもらおうと生徒に謝金まで払っていた親もいました。しかし、そのようなことよりも、本当の友情が育まれるような関係を支援していく方が望ましいでしょう。

　昼食を一緒に食べる「ランチ仲間」のグループを作る時にも、**友だちの輪**が使えます。リリーはASのある中学生で、「ランチ仲間」に入っており、

毎日3、4人の同年齢の生徒たちと昼食を食べます。「ランチ仲間」は、友だちとして、リリーが食事中の会話に参加できるよう手助けをします。会話は自然なもので、友だちは必ずリリーに質問をさせたり、答えさせるようにしています。また、他の十代の女の子たちがどういう格好をしているのか、どんなことを好んで話すのか、をリリーがもっと気づくようにもしてきました。これはASの若者が、暗黙のルールをさらに学べるすばらしい方法です。

ソーシャルスキルの指導

ASの若者には、社会的にうまくふるまえるように必要なスキルを直接教えていかなければなりません。ソーシャルスキルの指導には、直接指導、演技のレッスン、そしてソーシャルストーリーの3つの方法があります。

直接指導

ソーシャルスキルの学習を促すために、マイルズとサウスウィック(1999)は次の一連の直接指導法を挙げています。(a) 理論の説明、(b) 提示、(c) モデリング、(d) 実証、(e) 評価、(f) 般化。

指導を効果的なものにするためには、多くの場合、理論を、つまりスキルの習得に必要な概念がどのように、またなぜかかわっているのかを生徒が理解しなければいけません。ソーシャルスキルの理論には、

(a) なぜその情報が便利なのか
(b) その情報をどう使えるか
(c) 習得済みの知識とどう合わせるか

があります。視覚支援を使いながらそのことを示していくと、生徒はこれから何を学ぼうとしているのか、また、スキル練習を目的とした活動やスキルの学習にかかる時間がわかりやすくなります。言い換えると、

第4章 アスペルガー症候群の生徒のための中学・高校での支援

ソーシャルスキルの意味を知ることは、学習プロセスの「活性化」につながるのです。

　ソーシャルスキルの**提示**は活発で多様なものでなくてはなりません。つまり、ASの生徒は内容をただ見たり聞いたりするだけではなく、質問に答えたり、意見を述べたり、それに対して適切な応答をもらったりします。生徒の「部分から全体へ」あるいは「全体から部分へ」と向かう学習スタイルを尊重し、また尊重していることを示していきましょう。ソーシャルスキルのレッスンを受ける生徒たちには、双方のタイプがあるので、情報提示は生徒に応じてどちらの形式でもできるように工夫して下さい。直接指導とはプリントを出して、これこれをしなさいと指示することではありません。

> **ソーシャルスキルの意味を知ることは、学習プロセスの活性化につながります。**

　モデリングは、生徒が何をするのかを表します。ここで、よくある間違いに注意して下さい。私たちはよく生徒に、「してはいけない」ことを伝えますが、この時、代案は出しません。そうではなくて、「するべきこと」を伝えます。まず、生徒はモデルに注目しなければなりません。モデル（模範）は、前後関係も含めて何度もはっきりと示して下さい。以前にも示したからといっても、生徒がその具体的な概念や形態を理解しているとは限りません。ASの生徒は何事でも単に暗示されただけでは、わからないことが多いのです。

　実証はソーシャルスキルのレッスンで行います。教師は生徒が習ったことをどのくらい覚えているか、また生徒の情緒状態を注意深く監視していく必要があります。ASの生徒は、無表情な、時には否定的に見える反応を示すことが多く、何かわからないことがあってストレスを抱えていても、私たちはそれに気づきにくいことがあります。情緒的な苦しみを伝える生徒の方法を理解し、ニーズを満たしていくために教師は生徒と一緒に取り組んでいかなければなりません。必要に応じて、追加指導

や、モデリング、個別指導も行います。

　指導に続き、ソーシャルスキルの習得について教師と生徒本人の双方が**評価**を行います。スキルの理解と使用の評価には様々な方法を用いていきます。例えば、生徒はスキルをどのくらい使えたかを自己評価し、スキルの般化や維持に向けた目標を設定します。

　最終的に、毎回のレッスンで**般化**を組み入れていきます。これは、新たに習得したソーシャルスキルを学校生活や様々な状況（体育、音楽など）で使う機会を与えながら行います。ランチタイムや休み時間などの構造化の少ない状況で生徒を観察し、新しいスキルが本当に般化されているかどうかを確かめて下さい。親からのサポートは般化の定着に大変役立ちます。具体的には、親は生徒がスキルを使えるような行事を家庭や地域で開き、生徒の様子を観察することができます。

演技のレッスン

　ASの成人の多くが、ソーシャルスキルの指導には演技のレッスンを勧めています。レッスンで、子どもは特定された状況で、言葉を使っての、また言葉を使わない感情表現を学びます。さらに、他者の感情、気分、意見を理解することも覚えます。ここでおそらく最も重要なのは、積極的に練習ができるような環境で生徒が演技に従事すること、そしてその演技に対してコメントを得ることです（マイルズ＆サウスウィック、1999）。

ソーシャルストーリー

　キャロル・グレイは、「ソーシャルストーリー」というストラテジーを用いて、様々な社会的な場面に対する説明と指示の両方を与える方法を開発しました（グレイ、1995；グレイ＆ジェランド；1993、スワガートら、1995）。グレイが定義したように、ソーシャルストーリーとは、特定の社会的場面を生徒の視点から考え、読み物や物語にして描写したものです。描写には、その場面がどこでなぜ生じ、他の人たちはどう感じたり反応する

第4章　アスペルガー症候群の生徒のための中学・高校での支援

表4.6　ソーシャルストーリー

　ときどき、学校でほかの子が、ぼくが今まで聞いたこともない言葉を使うことがある。その子たちは、ぼくがそんな言葉を聞いたらどうなるか見たいのか、ぼくをいやなことに巻き込もうとしているのかもしれない。子どもはときどきすごくいじわるになるからね。
　知らない言葉を聞いたとき、ぼくにはいくつかできることがある。その場を離れること、先生にどうしたらよいか聞きに行くこと、ただ「ぼくはそんな言葉は知らないよ」といって向こうへ行くこと。
　もしぼくがその言葉を使ったなら、みんなは笑い出すだろうし、それはぼくといっしょに笑っているのではなく、ぼくのことを笑っているんだってことを、わからなきゃね。
　もし先生が、そんな言葉を使っているぼくを見たら、先生はショックを受けるし、ぼくは困ることになる。困った状況になると、ぼくはパニックをおこしてしまう。
　じぶんが知らない言葉を聞いたら、それがどんな意味なのか調べなきゃね。そうすれば、その言葉を使うことについて、いい判断ができるんだ。

Created by Elisa Gagnon and Rebekah Heinrichs. Used with permission.

のか、また、その感情や反応を導くきっかけとなるのも、入れることがあります。生徒の視点に立って場面を描写したら、次に、生徒がその場面でできることを1つ以上、選択肢として加えます。グレイによるガイドラインには、ソーシャルストーリーは生徒の認知レベルにふさわしい言葉を使って柔軟に作成するようにと書かれています。

　ASで14歳のトムは、男子生徒のあるグループから悪ふざけの標的になっていました。悪ふざけの1つに、他の生徒たちや教師に向かって悪態をつかせることがありました。生徒しかいない場でトムが悪態をつくと、グループの子どもたちは声を立てて笑いましたが、教師も同席している場では同じことを言っても彼らはあからさまには笑いません。トムはグループの少年たちは自分の友だちで、笑うのは仲間の印だと思っていました。また、トムは、自分がなぜしょっちゅうトラブルに巻き込まれるのかがわかっていませんでした。**表4.6**は、いつ、誰に、どんな言葉を使うのか、という暗黙のルールへの対処法を表したトムのためのソーシ

ャルストーリーです。

ソーシャルスキルの通訳

　どんなに徹底的にソーシャルスキルを指導しても、ASの若者は完全には理解できない場面に遭遇します。彼らにはそのような場面を説明してくれる人が必要です。ソーシャルスキルの通訳を行う時のマナーは、外国語の通訳マナーに似ています。どちらの場合も、通訳する者は、なじみのない内容を伝える時、聴き手にわかりやすい言葉を使います。ASの人たちへのソーシャルスキルの指導や通訳についての研究は、今のところわずかしかありません。しかし、通訳の方が指導よりも効果があると指摘するエピソードはたくさんあります。ASの若者が周囲を理解するための通訳ストラテジーには、次のようなものがあります。(a) マンガ化、(b) 社会的場面の検証、(c) ソックス法（SOCCSS: Situation-Option-Consequences-Choices-Strategies-Simulations）、(d) 感覚認識。

マンガ化

　マンガ化 (Cartooning) とは、状況や出来事、言語表現（慣用句や暗喩）を絵で表す方法として何年もの間、言語聴覚士の間で使われてきた一般用語です。マンガ化は、アーウッドとブラウンが著書「A Guide to Cartooning and Flowcharting: See the Idea」(1999) の中で改良しています。2人はマンガを「視覚言語の形」、「絵形式のお話」(p.1) と呼んでいます。マンガ化の目的は、次の通りです。

- 行動の説明と変更
- ソーシャルスキルの改善
- 時間管理
- 教科学習スキルの改善
- 生徒が自分の考えを明らかにしたり、まとめるための手助け

第4章　アスペルガー症候群の生徒のための中学・高校での支援

図4.5　マンガのサンプル

From *A Guide to Cartooning and Flowcharting* (p. 3), by Ellyn Lucas Arwood, Ed.D., CCC-SLP, and Mabel M. Brown, M.A., 1999. Apricot, Inc., P.O. Box 18191, Portland, OR 97218; www.spiritone.com/~apricot. Used with permission.

　アーウッドとブラウンはマンガの描き方のガイドラインも示しています。(1) 各コマのつながりがわかるような形式を使う。(2) 人と地面の間に空間がないように描く。(3) 考えを描く時には一方向だけにする。図4.5は社会的な変更を示す一例です。

　＜マークは友だちになりたがっているが、立つ位置が相手から近すぎる。＞

マンガの使用には、グレイ (1994) が紹介した**コミック会話**もあります。これは、「会話での素早い話題変更についていけない生徒」への支援として、状況を明らかにして通訳する役割をもちます (p.1)。グレイは「コミック会話は、他者の考えや気分を受けとるという点で、実際の話し言葉やふるまいに相当する価値がある」と述べています (p.2)。マンガの台詞では、簡単な形や記号などで社会的理解を促していきます。話し言葉や、吹き出しの中で使う記号、色が、会話の理解と分析に役立ちます。グレイはまた、相手の話を聴く、話をさえぎる、話す、声の大小を使い分ける、考える、を図示する会話記号の辞典も考案しています。さらに、感情を色で表すカラーチャートも作っています。例えば、緑は「良い考え、嬉しい、親しみをこめたふるまい」、赤は「悪い考え、からかい、怒り、冷たいふるまい」、黄色は「怖い気持ち」を表します。

社会的場面検証法

社会的場面検証法とは、社会性に問題のある生徒が社会的な誤りを理解するように、ラヴォイによって開発されたストラテジーです (ビーバー、1994)。簡単に言うと、社会的問題を分析するための媒体のことです。社会的な間違いをしてしまったら、生徒は大人と共に、次の一連のワークショップを行っていきます。

(a) 間違いを認識する
(b) その間違いよって誰が被害を受けたのかを特定する
(c) 間違いの修正方法を決める
(d) その間違いが二度と起こらないようにするための計画を立てる

社会的場面の検証は罰ではありません。むしろ、支援的かつ建設的な問題解決方法なのです。ラヴォイは、「検証の過程はとくに、子どもが自分の社会的行動と周囲の人たちの反応の因果関係を知るのに効果的である」と述べています (ビーバーによる引用、1994、p.11)。また、ラヴォイは、

第4章 アスペルガー症候群の生徒のための中学・高校での支援

図4.6 社会的場面検証法のワークシート

何が起こったか？ _____
_____
_____
_____

社会的失敗は？	その失敗でだれが傷ついたか？

その失敗を直すにはどうしたらよいか？ _____
_____
_____
_____

今度からどうしたらよいか？ _____
_____
_____
_____
_____
_____
_____
_____
_____
_____

この方法の成功の鍵は、練習の構造、即時のフィードバック、肯定的な強化であるとしています。両親、バスの運転手、教師、守衛、カフェテリアの職員など、ASの生徒と定期的に接触する大人は皆、ソーシャルスキルの習得や般化を育むような検証法を知っておくべきでしょう。図4.6は社会的場面の検証に使えるワークシートです。

ソックス法（SOCCSS: Situation-Option-Consequences-Choices-Strategies-Simulations）

　ジャン・ルーザは、社会性に障害のある生徒が社会的な状況を理解できるように、また、社会的な事柄や行動を一連の形式にあてはめることで問題解決スキルを伸ばせるように、この方法を編み出しました。教師が直接指導するこの方法によって、生徒は因果関係を理解しやすくなります。自分が決定したことが多くの場面で周囲の反応や結果を左右するのだと気づきやすくもなります。実施方法は、他の生徒と1対1で、あるいはグループ活動で、など、状況や生徒のニーズによって変わります。ソックス法には次の6段階があります。

状況把握

　社会的な問題が起きた時、教師は生徒と共に「誰、何、いつ、どこ、なぜ」を突き止めます（その状況に誰が関わっていたのか。実際に何が起こったのか。いつ起こったのか。どこで起こったのか。なぜ起こったのか）。目標はそのような不定事項を、自分1人で関連づけられるように励ますことです。最初は、主に教師がヒントを出し、必要に応じて質問事項に対する答えを決めていきます。

選択肢

　教師と生徒は、行動の選択肢について意見を出し合います。その際、教師は生徒の応答は一切評価せずに、すべて受け入れ、記録します。たいていの場合、最初のうちは選択肢として他にどんなことができたか、あるいは言えたかを1つは決められるように促していく必要があるでしょう。

第4章　アスペルガー症候群の生徒のための中学・高校での支援

結果予測

それぞれの行動選択肢に続く結果を1つずつ挙げていきます。教師は生徒に「それで、もしきみが…（選択肢の1つを入れる）したらどうなるかな」と尋ねます。選択肢によっては、結果が1つとは限らないものもあります。ASの生徒たちは、因果関係がわかりづらいことから、多くの場合、結果を導き出すのが困難なのです。この段階ではロールプレイでヒントを出しながら導くことができます。

選択判断

選択肢とその結果の良否に番号をつけたり、「はい」「いいえ」で答えるなどして優先順位を決めます。生徒が選択肢から (a) 自分でできそうだと思う行動、(b) 自分が望むもの、また必要なものを得られそうな行動、を選ぶように補助して下さい。

段取り

今度は、問題が起きた時に実際に選択行動を起こせるような行動プランを立てます。この段階では、教師と生徒が共同で行いますが、最終的には生徒が1人でプランを作成できるようにしていきます。このことは重要です。生徒には、自分が決定者であると感じて、そのプランに責任をもつことが必要だからです。

事前試行（シミュレーション）

ソックス法の第6段階は事前試行です。ルーザは事前試行の練習に次のような様々なやり方を定めています。(a) イメージ化、(b) 他者とプランについて話し合う、(c) プランを書き出す、あるいは (d) ロールプレイ。生徒は事前試行の印象を最後に自分で評価します。「シミュレーションをして、プランの実行に必要なスキルと自信を得られましたか」。もし答えが「いいえ」なら、別な事前試行を行わなければなりません。

ソックス法は説明的なものですが、指導ストラテジーとしても使えま

図4.7

SOCCSS法 実施用紙
（ソックス）

《状況把握》-《選択肢》-《結果予測》-《選択判断》-《段取り》-《事前試行》

状況把握	
関係する人	いつ
何が起きた・何をした	理由

選択肢	結果予測	選択判断

段取り：行動のプラン

第4章　アスペルガー症候群の生徒のための中学・高校での支援

事前試行 の方法	一つ選ぶ
1. 静かな場所に腰を落ち着け、いろいろな行動の選択肢と結果予測に基づき、どんな事前試行ができるか（できないか）をよく考える	
2. 友だち、先生、その他の人に、自分の考えた行動プランについて相談してみる	
3. 自分の選んだ選択肢と結果予測に基づき、その状況では何が起きそうかを書き留める	
4. 自分の選んだ選択肢を、2〜3人で事前に演じてみる。簡単なものから始めていく。難しくするときは、学習したことを確認するため	
5. その他の方法	

事前試行 からの検討事項

実際の施行結果・その後の経過

す。教師は生徒が遭遇しそうな問題を想定し、ソックス法を使って事前に対処できるようにすることができます（マイルズ&シンプソン、1998、2001年；マイルズ&サウスウィック、1999）。

図4.7はソックス法のプロセスを円滑にするワークシートです。

感覚認識

私たちが周囲から受け取る情報はすべて、私たちの感覚器官を通して入ってきます。つまり、味覚、嗅覚、視覚、聴覚、触覚、運動感覚、重力および平衡感覚は学習に影響するのです（アイルス、1979）。ASの人たちの多くは感覚の問題を抱えているため、直接的な援助が必要です（マイルズら、2000）。ASの子どもや若者の感覚的ニーズに見合う効果的なプログラムには、以下を含めていくつかあります。

『きみのエンジンの調子はどう？：自己制御のための警告プログラム』（ウィリアム&シェレンバーガー、1996）は、生徒が自分の感覚的な問題、とくに気づきや覚醒を認識するのに役立ちます。この自己啓発プログラムは、教科学習上の、また、社会的な要求に応じて自分の覚醒レベルを変えることを教えます。

『教師、親、そして生徒のための道具箱』（ヘンリー作業療法サービス、1998）はコミュニケーション手段としての行動を強調し、大人の利用者が行動障害を予防するための感覚的な対処法を考案するのに役立ちます。ビデオが2本ついており、重要な対処法の実際を見ることができます。

『感覚統合による架け橋』（ヤクら、1998）では、自閉症やその他の広汎性発達障害の人たちに対する作業療法と感覚統合の具体的な役割を述べています。カリキュラムの一連の活動を通して、感覚的な問題を同定できる使いやすいチェックリストが載っています。

『アスペルガー症候群と感覚敏感性への対処法』（マイルズら著、萩原 拓訳、東京書籍、2004）はASの人たちが実際に体験した感覚の問題を具体的に述べた唯一の本で、感覚統合機能の障害がいかに学業、社会性、行動の領

第4章　アスペルガー症候群の生徒のための中学・高校での支援

域に影響を及ぼすかについての概観を伝えています。さらに、社会性の問題評価法や、感覚統合機能が社会性や学業で効果的に働くような方策についても述べています。

安定化

　先に述べた通り、ASの若者は変更への適応、次に何が起こるかという予測、社会的相互作用や他者の意図の理解、などが難しく、そのことからストレス、不安、うつを体験します。十代の若者では、周囲に適応できないと、かんしゃく、怒り、メルトダウン（パニック）へと「らせん下降」を始めることがあります。このサイクルが始まる時には、まず本人を安定させることが先決になります。「安定化」とは、生徒の安定化を図り、機能をより発揮できるような環境を作り出す過程のことを指します。

短期の介入

　安定化の方法には短期と長期にわたるものが必要なことがあります。短期間に変更や失望体験が重なれば、生徒はいつもより不安定になったり、すぐにかんしゃく、怒り、メルトダウンを起こしてしまうかもしれません。そのような時に生徒が落ち着くためには、適切な環境が必要です。環境作りには、予防的リフレッシュ法、スケジュール提示法、安心させるような言葉がけ、接近による抑止法、「話しかけずに一緒に歩く」、あるいはホームベース（本拠地）なども入ります。

　例えばロベルトは、カフェテリアに入って、テーブルがいつもと違う場所、部屋の向こう側に置かれてあるのに気がつきます。昼食を買う列に並ぶと、今度はほとんど毎日食べているピザが売り切れていることを知ります。ロベルトは代わりにホットドッグを選びます。副校長のスミス先生は、ランチタイムにロベルトの監督係になっており、彼のことを

よく知っています。スミス先生は、前にロベルトをからかった2人の生徒がロベルトと同じテーブルについているのを目撃します。先生はランチタイムの間、頻繁にロベルトのテーブルへ行き、ロベルトが大丈夫であるかどうかを確認したり、かかわりがうまく行っているかを知るために生徒同士の話に聞き耳を立てます。また、ロベルトに最近の政治討論会について尋ねたりもします。政治討論会はロベルトの特別な関心事の1つなのです。さらにロベルトが食べ終わると、先生はロベルトに、メモを事務室まで持って行くという仕事を与えます。そうすることでロベルトはカフェテリアから離れることができます。

このように、ロベルトは3つの小さなストレス要因を体験しました（カフェテリアでのテーブルの位置が違う、ピザがない、以前にトラブルになった生徒たちとの同席）。スミス先生は、ロベルトが自分の大好きな話題（政治討論会）ばかりを話してからかわれないように、また用事を頼んでカフェテリアから出る機会を与え（予防的リフレッシュ法）、安全を確認することで、事態に対処したのです。

長期の支援

長期にわたって問題を抱えた生徒の安定化には、また違う方法を用います。生徒が長い間「らせん下降」にあるほど、上昇は難しくなっていきます。ミーガンは中学の通常学級の3学年に留年しています。先生たちは、ミーガンは引きこもってうつ状態にあるように思えること、課題をまったくしないことを報告しています。昨年もそうでした。教師が課題を仕上げる補助をしてもミーガンは「できない」と言い、机に顔を突っ伏して眠ってしまいます。ミーガンの行動プログラムは、毎週トークンを集計する方法で成り立っていました。しかしほとんど、ミーガンはご褒美を得られるだけのトークンを獲得しません。外部からのコンサルタントが、カリキュラムをもっとミーガンの興味に合わせて調整する必要があるとアドバイスをしましたが、学校側はミーガンは卒業を目的とした

第4章 アスペルガー症候群の生徒のための中学・高校での支援

標準教育を受けているのだから、標準のカリキュラムに参加しなければならないと主張しました。

ミーガンの状況を変えるには、学校側が認識を大きく変えなければなりません。生徒は一旦「閉じて」しまえば、通常学校でしなければならない多くのことに対処できなくなります。その生徒のIQが平均であるとか、平均以上であるということは関係ないのです。また、感情的には要求されていることをできる状態だということでもありません。学校チーム（親も含めて）は、ASの生徒の脆弱な情緒の状態を認識し、生徒のニーズに合う環境作りをすることが不可欠です。

ミーガンは結局、1対1の指導が受けられる通級学級に移りました。すべての指導事項はミーガンの特別な興味である電磁気学にまつわり、宿題は習得済みの内容となりました。

日課は構造化され、一定のものとなり、視覚支援を用いることでミーガンは一日の流れがわかりやすくなりました。テストや筆記など、ミーガンのストレスになるものは、取り除かれました。学習への動機づけ、自尊心の向上、そしてミーガンが安心して快適な気持ちでいられることが重視されるようになりました。ミーガンの両親はセラピーが役に立つのではないかと考え、ASに理解のあるセラピストを見つけました。ミーガンの情緒的な状態が改善されてきたので、先生とセラピストはミーガンが自分が感じるストレスの度合いに気がつくように、また、必要な時には助けを求められるように指導を行いました。6か月後、ミーガンは通常学級に徐々に戻る準備が整いました。学校チームは1日に1授業だけ出席させることに決め、まずミーガンの得意分野であり、動機づけにもなる理科のクラスへの移行を支援することにしました。

ASの生徒の安定化を助ける5つのステップ

安定化が必要な生徒には、以下の5つのステップが役に立ちます。

1. **生徒の情緒的な状態を評価するために様々な情報源から情報を収集する**

    ASの生徒の情緒の状態は持続的に監視する必要があります。教師や親は、しばしば危機が始まるサインを見落としてしまいます。その原因はASのコミュニケーションの弱さにもあります。ASの生徒は自分自身の気持ちに気づかないことが多く、その結果、不安、フラストレーション、怒り、憂うつといった感情は危機的なレベルに達するまで伝えることができません。そのため、教師や親はストレスや不安が始まる兆候行動にはすぐに気がつくように心得ておくことが必要です。ミランダは不安になると行ったり来たりすることを先生と両親は知っています。サムはストレスが過剰になると手で髪をとかします。ミンは困ると体を前後に揺り動かします。

    情緒の状態の下降を知る第2の尺度は、学業や、家庭や学校での社会性、行動機能に何らかの低下が見られるかどうかです。いつもは理科でAをとっている生徒が、Cをとるようになったというような成績の低下は、心に留めておくことが大切です。

    学校側はよく、生徒が学校でうまく過ごしている（暴発行動がない、課題によく集中している、適切なソーシャルスキルを示している）と言いますが、一方で親の方は、同じ生徒が家庭では荒れに荒れている（制御できないかんしゃく、暴言、きょうだいへの攻撃）ことを報告しています（マイルズ&サウスウィック、1999）。家庭でこのようなタイプの行動が見られるということは、学校にも家庭にも、あるいはどちらかにストレス因子があるのかもしれません。

第4章 アスペルガー症候群の生徒のための中学・高校での支援

2. 環境に存在するストレス因子を特定する

第3章で概略を述べた方法を用いて状況を調べてみましょう。学校や家庭で「下降」の原因となるような変更がなかったどうかを確かめることが大切です。例えば、

- 代替教師に適応しなければならないような状況か
- いつものスケジュールに変更（集会やテストなど）はなかったか
- どうやって手をつけていいのかわからない長期課題がないか
- 授業の構造に変化（個別学習からグループ学習への変化など）はないか
- からかわれたり、いじめられることが増えていないか
- ある特定の生徒と共同活動ができないという報告はないか
- 良い成績をとることに、以前より重きがおかれていないか

親は、家庭で何か大きな変更がなかったどうかを振り返ってみるとよいでしょう。例えば、弟のティムの体操が非常にうまくなってきた頃、スーザンは母親と一緒に週に2度、ティムの練習に付き合うことになりました。スーザンは体育館で宿題をすることはできたものの、家庭にいるときと同じようにはいきませんでした。おまけに、体育館に行くことで、スーザンは放課後楽しみにしていたテレビ番組を見ることができなくなりました。その2つのことがスーザンを苛立たせ、ストレスを与えていました。

もし家庭で何も変更事項がないのであれば、親は子どもが病気にかかっていないかどうか医師に診てもらうとよいでしょう。もし身体的にどこも悪いところがなければ、たいていの場合、今度は学校環境を詳しく調べてみることが必要です。

3. 生徒が嫌いな課題や難しい課題を調整し、一時的に新しいスキル指導には重点を置かないようにすることでストレス因子を減らす

　学校環境を安定化させ、危機の拡大を止めるには、直ちに支援を増やし、ストレス要因を減らさなくてはなりません。学校職員は「生徒がどのような状況でいつも融通がきかなくなり、爆発寸前になるのかを前もって具体的に特定する」必要があります（グリーン、1998、p.274）。

　ある領域で極めて難しいことがあったり、あるいは複数の領域で生徒が困難を抱えている場合は、同時にいろいろなレベルでの介入を実施することが大切です。数週間あるいは数カ月をかけて支援を1つずつ増やしていくよりも、一度に10倍の支援を行う方が、生徒は回復しやすくなります。思春期の生徒には、ストレスの因子から一時的に離れることが大切です。例えば、生徒の一番のストレスの原因が、長期にわたる国語の代替教師への対応であれば、学校チームは（親も含めて）、生徒が通級学級で国語の指導を受けられるようにします。さらに、国語の次の長期課題は生徒に合わせて調整を加えるようにもします。

　生徒が情緒的に弱くなっている時には、生徒に対する期待を一時的に減らす必要があります。学校職員と親は、そのことに気がつかねばなりません。生徒は将来大学に進学したら、論文の書き方を覚える必要があるかもしれません。しかしだからと言って、危機的状況の中にあっても、毎日論文書きの練習をしなければならないということはないのです。生徒の情緒の状態が不安定になればなるほど、ストレスとなるものを取り除くことがまず必要です。

　ストレス因子を減らすと同時に、ASの生徒には本人が強い関心を示したり、長所が目立つような活動に参加する機会を与えることも大切です。モハメドの場合、多くの先生たちがコンピュー

第4章　アスペルガー症候群の生徒のための中学・高校での支援

タで困った時にモハメドに助けを求めることから、高い自尊心を得られるようになりました。モハメドが体育の時間にメルトダウン（パニック）を起こすようになった時、様々な支援方法が実施されました。しかしうまくいかなかったので、学校チームは体育の課題を見送ることに決め、モハメドの日課にはコンピュータの技術的なアシスタントをさせる時間を付け加えました。

4. 環境をもっと予測できるものにして、ホームベースの使用を増やす

生徒を取り巻く多くの環境を再分析し、高い安定性が保障されるように、また生徒が各授業での決まりごとを確実に知るようにせねばなりません。事前学習はさらに必要になってくるでしょう。参加がとくに難しいクラスの前後には、ホームベースで過ごす時間帯もスケジュールに組み入れた方がいいかもしれません。例えば、ジェリーの担任の先生は、ジェリーが登校直後、苛立っていることに気がつきました。ジェリーがマンガのキャラクターを描くのが好きなことを知っていた先生は、ジェリーにスクールバスから降りたらすぐに教室へ入って、15分から20分間、絵を描いてから、始業に向けた準備をさせるようにしました。

> **成功への鍵は、常に生徒の情緒の状態を監視し、支援を維持することです。**

5. ストレス因子と学習のバランスをとる

生徒が前よりも安定してくれば、要求を少しずつ増やしていくことが可能です。成功への鍵は、常に生徒の情緒の状態を監視し、支援を維持することです。要求を増やす時には、生徒がその要求に見合うスキルがあるかどうかを確かめねばなりません。もしなければ、まずそのスキルを教えるプランを立てましょう。生徒によっては、教室のような構造化された設定で指導を行った方がよ

い場合があります。また、中には「タイミング法」、つまり社会的な間違いをするたびに、短い説明や指導を与えるやり方が効果的な生徒もいます。しかしこの場合、指導自体がストレスにならないように気をつけなければいけません。

　ジェリーの学校では、ジェリーのためだけにソーシャルスキルのグループを立ち上げました。しかし、しばらくすると先生方は、ジェリーがグループ活動の前日や前々日にそのことを話し出すことに気がつきました。さらにグループ活動の前日には、不安を示す行動（ハミング、目をこする、同じ質問を繰り返す）が増えることも報告されました。ジェリーの動揺を知り、両親と学校チームは、ジェリーにはソーシャルスキルグループを続けるよりも、はめ込み式の指導の方が効果的だと判断しました。

　ASの若者には、内観療法や、カウンセラーやセラピストとのトークセッションがよく薦められます。しかしそのようなタイプの支援は、逆にストレスや不安を助長することがあります。安定化が目的の場合、感情について、また腹が立った出来事について話し合った時の生徒の反応を分析して、それに従って何らかのセラピーを計画すると効果的です。また、セラピーが、支援プランの全体に欠かせない場合もあります。ASの十代の若者とのセラピーでは、隠し事がなく正直なコミュニケーションをはかるというようなルールのもとで指導することが大切です。そのような前提が「暗黙のルール」の一部となりえるからです。もしそうでなければ、生徒は自分の本当の気持ちを分かち合うというよりも、セラピーの間ずっと座って、ただセラピストが望むような答えを言うだけにすぎなくなるかもしれません。

　前にも述べた通り、セラピーは回復への唯一の要素ではありません。親と専門家は、ほんの2～3時間のセラピーで1日に必要な支援が補えると思ってはいけません。学校チームは、ASの若

第4章　アスペルガー症候群の生徒のための中学・高校での支援

者の周囲を変えるためにはどんなことが有益なのかを特定し、包括的なストラテジーを考案することが不可欠です。

まとめ

　ASの若者が満足な学校生活を送るためには、多面にわたる支援が必要です。支援は生徒のニーズに合わせ、個別化され、構造的で柔軟で、予測できるようなものでなければなりません。また、弱いところにばかり焦点を当てたものではなく、肯定的なものであることが大切です。つまり、生徒の才能や、学校や家庭、地域社会をどのように変えると本人にとって益となるかに焦点を当てることが必要なのです。生徒は十代の時期全般にわたり、成人期への準備の中で、自分に必要な調整を求めて、検討していく責任を担うことを少しずつ教わっていかなければなりません。成人になってうまく暮らしていくためには、最終的に自分自身の環境を構造化していかなければならないのですから。

第5章

アスペルガー症候群の生徒のための移行計画

ジェニファー・ステラ (共著)

　本書で繰り返し述べてきたように、中学や高校への移行はほとんどの生徒にとって難しいことです。しかし定型発達の生徒たちに比べると、ASの生徒にとって移行はさらにストレスが多く、長期にわたって影響を及ぼします。多くの場合、定型発達の生徒たちにも、一時的なものであれ、スムーズな移行にはある程度の支援が必要です。例えば、最初の週は時間割りを持ち歩かせたり、時間内に自分のロッカーに辿り着けるように早めに登校させるようなことです。彼らの多くは、小学校では支援をほとんど必要としなかった生徒たちです。

　しかし多くのASの生徒たちにとって、事情は異なります。前から続いている問題の上に中学や高校での要求事項が加わり、さらに思春期のホルモン変化が起こってきます。中学や高校への移行には、これまでよりもさらに大きな支援が必要となるでしょう (エイドリアン&ステラ、2001)。

　生徒の体験をできるだけ肯定的なものにするために、親と教師は事前に移行計画を立てなければなりません。移行を1回で済む問題だと考えてはいけません。そうではなく、学業、社会性、情緒、身体的なニーズ

の変化に対応しながら、継続するプロセスとして見なす必要があります。

移行計画では、まず必要な支援をすべて特定し、新学期が始まる前に必ず実施準備を整えておきます。ASの生徒たちの場合、中学・高校への移行期には、もともと苦手なことがさらにうまくできなくなることが多いため、本章では、効果的な移行計画の要素を一つひとつ見ていきます。この時期のあらゆる生徒の生活に特有なストレス因子の大半は、ASの生徒の不安をとりわけ誘発するものです。親と教師は、生徒の学業・社会性・行動上の発達を最大限に伸ばすために、共にできることは何でも行っていく必要があります。具体的には、考慮すべきプログラムや学校の選択肢、教師と生徒双方のためのトレーニングやオリエンテーションについて、これから見ていきましょう。本章の中心は、円滑な移行に欠かせないすべての段階を、確実なものにするために作られた包括的なチェックリストです。このチェックリストは、第4章で述べた主要な支援と課題に関連しています。

評価の実施や再検討

有意義な評価記録は、移行計画のプロセスの最初の指針になりえます。第3章で触れた通り、評価記録には、

(a) 診断的評価（まだはっきりと診断されていない場合）
(b) 教科学習での長所と問題点のカリキュラムベース評価
(c) 感覚・社会性・言語スキルの標準評価と非標準評価
(d) 行動と知覚の機能分析

が含まれます。これらの評価は、ASの生徒が適切な教育を受けるための基盤になります。

適切な学校環境の選択

生徒が住んでいる地域や、校区の規模、他の家族の事情にもよりますが、たいてい、いくつかの選択肢があります。進路を決める際には、選

第5章　アスペルガー症候群の生徒のための移行計画

択肢を考慮していきましょう。一般的にASの生徒は、今までよりも複雑な環境に移ると困難にぶつかることが増えるため、移行予定の年の始めには、候補にあがった環境を十分に調べることを強く勧めます。

　プログラムを選ぶ際、家族と学校職員は、ASの生徒の印象や意見を真剣に取り入れるべきです。生徒がそのプログラムを確実に受け入れられれば、成功率も高くなるでしょう。ここで、簡単に、公立学校、マグネットスクール（147頁参照）、私立学校の特徴を振り返ってみます。さらに近年再び増えてきているホームスクーリング（在宅学習）についても述べていきます。

　移行がうまくできて、生徒が実力を最大限に発揮し続けられるかどうかは、先の章で述べた計画段階や決定事項に加え、生徒のニーズに応じた様々な修正が適切に実施されるかどうかにかかっています。詳しくは、第4章の「教科学習での修正」「学校での構造化されていない、あるいは構造化の少ない時間での調整」「環境的支援」「ソーシャルサポート」の箇所に記した通りです。移行計画チェックリスト（151頁の図5.1）にも載せています。ASの生徒が学業・行動・情緒の面で全般的に良い結果をおさめるためには、これらが非常に大切です。

公立学校

　ほとんどの公立校の校区では、生徒が進む学校を特定しています。校区内の学校に通えば、同じ地域に住む若い人たちと一緒にいられます。つまり、近隣の学校に通うと、学校以外の場面でも社会的な関係を育む機会が多くなるということです。多くの家族が近隣の学校を選ぶ理由には、子どもにとって通学手段が簡単で距離も短いこともあります。親が送迎するか、校区のバスに乗るか、どちらかを選べばよいのです。

　子どもを地域の公立校に入れるかどうかを判断する際、他の様々な学校の、

(a) 規律の方針に関する評判
　　(b) 特別支援が必要な生徒に対する姿勢
　　(c) ASの多くの生徒たちが示す「問題行動」への対処法
　　(d) からかいやいじめへの対応と支援

について調べてみる親もいます。

　もし公立校を選ぶのが一番良いようであれば、学校側と共に他の事柄も検討していきましょう。例えば、生徒は補助教員付き（訳注：米国では教育補助の存在が一般的）で通常学級で学習をした方がよいのか、通級学級に所属しながら時々通常学級での授業を受けるのか、あるいは年齢や学年相応のカリキュラムの中で自己充足的なプログラムを組んだ方がよいのか、というような問題を協議します。

　最近の調査ではASの人たちの平均IQ値は約100だと言われています。しかし優秀、あるいは超優秀なIQのASの人たちの割合は、一般人口を抜きん出ています（バーンヒルら、2000）。つまり、ASの若者の半数以上が、優れた力のある生徒のための教育プログラムを受ける資格があるということです。校区によっては、1日中、あるいは部分的に上級プログラムを別に実施している中学・高校があります。また、能力のある生徒を選び、上級コースへ進ませている地域もあります。

　平均以上のIQをもつASの生徒たちの多くは、自分が秀でた上級プログラムに受け入れられたことで、非常に高い自己評価を得ています。このことから、優秀な生徒ができるだけ幅広く、そのようなプログラムを受けられるよう保証することが特別大切だとわかります。さらに、とくに難しい言葉を好んで使う生徒は、通常学級の子どもたちよりも、上級プログラムの生徒たちに理解されやすいことがよくあります。しかし利点がある一方で、上級プログラムでは、課題量や、カリキュラムの調整に融通がきかないことも多々あります。そうなるとたいていの場合、ASの生徒たちはうまく学習ができません。プログラムが生徒によく合っているかどうか、先を見越して具体的に検討していかなければなりません。

第5章　アスペルガー症候群の生徒のための移行計画

マグネットスクール

　マグネットスクールは、充実した設備と広汎な教育課程を特徴とし、既存の通学区域にとらわれずに通学が可能なアメリカの公立学校です。

　ASの生徒たちは、一般科学、工学、コンピュータテクノロジー、動物科学、美術に非常に専門的な関心を寄せることが多く、マグネットスクールの専門プログラムへの出席が可能になることがよくあります。専門プログラムでは、とくに興味のある分野で集中した指導が受けられる上、高度な専門性を備えた教師が指導にやりがいを見い出すことも多く、より刺激的で意欲がそそられる学習体験が可能になります。また、ほとんどのマグネットスクールは、一般的な中学・高校よりも規模が小さく、ASの生徒にはそれも利点です。

　マグネットスクールへの入学を考える際には、慎重な計画がとくに重要になります。まず、校区によっては、専門プログラムへの申し込みが、前年の1月締め切りのところがあります。さらに、受講には、標準相対テストの点数、教科成績、態度について条件を設けている学校が多くあります。また、このようなプログラムでは、一般的に、地域全体の民族や人種のバランスを考慮しており、生徒の受け入れが左右されることがあります。入学を抽選で行っている地域もあり、そうなると受け入れはさらに無作為になります。

　交通機関のことも考えなければなりません。マグネットスクールは、家からかなり離れた場所にあることが多く、学校が指定した交通機関を使うことになっています。スクールバスへの乗車のプラスマイナスも早期のうちに考慮しましょう。プラスの1つは、同級や同学年の生徒たちと同じバスに乗ることに興味をもつかもしれないということです。このことには、学校外でのソーシャルスキルの向上と友情を育むという重要な意味があります。

私立学校

ASの子どものために選択肢として私立学校を検討する家族もいます。私立の学校は進学校として有名なところが多く、入学希望者が大勢待機しているかもしれません。一般的に私立の進学校では、特別支援を必要とする生徒のための調整を行っていません。今のところ、ASの生徒のためにとくにプログラムなどを設けている私立の中学・高校はほとんどありません。

しかし、特別支援の必要な生徒の受け入れに非常に関心を寄せる私立学校はたくさんあります。そのような学校でのプログラムの多くは、とくに学習障害のある生徒のために作られており、教科学習でASの生徒もしばしば苦手とする次のような課題には、調整や修正がなされています。

(a) ノートをとること
(b) 宿題を期限内に行うこと
(c) 長期にわたる課題を取り組みやすいように分割して、計画に沿って仕上げること
(d) 宿題の削除または免除
(e) 筆記を要する課題の削除

しかし、多くの場合、そのようなプログラムはある教科領域で抜きん出ている生徒のニーズに見合うようにはできていません。

家族が私立校を選ぶ主な理由の1つは、クラスの規模が小さく、生徒個々に目が行き届きやすいことです。社会性が未熟で社会的な判断力が乏しい子どもにとって、私立校は「保護的」な環境だと感じる人たちもいます。

学校によってはASの生徒を受け入れない場合があるので、親の多くは子どもの診断については学校側に「伝えない」方を選んでいます。診断のことを秘密にしたいという気持ちはわかりますが、秘密にしてしまうと親は潜在的に子どもが成功する機会を損ねることになります。子どもに

第5章 アスペルガー症候群の生徒のための移行計画

とっての困難を最小限にとどめることで、学業や社会的・情緒的な調整がつくのですが、それもできなくなってしまいます。

そういうことを軽視して、子どもが特定の学校へ入学できたことを「感謝している」親が大勢います。一方で子どもが「不適応」だとか、「問題行動」が多すぎるという理由で退学にならないかと常に恐れている親もいます。ほとんどの場合、私立校では特定の生徒のニーズに見合うプログラムを整える義務はないに等しい状況です。

中には、ASの子どもにふさわしいプログラムを求めて、数年間私立校を転々とする家族がいます。今通っている学校のプログラムに「効果がない」からと言って、毎年、新たに子どもを受け入れてくれそうな学校を探すのですが、結局、転校先でも「効果がない」ということになります。転校ばかりが続く生徒は、カリキュラムや社会的な面で必要な調整をほとんど一度も受けられないまま、学校を否定的に見なすようになり、高い度合いのストレスを抱えこんでしまいます。

ホームスクーリング（在宅学習）

十代の年頃の子どもをもつ親の中には、ホームスクーリングが一番子どもに適していると考える人たちがいます。ホームスクーリングでは、通常の学校に通わせるよりもはるかに、親が社会的相互作用（人とのかかわり）やカリキュラムをコントロールすることになります。ホームスクーリングは一見効果的ですが、決断は極めて慎重にされなければなりません。ホームスクーリングのネットワークでは、教師の役割も担う親にカリキュラムや教育上の資料を提供しています。しかし、親は各教科の内容を熟知していなければならず、あるいは子どものニーズに応じて、補助をしてくれる人（言語聴覚士や作業療法士）を探さなければなりません。また様々な社会的相互作用の機会も与えていかねばなりません。

移行計画会議

　公立であれ私立であれ、子どもが通う学校が決まったら、移行を確実にうまく進める次のステップは、移行計画会議を開くことです。会議には、移行元の学校と移行先の学校の職員が、双方の都合のつく時に揃って参加し、互いのコミュニケーションと支援をしっかりと持続していくことが重要です（エイドリアン＆ステラ、2001）。

　会議では、移行後最初の1週間、生徒が学校生活を続けるためにはどのような支援が必要か、またそれをどう実施するかを決めることに出席者全員が焦点を合わせていきます。先の会議の日程や、必要であれば研修のスケジュールを決めておくことも大切です。これから述べていく通り、実質的な移行計画には、職員研修や生徒のオリエンテーションが含まれます。生徒のニーズや移行先でのプログラムの性質にもよりますが、余裕をもって計画を立てられるように、計画会議は移行の前の春（訳注：アメリカでは新学年は9月に始まる）などできるだけ早い時期に開く必要があります。図5.1は移行計画会議での協議事項の概要です。

会議には、移行元の学校と移行先の学校の職員が双方参加することが重要です。

学校職員の研修

　ASの生徒に一番良い学校を選んだら、次に最も考慮しなければならないことは、そこの職員がASについて理解しているか、またASが行動や学業に及ぼす影響を知っているかということです。最初は条件が整っていたとしても、移行会議で決定した様々な修正や調整事項の実践方法を、職員が本当にわかっているかどうかをチェックしていくことが必要になるかもしれません。職員研修がさらに必要な場合、研修は新学年が始まる前に行います。生徒のオリエンテーションの前に行っておくと、教師は生徒に初めて会う前にその子の行動やニーズを知っていることになり

第5章　アスペルガー症候群の生徒のための移行計画

図5.1　移行計画チェックリスト

アスペルガー症候群の生徒のよりよい中学・高校生活のために
準備段階

アセスメントを実施、または再検討する
- ☐ その生徒の支援をする予定の全てのスタッフは、その生徒のよくできることと困難なことをしっかり把握していること

新しい学校環境の選択
- ☐ 様々な教育プログラムや、様々な学校でのプログラムを見て、適切な教育環境を選択する

移行計画会議
- ☐ 生徒のスケジュールをつくる。特別教科の選択や、生徒が好きな作業をして、不安レベルを下げられるような「ダウンタイム」を設けることに注意を払う
- ☐ 全て必要な調整や、変更（例：宿題、授業中の作業、昼食、体育、課外活動）が含まれているか確認するため、個別教育計画の作成、見直し、改訂を行う
- ☐ 起こりうる問題点や変更を保護者と話し合う学校側の代表者を決める
- ☐ 学校での「セーフパーソン」となる人たちを指名する
- ☐ 学校関係者のためのトレーニングの日時、内容を定める。授業開始日、可能ならば生徒のオリエンテーションの前までにトレーニングを完了するようにする
- ☐ 生徒向けオリエンテーションのスケジュールを組む。多くの学校は、小学校から中学校へ進級する全ての生徒を対象に、一般的オリエンテーションを行う。アスペルガー症候群の生徒は、通常学級の生徒よりも細かいオリエンテーションが必要である。特別なオリエンテーションの活動は、一般オリエンテーションで提案される。大部分のオリエンテーションの活動は、授業が始まる1週間前に行われる

学校関係者のトレーニング
- ☐ 学校関係者全員に向けたオリエンテーションを実施する

このトレーニングでは、以下のことを行う
- ☐ アスペルガー症候群の特徴の概要
- ☐ 生徒の行動面・学習面・情動面に関する情報提供
- ☐ 生徒と関わりを持つであろう、全ての学校関係者、教師、カウンセラー、学校管理者、事務員、給食職員、警備員などの参加
- ☐ 移行計画会議や個別教育計画で決められた支援法の、実施トレーニング。生徒に関係する、全ての教師、カウンセラー、学校管理者は参加すること

このトレーニングは、以下の情報を提供する
- ☐ 生徒が「セーフパーソン」を見つけ、ホームベースを利用する、明確で段階的な手順

151

図5.1 つづき

- ☐ 行動問題に対処する手続き
- ☐ 宿題がきちんとメモされ、必要なものを家庭に持ち帰ったことを確認する手順
- ☐ 全ての学習面での変更・便宜・支援の実施法
- ☐ その他話し合いを要する問題点や課題

生徒向けオリエンテーション
- ☐ 生徒に日課を一通り説明する。学校で毎日スケジュールが変更するなかで、生徒はあらゆるスケジュールを体験する機会を得る。できるなら、「バディ(相棒)」となるクラスメイトが、ASの生徒といっしょにスケジュールを確認することが望ましい

以下の点に留意する
- ☐ 生徒に、文字や絵、写真からなる、クラスのスケジュールのプリントを渡す
- ☐ 一日のスケジュールをビデオにとり、生徒が家庭で見直せるようにする
- ☐ さまざまな教室からトイレ、カウンセラーの部屋、ホームベースなどへの道順を練習する
- ☐ すべての教師と関係する職員に会う
- ☐ オリエンテーションの前に、全ての教師の写真付きの名簿を生徒に渡す
- ☐ セーフパーソン、カウンセラー、支援教育コーディネーター、教頭や校長などの写真付き名簿を、オリエンテーションの前に生徒に渡す
- ☐ その他の職員、給食職員や保健医などの写真付き名簿も、オリエンテーションの前に生徒に渡す
- ☐ 「バディ」となり、生徒の助けになるクラスメイトの写真と名前を、オリエンテーションの前に生徒に渡す
- ☐ 学校における日常の決まりに関する情報(例:昼食、トイレに行くとき、始業前・放課後、登下校)の提供
- ☐ 日常の行動、たとえば、校門からホームルームをさがす、ロッカーを開ける、食堂で並ぶことなどを練習する
- ☐ セーフパーソンやホームベースを求める手順を説明する
- ☐ ホームベースへの移動を、ロールプレイによって練習する

教科学習での修正

事前学習
- ☐ 事前学習が、生徒の予測する力を助ける手段となるか、判断する
- ☐ 生徒に必要なもの、クラスで求められているものを分析し、どの教科で事前学習が必要か判断する
- ☐ だれが事前学習を行うか決める
- ☐ 実際の教材、またはそれに準じたもの、どちらを事前学習で使用するか、明示する
- ☐ 事前学習は、いつ、どこで行われるのか決める

第5章　アスペルガー症候群の生徒のための移行計画

図5.1 つづき

授業課題
- ☐ 課題に関連して、生徒に必要なものを判断する
- ☐ 課題を終わらせる時間を延長する
- ☐ 短い課題にする
- ☐ 課題の数を減らす
- ☐ 課題を細分化する
- ☐ 完成した課題の例やモデル、または／とともに、完成の基準を明確に示したリストを渡す
- ☐ 授業課題や宿題をコンピュータでする許可を与える
- ☐ ほかの方法で、概念的に理解したことを表現できるようにする（小論文を口述する、口頭試験など）

ノートをとること
- ☐ 生徒に必要なノートとりに関するサポートを明示する
- ☐ 全ての授業概要を渡す
- ☐ 授業の骨組みを渡す
- ☐ 生徒にノートを貸してくれるクラスメイトをさがす
- ☐ 概要をまとめやすいコンピュータソフトウェアの使用を許可する

図式まとめ（グラフィック・オーガナイザー）
- ☐ 図式まとめが、スキル獲得の促進、維持に役立つか判断する
- ☐ どのタイプの図式まとめが必要か指定する
    - ☐ 序列型
    - ☐ 概念型
    - ☐ 連続順型
    - ☐ 循環型
    - ☐ その他
- ☐ だれが図式まとめを作成し、生徒に提供するのか
    - ☐ 教師
    - ☐ クラスメイト
    - ☐ 生徒本人とテンプレート
    - ☐ 生徒本人とコンピュータソフトウェア

学習の拡充（エンリッチメント）
- ☐ どのタイプの拡充が必要か判断する
    - ☐ 拡充する分野をどのように見つけだすか、明確にする
    - ☐ いつ、どのように、拡充を実施するか判断する
    - ☐ 特定の学習方法を定めた学習コントラクトが必要か決める

図5.1 つづき

宿 題
- ☐ どの教科で宿題が出されるか、はっきりさせる
- ☐ 宿題の修正が必要か
  - ☐ 宿題は、口頭による指示に加えて、視覚的（板書など）に提示する
  - ☐ 生徒に宿題のプリントや、計画表を配る
  - ☐ 宿題をメモする際、クラスメイトや教師のサポートをつける
  - ☐ 宿題を文書で指示する
  - ☐ 宿題の量を減らす
  - ☐ 生徒が学校で宿題を終わらせることができるよう、時間をもうける
- ☐ 宿題を家庭で完了する方法を明らかにする
  - ☐ 宿題を完了する時間、場所を決める
  - ☐ 終わらせた宿題を学校へ持っていけるよう、整理法を確立する
  - ☐ 宿題に関して質問があるときに連絡できる人を指名する

学校での自由時間、あるいは、することがあまり決められていない時間帯での調整

通学時
- ☐ だれが通学ルートを教えるか指定する
- ☐ だれが家から学校まで、とくに最初の日に、いっしょに行くか決める。教師やクラスメイトが、登下校時、家や校門で迎えたり、送ったりする
- ☐ どのくらいの期間、登下校時のサポートが必要か判断する
- ☐ クラスメイトや教師のだれが生徒をサポートするか、バックアップの人員も含めて指名する
- ☐ 生徒の家の近くまで迎えたり、送ったりする
- ☐ 交通機関利用時は、大人が監督する
- ☐ 生徒の近所に住む「バディ（相棒）」が、バスの停留所や駅で待ち合わせをして、いっしょに登校する

体 育
- ☐ 体育に参加することを免除するか、もしそうなら、ほかの特別教科や補習を考える。このことは、粗大運動スキルの未発達がもとで、いじめや仲間はずれをまねく場合、とくに大切である
- ☐ 体育時に、スコア係・道具係など、きまった仕事を生徒に与える。こうすることによって、スポーツに求められる肉体的・社会的要素を最小限に押さえ、体育に参加させることができる
- ☐ 生徒自身に、どのチームに入るか選ばせるより、チームを指定する
- ☐ 学校のスタッフは、最低週2回、生徒自身にどのように感じているか聞くことにより、生徒の体育時の参加状態をモニターする
- ☐ 生徒の問題解決の助けをする

第5章　アスペルガー症候群の生徒のための移行計画

図5.1 つづき

昼食
- □ 始業後1週間は、食堂で生徒が列に並ぶ、席を見つける、食事後にふさわしい行動をとるなどのサポートができるように、学校のスタッフを待機させる
- □ 昼食時に問題が起こったとき、生徒がスタッフに助けを求められるよう、サポートする
- □ 学校のスタッフは、生徒のクラスメイトとの交流をしっかりと観察し、問題が発生したら仲裁に入る
- □ 学校のスタッフは、生徒のクラスメイトとの交流をしっかりと観察し、生徒の緊張や感情的コントロール不能が見られたり、感覚的負荷がかかっているようなときは、支援を行う
- □ 学校のスタッフは、最低週2回、生徒自身にどのように感じているか聞くことにより、生徒の昼食時をどう思っているかモニターする
- □ 生徒のさまざまな問題解決の助けをする
- □ 仲のよい友だちと座れるように席を指定する。トラブルを起こしそうな生徒とは離し、大人の注意がとどく場所にする
- □ 昼食時の「バディ（相棒）」を準備する
- □ 食後、生徒が食堂を離れ、落ち着いて、好きなことができるようにする（例：メディアルーム、コンピュータ室など）
- □ 必要なら、ほかの場所で昼食をとるようにさせる（例：カウンセラーの部屋、メディアルームなど）

教室移動
- □ 混雑した廊下を歩く、ロッカーを開ける、必要なものを見つける、行くべき教室を見つけるなど、生徒がきちんとできるよう、クラスメイトや教師の補助をつける（とくに学校が始まってから1週間は）
- □ もし生徒が最初の1週間、困難なことがあれば、「バディ（相棒）」となる生徒を、教室移動時に付き添わせる。「バディ」は、整理整頓、他の生徒のからかい・いじめ、明るい社会的交流などの点で、生徒のサポートをする
- □ 教室移動の時間を、生徒に多めに与える
- □ 廊下が他の生徒で混んでいない時間に、教室移動を許可する。たとえば、実際の教室移動時より前、またはあとに、生徒は教室移動する

スケジュールの変更
- □ クラスの日課の変更を、生徒に前もって知らせた方がよいか判断する（生徒集会、避難訓練、講演、席替え、代理教師など）
- □ 変更時、他にどのようなサポートが必要か判断する

始業前・放課後
- □ 生徒が何時に登校しなければならないか、はっきりさせる
- □ 始業前に特別な部屋を使用するか判断する
- □ 生徒をサポートするクラスメイトを指名する
- □ しっかりと決まった活動にする

図 5.1 つづき

環境的サポート

席の優先
- ☐ 席を優先する必要があるか判断する
    - ☐ 場所を決める
    - ☐ 生徒をサポートできるクラスメイトをさがす

整理整頓のストラテジー
- ☐ プリントや教材の整理整頓に問題があるか調べる
- ☐ カバンやロッカー、机の整理を支援する。また、生徒がそれを自主的にできるようにする
- ☐ 予定表の使い方を教える
- ☐ TO-DOリストをどのように作成するか指導する

ホームベース
- ☐ いつホームベースを使用するかはっきりさせる
    - ☐ 始業時、または午前中
    - ☐ ある特定の教科のあと
    - ☐ 終業時
- ☐ ホームベースへ行かせる合図を決める
- ☐ ホームベースの場所を決める
- ☐ ホームベースで何をさせるか判断する

セーフパーソン
- ☐ セーフパーソンを指名する
- ☐ 以下のような、セーフパーソンの役割を決める
    - ☐ ソーシャルスキルのトレーニング
    - ☐ ソーシャルスキルの解説
    - ☐ よい聞き手になる
    - ☐ 生徒を落ち着かせる
    - ☐ 感覚問題に関連するサポート

視覚的サポート
- ☐ どのサポートが必要か判断する
    - ☐ 教室の位置を記した学校内の地図
    - ☐ 教科、部屋番号、必要な教科書、その他の教材のリスト
    - ☐ それぞれの教科における、生徒がすべきこと、日課などのリスト
    - ☐ 授業の概要やメモ
    - ☐ 課題のサンプル
    - ☐ テストの予定
    - ☐ スケジュール変更
    - ☐ ホームベースへ行く合図

第5章　アスペルガー症候群の生徒のための移行計画

図5.1 つづき

トラベルカード
- [ ] 特別支援教師の役割を明確にする
- [ ] 生徒の義務を決める
- [ ] 通常学級教師の参加を確定する
- [ ] 保護者の役割を明らかにする

社会的サポート

暗黙のルール
- [ ] 暗黙のルールを挙げる
- [ ] だれが暗黙のルールを教えるのか決める
- [ ] いつ指導するのか決定する

友だちの輪
- [ ] クラスメイトにAS理解のトレーニングを行う
- [ ] 「友だちの輪」に参加する生徒たちを決める
- [ ] 生徒をサポートするのに、いつ「友だちの輪」が必要か判断する

ソーシャルスキルの指導
- [ ] 直接指導の必要性を判断する
    - [ ] カリキュラムを立てる
    - [ ] ソーシャルスキルの指導員を決める
    - [ ] いつソーシャルスキルの指導をするか決める
- [ ] 演技のレッスンが、ソーシャルスキルの指導に役立つか判断する
    - [ ] 演技指導者に、AS理解のトレーニングが必要かはっきりさせる
    - [ ] 他の演技する生徒に、AS理解のトレーニングを行う
- [ ] ソーシャルストーリーが、効果のある指導につながるか検討する
    - [ ] ソーシャルストーリーをつくる人を決める
    - [ ] ソーシャルストーリーの必要性をどのように伝えるか、はっきりさせる
    - [ ] ソーシャルストーリーの効果をだれがモニターするか明確にする

ソーシャルスキルの通訳
- [ ] ソーシャルスキルの通訳者を決める
- [ ] ソーシャルスキルの通訳者が、（a）マンガ化、（b）社会的場面検証法、（c）ソックス法、（d）感覚認識、を理解しているか確認する
- [ ] どのようなときに、ソーシャルスキルの通訳者が必要か、明確にする
    - [ ] スケジュールに従って
    - [ ] 適時

ます。職員研修とオリエンテーションのガイドラインは図5.1にある通りです。

生徒のオリエンテーション

あらかじめ適切な事前学習があり、準備がなされていれば、生徒は変更や新しい環境に慣れやすくなり、怯えることも少なくなります。中学や高校へ移行するASの生徒にはとくにそうです。これまで述べてきたように、ASの生徒には決まりごとや同一性、また物事が予測可能であることが必要です。移行期にはこのことがとても大きな課題となります。非常に傷つきやすい年頃に、新しい学校へ入る生徒の不安を減らすためには、実際の移行に先立ったしっかりとしたオリエンテーションが不可欠です。オリエンテーションには、学校や構内の物理的な設定になじませること、生徒にかかわるすべての教師と職員の紹介、行動や授業のルールの説明を含める必要があります（エイドリアン&ステラ、2001）。図5.1で示したように、同じ年齢の「仲間たち（バディ）」に出会わせたり、「セーフパーソン」となる人たちの名前と、できれば写真も渡しておくのも役立つでしょう。

まとめ

この章で述べた計画のプロセスはあまりにも範囲が広く、時間がかかるように見えるかもしれません。実際、その通りなのです。思春期のASの子どもたちが新しい学校環境へ移る前に、移行チェックリストの項目1つひとつを検討していくことが必要です。アスペルガー症候群は複雑です。生徒の学校生活を成功へ導くためには、親と学校の専門家たちが、プログラムなどの修正が確実に行われるように、環境をあらゆる角度から考察していかなければなりません。

第 6 章

実生活の断片
アスペルガー症候群の若者とその親たちの視点

　ASについて私たちが何年にもわたって学んできたことの大半は、この特殊な症候群の本人とその親御さん方から得たものです。私たちは、ASへの、とくに中学・高校レベルでの学業と社会的な成功に関する洞察を深めるためには、本人と親御さんたちに聞くのが適切だと考えました。5名の親御さんたち（さらに3人の若者）が、思いと体験を分かち合ってくれました。内容は様々ですが、いずれも等しく重要な事柄です。

　まず最初にジル・シュミットさんが、移行計画と感覚訓練の重要性、また親を情報源として用いる大切さについて述べます。才能に恵まれた息子のジェフリーくんは、ASの生徒にふさわしい教師のタイプの実像を示します。14歳のASのジョン・オークくんは、ASの若者理解についての貴重な情報を与えてくれます。現在大学生のアリスンさんの母親であるジュリー・ティプトンさんは、移行計画の体験を語ってくれます。次にシェリー・モイアーさんが、息子のロバートくんへのホームスクーリング（在宅学習）を決断した時のこと、またそれが家族に与えた影響を語ります。多くの親が抱える、我が子がいじめや虐待の対象にならないかという恐れ、ますます重大問題となるこの恐れについて、レベッカ・ハ

インリックスさんが、息子のサムくんに起こった事件を通して痛切に論じてくれます。アン・ブリッグスさんは、息子のCJ君の学校での順調な1日の全体像と、トラウマとなるようないくつかの事件について述べています。それらの事件は結果的にASの生徒のための通級学級の開設など、学校生活の改善へとつながりました。最後に、CJ君が自らの思いと夢を託して書いた感動的な詩を掲載します。

この章に寄稿してくれた若者と親御さん方の声を大切にするために、私たちは編集を最小限に留め、もとの言葉を残したまま、皆さんの思いや考えを再現しています。文章の一貫性や一般的な編集方法に欠けている点は、原稿の真実が補って余りあることを願っています。

ジル・オズグッド・シュミット
──ジェフリーの母

適切な進学先について法的な支援を切に求める際、皆さんが思いつく限りの「試練」をくぐりぬけてきた親として、中学校への移行についてお伝えしたいことがいくつかあります。

その1：ASの子どもたち全員にあてはまるルールはない
ASの生徒の教育で、教師の人事の際、校区の教育委員会に覚えておいていただきたいことがあります。中でも最も大事な点の1つは、他の子どもたちへのルールがASの子どもたちには当てはまらない、ということです。ASの子どもたちは、普通の子どもたちとは違う学び方をします。ですから、カリキュラムを検討し、調整していただく必要があるのです。「他の生徒たちにはこうしているのですが…合わせたくないのですか？」という質問は聞き飽きました。私の答えは「合わせたくない」です。息子の学習方法は他の子どもたちとは違うのです。

第6章　実生活の断片

　教わるなら、常にあの子が一番学びやすいやり方で提示されなければならないのです。私は息子に「他のみんなのように」なってほしいとは思いません。あの子はああいう子どもなのです。私たちにとっては特別な子どもなのです。もし指導内容が息子が学べる方法（視覚支援など）で提示されれば、息子はもっと多くのことを知り、前へ進んでいくことでしょう。

　ジェフリーは世の中にルールがあることも、また、それに従わなければならないことも知っています。同時に、自分に何が必要なのかも知っています。今の息子が皆さんにお願いしたいのは、話を聞いていただき、助けていただくこと、それだけです。どんなことが自分の助けになるのかを知れば知るほど、あの子は人生をうまく送るためのより良いチャンスをつかむのです。

その2：感覚訓練は重要です

感覚訓練はASの子どもたちにとって成功の秘訣です。前の学校では感覚訓練を行っていました。大人よりも子どもたちの方がジェフリーを上手にサポートしていました。子どもたちは、ジェフリーがASだとわかれば、手伝ってくれます。実際に手助けができるのです。

　今の学校は、アスペルガー症候群のアの字でも言おうものならば、退いてしまうような親たちがいるところです。優秀な子どもたちのための特別プログラムが全時間にわたって用意された学校で、経済的に豊かな家庭の子どもたちが多く通っています（公立校です）。私たちは「アスペルガー症候群」という語の使用には注意しています。この学校の生徒たちは感覚訓練の経験がありませんから、ASについて理解してもらうには少し難しいところがあります。この地区でジェフリーは、優秀な子のための特別プログラムを全時間受けている最初のASの生徒です。私たちはここで新地開拓中という感じです。今のところ、息子は非常に良くやっています。アメリカ学業成績認定委員会（学業成績と課外活動の優秀な生徒

を会員とする団体）にも所属し、喜んでいます。

　ジェフリーの強みは、コンピュータのスキルにとても詳しいということです。他の生徒たちはジェフリーの専門知識に感心し、行動上の問題については、大目に見ているようです。私たちは、感覚訓練は中学校でとても役立つはずだと信じています。今までやってきて、効果があがっているのですから。

その３：親は価値ある資力です。親の話を聞いて下さい
最後にお伝えしたいのは、学校職員の方々はもう少し親の話に耳を傾けてほしいということです。先生方が教えるプロだとはわかっています。でも、それは問題ではないのです。先生方全員にASのことすべてをわかってほしいと期待することはできません。ただ、ASの子どもと暮らしている親の話をどうか聞いて下さい。親はASのことを何から何までわかっていると言っているのではありません。しかし私たち親は、ASの子どもと生活を共にし、カンファレンスやセミナー、またたくさんの方法を通してこの複雑な症候群のことを学んでいるのです。何が自分の子どもに効果があるかを学んでいかなければならないのです。

　前の学校で、ジェフリーくんは10パーセントしか自閉症ではないと、通級学級の先生から言われたことがあります（つまりその先生は、多分親の考え過ぎだ、とほのめかしたのでした）。その話を聞いた16歳のジェフリーの兄は言いました。「ねえ、母さん、ジェフリーの足の指10本のうち、どれが自閉症だっていうのさ。先生方はここで暮らしてみなけりゃわからないんだよ」。

　親の話を聞いて下さい。親はASの子どもと暮らしているのです。そしてすぐそこにいるのですから！

第6章　実生活の断片

ジェフリー・シュミット――中学２年生

　ぼくの名前はジェフリー・シュミットです。IQ（gifted）の高い生徒のための中学校の２年生です。ぼくには高機能自閉症・アスペルガー症候群があります。ASの子どもが中学校に入る時にどういうことが必要かを２、３述べます。

　まず、ほとんど変更のない基本的なスケジュールが必要です（例えば、ぼくの学校では第２木曜日にチームタイムというのがあって、この日は１時間多い）。次に、ASの子が中学や高校に入る時には、周りの生徒たちが、ASの子はどういうふうに勉強をしたり、物事を理解するのか、また感覚の問題や社会性の難しさなどについて特別に教わることが必要です。それからASの子どもには、優しくてよく気がつき、柔軟に対処してくれる先生が必要です。ASの子に何が必要か、ASの子がどう考えるのかをわかってくれる先生です。以前、ぼくは２年間、サイプレス中学校にいました。ぼくの話を聴いてくれた先生もいましたが、聴いてくれない先生もいました（85％は聴いてくれませんでした）。２年間で出会った先生方の11分の６は"耳栓を外して"、ぼくの話を聴き、助けてくれました。ぼくの理論では、ASの生徒を担当する95％の先生は子どもの話を聴いて、その子のニーズを代弁していく必要があります。

　以上が、ASの子どもが通う中学・高校はどうあるべきか、に対するぼくの意見です。中学・高校に行くみんなに幸運を！　まだあきらめちゃだめだよ。トンネルの向こうには光があるし、成功への橋もあるんだから。

ジョン・オーク――高校１年生

　ぼくが中学校に入った時、難しいことはたくさんあった。最大の変化の１つは先生だった。６人の先生、それも一人ひとりぼくに違うことを

望む先生方の授業を受けるのは怖かった。例えば、レポートの見出しを書くのに、理科の先生はこうしろと言うし、国語の先生はああしろと言う。右上に書きなさい、日にちもピリオドも書きなさい、自分の名前だけでなく、先生の名前も書きなさい、と言う先生もいれば、ただ自分の名前と日にちだけでいいと言う先生もいた。レポートには題をつけることになっていた。問題は、混乱して見出しを間違って書いてしまうと点数が悪くなることだ。

小学校は中学校よりもずっと楽だった。中学では勉強が難しいだけじゃなくて、1日に宿題がたいてい1、2個出る！ それに、毎日の勉強に加えて、大きなプロジェクトのことも考えなければならない。ふつう、先生方は1年間を通して、大きなプロジェクトを少なくても2つしたがる。これは面倒だ。プロジェクトが出る時期が近ければ、1度に2つもプロジェクトを抱えることになり、困ったことになる。

次に、中学校での大きな変化は生徒たちだった。今の中学校の生徒は、前にいた学校の生徒たちよりも子どもっぽい感じがする。前の学校の子よりも、人をからかったりして、いやがらせをすごく楽しんでいるように見える。これは本当に怖い。自分の勉強をしなくてはいけないし、他の生徒がすることも我慢しなくてはいけないんだから。

はっきり言えば、そういうことがコロンバインの高校（訳注：生徒による銃撃事件があった）みたいに子どもを凶暴にさせるのだ。それをわかってもらえたらと思う。

幸運にも、ぼくはそういう混乱の中で、親や学校の人たちからのサポートも含めて、たくさんの支援を得た。その支援があったからこそ、中学時代を乗り越えられたし、自分で選んだ高校に入れたのだ。6年生の時、ぼくは短気で、気にさわった人たちを叩きまくるという問題を抱えていた。学校のおとなたちのおかげで、廊下に出て落ち着くことができたので、ぼくは人を叩くのを抑えられるようになった。

他に助かったことと言えば、家でゆっくりとストレスのない夏を過ご

第6章　実生活の断片

したことだ。かんしゃくを押さえるやり方が学校にいる時よりもわかったし、他の生徒たちに邪魔されることもなかった。家では妹以外、ぼくをからかう人はいない。ぼくはずいぶん気が楽になり、今は学校でも叩きたいと思うほど、怒らなくなった。基本的に、そういういろいろな変化があったけど、多くの人たちの支援と努力があって、ぼくは中学校を立派にやりぬくことができた。

ジュリー・ティプトン──アリスンの母

　新学年が始まる時にはいつもそうでしたが、娘を中学に入れた時には、スクールカウンセラーや校長先生に連絡をとり、放課後、娘にかかわる先生方全員参加の短いミーティングを設けていただきました。他にもスクールバスの運転手やアリスンと長く一緒にいそうな職員にも出席をお願いしました。ミーティングの時期は、たいてい一学期の中頃でした。先生方にアリスンのことを知っていただくためです。ミーティングではカウンセラーか私が自閉症とASについて簡単に説明しました。1、2冊パンフレットも配ったと思います。それからアリスンのこと、ASの子ども独特の問題や、強さと弱さについて話し合いました。その後、先生方に質問や、すでに大変だったこと、今困っていることを話していただく時間を設けました。先生方は非常にお忙しいので、いつも全員参加というわけにはいきませんでした。出席されなかった先生方には私が個人的に連絡をさしあげるしかありませんでした。

　この良いスタートをきるために、新学期最初のミーティングはとても効果的でした。ミーティングでは先生方と知り合って、電話番号やメールアドレスを交換したり、新学期に向けた準備を共に進めることができました。そうすることで、私の不安は軽くなりましたが、先生方もきっとそうだったと思います。始めに先生方と良いコミュニケーションをと

っておくことは、不可欠です。アリスンのように、全時間を普通学級で過ごす場合はとくにそうです。

シェリー・モイヤー——ロバートの母

　アメリカではここ20年ほどで、ホームスクーリングを選択肢に入れる家族が増えました。宗教上の理由などによって、あるいは、校区に満足できる公立校も私立校もないため、ホームスクーリングを選ぶことが多いようです。私たちの家族の理由は、思想的なものではありませんでした。とても起伏の激しい道のりを経たあげくの、必要に迫られた決断によるものでした。90年代の始め、息子のロバートは保育園の頃でしたが、学ぶことに大変な知性と情熱を示していました。私たちは厳しい学習プログラムがある優れた学校が息子にぴったりではないかと考えていました。息子の早熟な発達をみて、私たちは残念ながら油断をしていたのです。当時はそれが何なのかわかりませんでしたが、就学準備をする頃までに、私たちはロバートにアスペルガー症候群の特徴をかなり見ていました。もっとも、その名称までは知りませんでしたが。

　1994年、1年生が終了した後、私たちは、ようやくロバートの症状を正確にみてくれる専門家を見つけました。それまでの2年の間に、息子の社会性の特徴がたくさん表面化し始めていましたが、外来でみてもらった3人の医者はそれに気がつきませんでした。通ったどの学校でもそうでした。5月に転入手続きをして、9月か、あるいは12月までに入学し、また5月に別の学校に転入手続きをする、ということが、何だかパターンになっていきました。ここではっきりしておきたいのですが、私は息子が通った学校が、私たちを全然支援しなかったと批判したり、ほのめかしたりするつもりはありません。むしろ、実際は逆でした。今振り返ってみると、あの2年ほどの間に私たちが出会った方々は皆、私た

第6章　実生活の断片

ちを助けるために知識を酷使し、それぞれの専門的な視点で最善を尽くして下さった、というのが私の本音です。息子の行動は周りの人たちにとって我慢の限界を超えたものだったことは、はっきりと認めます。しかし学校側も息子のために調整を行えなかった責任を負う必要があると思います。学校は誰に対しても、それなりの成功へ導く教育を提供すべきではないのでしょうか。

　息子がいられる学校はあったはずです。ただ、自分の世界が脅かされていると感じれば、必ず一瞬にしてフラストレーションがわきあがり、爆発するのが息子の弱点でした。正確には脅威というのは誤認知なのですが、息子はその脅威を感じると、日によって様々ですが、ASに関わる人たちの間で「メルトダウン」（パニック）と呼ばれているものをあっという間に引き起こします。90年代の始めは、まだ、この障害についての十分な情報を入手できませんでした。そのため、ロバートの行動は、注意欠陥障害、強迫性障害、反抗挑戦性障害と見なされていました。

　今の私の知識で考えてみると、それらの障害に関連する症状は、ASの特徴にとてもよく似ています。AS以外のものだと見なすのも簡単です。

　息子は2年生の時、正確な診断を受け、できる限りの支援をしてくれた公立校に転校しました。息子のIEP（個別教育計画）に関する会議は、まるで、中東和平サミットもささやかに見えるほど、大規模なものでした。ロバートの利益となりうる様々な対処法、教育上の調整が3年生の終わりになるまで検討されました。その間も、息子の行動上の問題は数えきれないほど多く、テストの点数やスキルの獲得には大きな波がありました。

　4年生の始め、ロバートは重度の情緒障害のある生徒のための施設へ移りました。私たちの学校探しの旅はそこで終わりました。息子は情緒的に非常に不安定になり、施設に連れて行かないでと私に懇願するようになりました。結局そこも、息子にはふさわしくなかったのです。この件で、家庭生活は混乱し、一触即発の耐え難い状態になりました。その

時点で、私はロバートには合わないシステムに無理にはめこもうと躍起になるよりも、家で教える方が害が少ないかもしれないと考えました。

　この選択は、子どもの精神的な健康や学業での成功を第一とするいわゆる「普通の方法」からはずれるものでした。しかし、ロバートの暮らしから学校のストレスを取り除けば、波状効果で家族にもいくらかの平和と調和が戻ってくるのではないかという願いもありました。学校をやめさせてから、2か月でロバートの体重は13キロも増え、背も7.5センチ伸びました。ロバートの心にいた怪物が消え、学校に耐えられないということで悩む必要がなくなったからです。

　今の世の中の経済状態を考えると、ホームスクーリングは資金がなければ実現しません。私は3年を費やしたビジネスを諦め、家族全員で、費用のかかる大都市郊外での暮らしから、のんびりとしてお金もかからない田舎へと引っ越すことにしました。

　ロバートは、フラストレーションや怒りを爆発させたり、メルトダウンを起こしました。息子のメルトダウンは、私の経験の中で一番手こずることの1つでした。ロバートは、不安を引き起こす場面では、ほとんど反射的にフラストレーションや怒りを表しました。そうした状況への解答が**ポジティブ（前向き）な行動支援**(Positive Behavior Support)(PBS)でした。

　ホームスクーリングで私たちがしたことはどれも、正規のPBSほどきちんとしたものではありませんでした。しかし私はPBSを一種の秘密兵器のように考えていました。息子に自分が無能だとか、欠点だらけの人間なのだとうしろめたく感じさせることなく、問題行動をやわらげるのにPBSよりも優れた方法はありませんでした。

　私は何年もかけて、精神的な成長や進化を遂げました。状況の全体像がわかるように距離を置いて見れば、フラストレーションや怒りを全く起こすことなく対応できるのだとようやく知りました。そう対応するには、まだ練習やきっかけが必要なのですが、私はひと山越えたと思っています。最近のことでした。ある日、レッスンの最中に息子が怒り始め

第6章 実生活の断片

ました。怒るのは、たいてい息子の最初で最後で唯一の反応ですが、その時、ロバートは怒りながら「お母さんがそんなに落ち着いていると、怖いよ。そんなふうにしてると、お母さんが怒っているかどうか、もうわからないじゃないか」と言ったのでした。その瞬間、私は自分が大人になったと思いました。状況の一瞬に捕らわれずに全体を見るという長年の課題をとうとう克服できたのでした。

　IEP（個別教育計画）チームとの話し合いの場では、私を含めたグループ全体が、息子の問題に対して安易な答えを探そうとする傾向にありました。これは私の直感のようなものかもしれませんが、ASの生徒たちの当面の問題を解決することは、巨大な糸玉のゆるんだ端を引っ張って解きほぐすようなものだと思います。気がついた小さなところから始めて、糸玉の中身がもっともっと出てくるまで引っ張るのです。何メートルも引っ張っていくと、やがて芯に辿り着くでしょう。私たちの場合、その芯は息子の問題の根となる部分でした。私からの一番のアドバイスは、表面にとらわれずに中身を考えるということです。問題の再発を最小限に留めるには、まず問題の根っこを探してから、子どもの環境を整えるためにできることをしていきましょう。

　通常の学校制度を離れるまで、息子は学校に対して非常に否定的な考えをもっていました。その考えを変えるには自然にまかせるほかないと思いました。ホームスクーリングを始めたから良くなるというものでもなさそうでした。学校をやめた頃、ロバートは熱帯雨林に興味を持っていました。私は作り物のイチジクの木を2本と熱帯雨林の音が入ったCDを買ってきて、派手な色の小さなプラスチックの蛙をイチジクの葉の上に置いてやりました。最初の1か月、息子と私は一緒に家にいて、熱帯雨林の音楽を聴いたり、息子が興味がある本などを静かに読んで過ごしました。

　月が進むにつれて、私は、学問的で、息子にとって建設的なことにつながるような勉強をしていこうと思うようになりました。それによって、

ロバートは怯えたり落胆することなく学習ができるように、精神的に変わっていきました。最後には、楽しんでとはいかなくても、自ら進んで毎日の学習を始めるようになりました。

　ロバートが学ぶことをポジティブな体験として見なし始めると、次に私は息子を不安にさせる問題に焦点を当てました。勉強中、息子は「あと、残り時間はどのくらい？」というような質問をよくしました。時間の経過を測る力に問題があるのかもしれないと私は思いました。しばらくの間、私は課題に制限時間を設けることをやめ、息子の進み具合を見計らってからまた少しずつ制限時間をつけるようにしていきました。また、課題の始め方や、大きなプロジェクトを完成させるための情報やステップのまとめ方を教えることで、息子の不安をやわらげようともしました。

　句読点の使い方や単語の綴りの規則など、息子にはストレスとなる教科領域がありました。そのような苦手な学習は、他の科目よりも頻繁に、しかし短時間でできるようにスケジュールを組みました。これは非常に役に立ちました。何度も復習ができるので、長く行うとうまく学べる率が高くなるからです。指示に従うことも問題でした。私は、指示をより小さなステップに分け、書いて目立たせたり、口頭でゆっくりと伝え、ロバートが理解できる分だけ少しずつ増やしていきました。

　ロバートはよく、教材を十分にこなせないとか、時間が足りないと言い張っていました。私は テーマ（熱帯雨林など）にまつわる概念を教えることを頼りとしていました。「これが害になることはないだろう」と私は自問自答していました。結局、息子のすごいところは（他のASの子どもたちもそうですが）、底なしかと思うほどの情報の吸収力でした。息子の学ぶ熱意を無為にすることは、絶対にしたくありませんでした。学校へ通っていた年月の間に、その熱意はいくらか損なわれたことがあったかもしれませんが。

　多くのASの人たちと同じように、ロバートも微細運動に問題があり、手書きは苦手でした。小学校の低学年の間は、きちんと書くことばかり

第6章　実生活の断片

が強調され、ロバートは自分の下手な字を恥ずかしがっていました。幸い、家にはコンピュータがあるので、手書きではなくタイプをさせていました。コンピュータを使うと課題内容が非常に視覚的に理解でき、知的に処理できるので、息子にはさらに有利でした。

　ホームスクーリングを行うにあたり、私は専用の教材をどこで探したらよいのか、また、州の教育基準を満たすにはどうしたらよいのかを時間をさいて勉強しなければなりませんでした。カリキュラムには、全学年用の各科目がパッケージになったものがいろいろあります。私には教材を一つひとつ集める時間がなかったので、このパッケージを使って始めたのですが、とても便利でした。難点は値段がとても高いことです。今は、ロバートの具体的なニーズに見合う独自のカリキュラムを作っています。様々な会社の本のサンプルを使ってわかったことですが、適切な学年レベルの教材を探す時には「中道を行く」ことです。しかし一番良かったのはインターネットでした。カリキュラムの教材を買えるところがたくさんあります。

　私は、息子には教育制度が与える以上のサービスと注意が必要だと感じたので、ホームスクーリングに希望を見出していました。ホームスクーリングの成功に向けて、私たちはいくらかの犠牲を払いましたが、その甲斐はありました。ロバートは12歳になりました。多くの子どもたちが不安や危機を経験する年頃ですが、ロバートは、もう投薬もセラピーも必要としません。息子の歩みは、もしかするとあっという間に変わってしまうかもしれません。いつまでも進歩が続くと思うほど私は無邪気ではありません。しかし、今のところホームスクーリングは息子にとって一番良い選択となっています。将来、事情が変わったとしても、私たちはきっと同じ橋を渡ることでしょう。誰でも最後にはわかるように、ASの子どもをうまく育てる

> **ASの子どもをうまく育てる秘訣は、子どものニーズの変化に応じて、柔軟に積極的にかかわることです。**

秘訣は、子どものニーズの変化に応じて柔軟に、積極的に対応することなのです。

レベッカ・ハインリックス――サムの母

　サムは今12歳で、6年生です。私たちにとって最初の子どもです。サムは質問と意見がいっぱいある子で、私たちをいつも笑わせてくれます。ASと診断されていますが、それがサムの人間としての定義ではありません。サムは、診断を上回るような子どもです。どんなレッテルも貼ることができないサムの学ぶ力と変わる力の可能性を、私たちは毎日気づかされています。しかし、サムのユニークな特質につける名前が見つかったことで、息子が毎日直面する問題への理解や援助は大きく変わりました。私たちは前よりも良い親になり、サムが、他の子どもより劣っているのではなく、他の子どもと違っている自分を受け入れてもいいのだと思えるようになりました。

　昨年、学校が正式に始まる2、3日前、5年生のクラスメイトや先生がわかるように、私はサムを車に乗せ、スケジュール通りの時間に学校で降ろしました。降りる前に、サムは家までの道筋をよく覚えていないと言い出しました。息子はその前の年、学校へ行く途中の2区の間を行ったり来たりして歩いていました。息子の方向音痴を私は気にしていたのですが、それでも息子が道筋を覚えていないと言ったことはショックでした。私は家までの道筋を再確認させ、もし待ちたければお母さんが行くまで待っていてもいいと伝えました。私はそれからまた運転して帰宅し、今度は娘を学校に連れて行きました。サムと同じように新しい学年のことを知るためです。学校に戻ると、私はすぐにサムに会いには行かず、娘がクラスや学用品を見つけるのを手伝ってやりました。しかし、すぐにサムのことが気がかりになりました。今回はいつもよりもサムの

第6章　実生活の断片

自立性にまかせていたからです。息子はソーシャルスキルと方向感覚が弱いため、普段このような時には、私が付き添って導いていました。しかし、できるだけサムがつかんでいる「エプロンの紐」をゆるめ、意識的に自立を励まし促すようにもしていました。

　サムが見つからないので、家に電話をすると私の母が出て、サムは今帰ってきたところだが、学校で叩きのめされてものすごく怒っていると説明しました。息子をほんの少しの間でも1人にしたために、そんなことが起こってしまった、と私はすぐに罪悪感を覚えました。サムはどんなに傷つき、恥ずかしい思いをしたことでしょう。なんとひどい新学年の始まりでしょう。私は帰るまでずっとそのことを考えていました。私が帰宅すると、サムは出来事を詳しく話してくれました。サムが他人の「意図」を読みとれないため、ひどいいたずらの被害者になったことが明らかになりました。最初、いつになく親しげにふるまっていたある同級生が、サムに外でレスリングをしようと言い出しました。その子は自分の従兄弟と一緒でした。2人はサムを人目につかない校舎の裏側のドアから出るように言いました。外に出ると、サムはレスリングのルールに則って取っ組み合いを始めましたが、2人はサムに飛びかかり、土の中へサムの顔を押しつけ始めたのでした。サムが起き上がろうとしても押し続け、もがくと首を絞めました。サムの額にはすり傷が、両腕と首にはあざができていました。2人はそれからサムをあざけり、笑いながら立ち去りました。サムは怖くて圧倒されてしまい、2人に立ち向かっていけませんでした。

　その後、サムは私を探して校舎に戻りました。するとさっきサムをいじめた少年の1人の母親が、自分の子どもはどこにいるのかと尋ねてきました。サムは、たった今その子にひどい目にあったのだと告げました。その母親は、自分の子を見つけると、腕を引っ張って行ってしまいました。サムに大丈夫かと尋ねもせず、事件について調べもしませんでした。彼女は本能的に自分の息子をつかまえて、その場から去りたかったので

しょう。事件が学校内で起きたため、きっと自分の子どもをトラブルに巻き込みたくなかったのだと思います。後で校長先生が電話をかけると、彼女は子どもが学校内での「暴力行為」の判断をつきかねただけで、サムにも同様の過失があると主張したそうです。見た目にも明らかに怪我をしているのはサムだけなのに、他に目撃者がいないという理由で2人の少年たちは罰せられませんでした。それだけではなく、サムも相手に謝罪の手紙を書くように言われました。私は、これはサムにとって非常に危険なメッセージを伝えることになると感じ、サムに謝罪の手紙を書くのを拒否するように言いました。これまでにもサムはだまされたり、そそのかされて問題を起こし、叱責されたことがありました。しかし今回のことは、非常に深刻でしたので、私は、サムには私たちが弁護をすることを知っておく必要があると強く思いました。

　サムはその少年が自分を嫌っていることを知っていたはずです。その子は去年自分に対してとても意地悪だったので、同じクラスになりたくないと話していたばかりでだったからです。私はサムに、その子が妙に優しくて一緒に遊ぼうとしつこく言った時、なぜ信じたのかと尋ねました。サムは「ちょっと変だと思ったけど、ただ優しくしようとしてるんだと思った」と答えました。私は続けて「友だちとレスリングを絶対しちゃいけないルールになっているでしょう。家でもそうでしょう。それなのにどうしてレスリングをしに行ったの」と聞きました。サムは「友だちになりたかっただけなんだ」と言いました。そして仕返しをしなかった理由は「人数では相手が有利だったし、仕返しをすると怒ってますます痛めつけられると思ったから」と説明しました。サムは学校ではけんかは許されないことも知っていました。

　社会的な場面で人の心が「読めない」ことで、サムはいつも問題を起こしていました。今回の出来事は、他人の意図を理解できないため、息子は潜在的に被害者になりやすいことを浮き彫りにしました。また、サムがそれほどまでに友だちを欲しがっていること、境界線の理解が弱く自

第6章 実生活の断片

尊心が低いことも、悲しいながら明らかになりました。この事件は、親である私たちにとって、将来起こりうる危険なこと、例えば同じ年の子どもたちからの圧力や暴力、ドラッグなどを懸念せよという警告でした。私たちはそのことをいつも意識するようになり、夜、眠れないこともあります。息子が常に正しい判断ができるように、必要なスキルを全部教えることなど私たちにできるでしょうか。これはどの親にも共通する悩みでしょう。このことは常に私たち家族の心配ごとになっています。

　この体験は私たちに答えよりも疑問を多く残しました。どうしてあの少年は、サムがそんなに簡単にだまされやすいとわかったのでしょう。ASの子どもたちのいったい何が、からかいやいじめの対象になりやすくさせているのでしょう。もっと重要なこととして、人はどうやって最も攻撃を受けやすい者を見抜くのでしょう。サムが優しく、人を信頼し、ありのままを受け入れる正直な人間であり、ただ友だちになりたがっている時に限って、社会性に障害があるとレッテルを貼られるのは皮肉なことです。私たちが息子にどうしたら「用心深く」いられるか、また、簡単に人を信用しない方法などを教えなければならないのは、何と悲しいことでしょう。受容、寛容、親切のお手本を自分の子どもに示していかなければならないことに、他の親たちが気づいてほしいというのが私の願いです。模範を示さなければ「蛙の子は蛙」ということわざを思い出させる不幸な例をこれからも見続けることになるのですから。

アン・ブリッグス――CJの母

　CJの典型的な良い日とは、30分早く登校し（私が連れて行きます）、くつろいでから1日の準備をすることから始まります。その後、在籍する通常学級へ向かいます。他の子どもたちが来る前に、早くそこに着きたいのです。そうするとストレスが少なくなるのでしょう。通常学級では、

朝のニュースを見るためにテレビをつける係になっています。また、いろいろなものを配付したり、集めて先生に渡すのもたいていCJの役割です。息子は自分を特別だと感じています。

　CJは、理科の授業は通常学級で受けます。理科は息子が大好きな科目です。時々、夢中になり過ぎることがありますが、適応して参加しています。実験室での授業（生物学）にも出ますが、気持ちが悪い手仕事はあまりしません。

　次に数学を受けるために、近くの教室へ移動します。息子は、数学ではテストで高い能力を示していたため、新学年からIQの高い生徒のための上級クラスに入っています。しかしそのクラスの先生の教え方は、CJにとってストレスになっていました。前年にも数学の上級クラスはあったのですが、息子は受けていませんでした。クラスの大半は、前年から続けて受けている生徒たちで、息子が習っていないことを知っていました。そのため、CJは、新学年早々から混乱してしまいました。私たちは、上級クラスをやめさせ、もっとくつろいだ雰囲気で教える先生がいる通常の小さな数学クラスに入れました。そこの先生はCJの熱心さを気に入り、学年末の9週間の指導でCJに「優秀」の成績をつけてくれました。（CJは翌年理科の上級クラスへ入りました。）

　数学の次は、国語です。文字を書くことが多いので、国語は息子にとって一番難しい科目でした。国語を通常学級で受けるようになったのは、他のどの科目よりも遅かったです。授業の前半では、文法、語彙や綴りを学びます。その後、クラスは中断され、皆昼食を食べに行きます。CJはたいていASの生徒のための通級学級へ行き、そこで昼食をとります。時々、クラスの子どもたちもそこで一緒に食べることがあります。息子には、この休憩時間が必要なのだと思います。昼食後、また国語の授業へ戻ります。後半の授業は、ふつう、文学か作文です。

　次は息子が得意な社会科です。社会科の先生はクラスの生徒たちが予測しやすいように、毎日たいてい同じ流れで授業を進めます。CJが社会

第6章　実生活の断片

科の先生のところへ行って、ちょっと抱きつくようにした時、先生はCJが示した愛着に涙が出そうになったそうです。

　CJの学校での勉強はここで終了します。だいたい2時15分です。その後は3時半までASの通級学級で、コンピュータのキーボードや微細運動、ソーシャルスキルの練習をして過ごします。学校での最後の30分間は宿題と、良い行動に対するご褒美の時間になっています。ご褒美は通常、コンピュータゲームをすることです。

　CJは素晴らしい先生方に恵まれています。先生方は力を伸ばすことに熱心で、息子の個性を楽しみ、息子の知性を貴んでくれます。どの先生もそうなのです。先生方は毎週、レッスンプランを見直すために補助教員や通級学級の先生方と集まり、必要に応じて調整を行ったり、息子が問題を抱えそうな分野を話し合ったりします。問題を処理するというより、問題を防ぐような解決法を考えてくれるのです。

　CJがすべての科目を通常学級で受けるまでには4か月近くかかりました。私が考えていたよりも長くかかりましたが、最初は大変でした。数学の上級クラスでのストレスのせいで、息子は1か月を無駄にしました。新学年の最初の授業がそのクラスだったのは残念なことでした。息子のIEP（個別教育計画）が適切に実施されているかどうかの確認は、私の毎日の最優先事項になっています。息子を通級学級から引き出し、全科目を通常学級で受けさせるために、私は強く要求しなければなりませんでした。実際に学校へ出向いて、息子を通常学級での授業に連れて行ったこともあります。CJが通常学級で過ごす時間は徐々に少なくなり、そのうち、授業には出かけないのが習慣になってしまいました。私は学校に出かけ、息子に付き添って授業に出席しました。そうするとその日は、1日ずっと何とか過ごせるようになり、その後はまた自分で授業に出るようになりました。学校側は私を支援チームの一員として受け入れてくれました。代替教師の研修にも出たことがあります。補助教員が留守にしなければならない時には、私がCJの代替補助教員となっています。一

番良い解決にはならないかもしれませんが、効果のありそうなことをとにかくしなければならない時があるものです。息子は前よりも自立しつつあります。もう補助教員を必要としない日が来ることを、私は思い描けます。周りの人たちがCJの能力をまったく疑っていた時でも、私はそれを信じていました。

　CJは苛立つと通常学級から出て、通級学級に行き、そこで勉強をしてもよいことになっています。今ではそうすることはめったにありませんが、学年当初から一貫して、自分のフラストレーションに気づくと、意識して落ち着きを取り戻そうとしたり、退席するようになりました。

　息子には一日中、介助員がついています。やはりASについて幅広く勉強してきた人ですが、情緒・行動障害（EBD）が専門だったと聞いて、最初私は不安に思いました。しかし、難しい子どもたちに対応してきた彼女は、CJを何と扱いやすい子か、ととても喜んでくれます。前の先生方がCJを怪物のように見なしていましたが、彼女は違いました。

　前の先生方がCJに手をやいていたことが信じられないと言っています。CJはEBDであるはずはないということにも同意しています。

　ASの通級学級には、主任教師が1人、3人の補助教員、そして6人の生徒がいます。生徒たちが通常学級で過ごす時間数は個々様々です。どの子も優しく、私が見たところたいてい穏やかです。

　今年、CJの学校には特別支援教育の副主任がいます。この先生も専門はEBDです。彼はCJをとても気に入っているようで、2人の間には友情が育まれています。息子はこの先生の部屋へ行っては、フットボールのことや女の子についての悩みを話しています。

　2、3日前に、いかにCJがうまくやっているかを示す出来事が起こりました。CJはとても不器用で、歩く時に、知らぬ間に物や人にぶつかってしまいます。目撃者によれば、その日、息子は授業の合間に込み合った廊下である男の子にぶつかり、その子はCJを押しのけたのだそうです。CJもその子を押し返しました。その子はバックパックを乱暴に降ろし、

第6章　実生活の断片

息子の腕をこぶしで殴りました。腕にはとてもひどいあざが残りました。CJは、ただそこから立ち去りこう言ったそうです。「僕はけんかをしたくない」。すごいじゃないですか！　息子は、2日立って私があざについて尋ねるまで、何も話しませんでした。「大したことじゃないから」とだけ言いました。CJがまるで何事もなかったかのようにその日を過ごしていたので、誰も気がつきませんでした。

　もし私が他の親御さんに、とくにお母さん方にアドバイスができるとすれば、それは学校での出来事に何よりも注意していくことです。親は自分の子どもの権利について学び、子どもにとって一番良いと思うことを主張していく必要があります。それは大変な仕事で、疲れ果ててしまうことがあります。しかし、私たちはそうやって、これからの息子の人生を形作っていくのです。それがうまく行くのなら、私の人生の数年も有意義なものになるでしょう。最高のIEP（個別教育計画）があっても、実施されなければ何の価値もありません。CJの行動プランには微調整が加えられましたが、学校側の態度は昨年とは正反対でした。校長先生を始め、学校職員は皆優しく、CJの成功を願っているように見えます。私が入っていくことを歓迎し、たいてい提案を聞き入れてくれます。

　しかし、学年当初はすべてが今のようにバラ色というわけではありませんでした。私たちが学校で最初に体験したことを皆さんにぜひお伝えしたいと思います。新学年が始まる前、私は通常学級の先生方と面談をし、補助教員に息子の障害と得意分野について時間をかけて説明をしました。すると補助教員は学年開始を待たずに辞めてしまいました。学校が新しい補助教員を雇い入れることができたのは学校が始る1週間前でした。それまで私は息子にはこのことを話さないでおきました。CJは最初の1週間、好調なスタートをきりました。しかし2週間目はいやな思い出です。CJはその週の初日から数学で悩みました。息子がその問題を解けることは私にはわかっていたのですが、数学の先生はCJが上級クラスに入ることには不賛成のようでした。私の意見は閉め出され、クラス

の情報は何も知らされませんでした。CJが落ち込んでいくのがわかりました。息子は「小学校の時と同じだ。先生はぼくに向かってどなってばっかりいる」と不満をこぼしました。私は困って、CJを心理士のところに連れていきました。息子はそこでも同じことを話しました。

　先生方との会合をもちたいと、私は学校に要求しましたが、返事はありませんでした。メールは無視され、電話をかけても折り返しかかってくることはありませんでした。ある日の午後、学校に迎えに行った時、職員が外で息子を探していました。息子は教室から走り去り、校舎のどこかに隠れていました。私はしばらく探し回りましたが、帰る時間になったので、車へ戻りました。CJは帰る時間を知っていました。思った通り、CJは校舎の向こう側から歩いて来ました。そして私のもとへ駆け寄ると声を出して泣き出しました。私は息子をなだめたのですが、通級学級の先生がやって来て、せっかく息子が私に何がいやだったのかを話そうとしているのに、議論を始めたのです。先生はCJが話すたびに遮って、一連の問題について文句を言うのです。私は3度目にCJを落ち着かせた後、その先生に「息子を家に連れて帰ります」と言いました。

　その時点で私には、CJにホームスクーリングをするか、あるいは不適切でダメージを与えかねない環境に戻すか、の選択肢がありました。息子には完璧なIEP（個別教育計画）がありましたが、多分、実施できなかったのでしょう。それは金曜日の午後でした。私はその週末ずっとそのことを考えていました。教室で何が起こっているのか、なぜ物事がうまくいっていないのかを明らかにしなくてはならないと思いました。月曜日の朝、私は小型のテープレコーダーをCJのバックパックに隠し入れて、登校させました。CJには教室から逃げてはいけないこと、そうしたくなったら床に座って「お母さんに電話をしたい」と言いなさいと伝えました。IEPによると、息子は私に電話をかけてもいいことになっていたのです。すばらしい選択肢とは言えませんが、逃げるよりはいいでしょう。逃げ出したくなったら電話をかけさせてもらうようにと息子に言っておいた

第6章　実生活の断片

ことを、私は先生にも伝えました。その日の午後は学校で会合があり、下校時間が早かったので私は次の日になるまでテープを聴く機会はありませんでした。翌日、CJは学校に残りましたが、電話はかかってきませんでした。

　私はテープを聞いて泣きました。CJが言っていたことは本当だったのです。息子は何度もどなられていました。「課題をさっさと始めないと中学1年で落第するよ」と言われていました。質問をしても答えてもらえず、「静かな部屋」（実際は大きなクローゼット）から引っ張り出され、その間ずっと息子は「お母さんに電話をしたい」と言っていました。しかし電話をかけることは一度も許されませんでした。CJの落ち着いた声に私は驚きました。先生はそれを何度も聞き逃しているようでした。テープを聞いた他の人たちもCJがそのような状況で、いかに自分をコントロールしているかに驚いていました。質問をしかけたことで、先生がガミガミと怒った後、息子は「もういいですか」と言っていました。実際はここで書けないほど、ひどい状況でした。私が想像していたよりもはるかにひどかったのです。

　その日、私はすぐに学校へ行き、CJを連れ出しました。そして、弁護士に電話をかけてテープの内容を書きとめたものを送りました。お察しの通り、それからすべてのたががゆるめられました。3時間にわたるテープの5分程度を学校関係者に聞いてもらうと、万事が動き始めたのです。私は自分のしたこととその結果を悔やんではいません。学校には特別支援教育の指導者と行動療法の専門家が来て、その後2〜3週間、CJと担任、補助教員の指導に取り組んでくれました。そして、もっと頻繁にご褒美となるものを与えること、もちろん、どなりつけないことなどを含めた、全員が理解する行動プランを立てたのでした（虐待があった日、CJの補助教員は外出していました。息子を「処理」したのは、通級学級の主担任でした）。

　それがターニングポイントになり、私はそれ以来いつでも教室に自由

181

に出入りできるようになりました。CJも私に電話をかけたくなったら、そうするように許可されていますが、その特権を濫用することはなく、今では電話をかけてくることはめったにありません。校長先生によると、通級学級の先生は私があの日テープを忍ばせたことに落胆し、信頼をくじかれたと思っているそうです。2年間、息子への待遇はひどかったのですが、それでも私はCJと共に、先生方を信じていました。私の方こそ、その信頼が打ち壊されたと感じました。私は通級学級の先生をやめさせてほしいという主張はしませんでしたが、今、連絡を取り合っているのはその先生ではなく、副主任です。通級学級の先生は今までのことを何とか取り繕おうとしていますが、先生も私もテープについては今まで一度も口にしたことはありません。

　テープを持ち込んだこと自体が発端となったのか、それともあの教室での様子が発覚されたことが原因になったのか、どちらかはわかりませんが、物事は180度変わり、CJは着実な進歩を遂げています。私は息子にかかわるすべての先生方と、だいたい3週間ごとに会合を開き、今ではCJはすべての科目を通常学級で受けるようになりました。前回の成績表ではすべてAでした。CJは前よりもずっと嬉しそうです。息子は先生方を信頼し始めているようです。ここ2、3年、かんしゃくは減ってきています。問題があれば、補助教員と副主任の先生と解決しています。通級学級の先生との間にはまだ距離があり、不信感を抱いているようですが、先生はとても一生懸命取り組んでいるように見えます。補助教員が外出し、代わりに通級学級の先生が付くと、CJは授業中うまく学べません。今、私が代替補助教員としてついているのは、そのためです。

　3月にASの1日講習会があります。CJの先生方は全員参加を予定しています。通常学級の先生も、特別支援の先生も、全員が出席を望んでい

私たちは、子どもにかかわるすべての先生方と、だいたい3週間ごとに会合を開きます。

第6章　実生活の断片

るのです！　私も先生方と一緒に出席します。その間、誰がCJと私のもう1人の8歳の子をみてくれるのか、当ててみて下さい。特別支援教育の副主任はCJの友だちなのです。これこそ、配慮のある学校です。夢なら覚めないで。

ぼくは

CJ・ブリッグス

ぼくは思索家、そして夢想家
どんなことでも不思議に思う
毎晩、波の静けさを聞き
毎朝、日の出の美しさを見る

ぼくは思索家、そして夢想家
ぼくは強いふりをする
周りの人たちの気持ちを感じ
触れなければならないものに触れる
友だちの不運を嘆いたり
死の苦しみには涙を流す

ぼくは思索家、そして夢想家
自分が誰かを知っている
心にあることをそのまま話す
ぼくは平和な世界を夢みている
世の中をもっと良くするために
ぼくはベストを尽くしている
いつか、何とか、世界を変えたい
ぼくは思索家、そして夢想家

第7章

マイケル
──ケーススタディ

　本章は、あるASの若者の包括的なケーススタディです。マイケルは、最重度でも最軽度でもありません。しかし、多くのASの若者がそうであるように、自分にないスキルを要するような場面では、大変な苦労をしてきました。

　ここでは、マイケルが小学校に入り、中学を経て、高校進学への計画を立てるまでのことを記します。マイケルにかかわってきた両親と専門家の報告による困難の実例も挙げていきます。数々のミーティング、メモ、議論、観察、IEP（個別教育計画）開発の詳細の報告を記していくことで、いかにマイケルが、広範囲にわたり連続した支援によって中学時代をうまく切り抜けたか、その実像が浮かぶことと思います。

　これは本物のケーススタディです。用いられた情報の約25％は、これまでのミーティングや往復書簡、電話などで得られたものです。多くのASの若者同様、マイケルが大きな困難に直面するようになったのは小学3、4年生の頃でした。

小学3年生

その夏、一家は引越しをしたので、マイケルは新しい学校で3年生を始めました。クラスには36人の生徒がいて、先生は1人でした。マイケルは間もなく様々な領域で困難を抱えるようになりました。マイケルは整理整頓が苦手で、また学校での課題を最後までできないこともありました。授業で使っていた宿題を書き込むカレンダーにうまく書き写すことができなかったことも原因の1つでした（**図7.1**）。書き込む余白がマイケルには足りなかったのです。

マイケルのために、母親のカレン・ネルソンは余白を広く設けた宿題シートを作りました。マイケルが混乱しないように1日分が1枚になっ

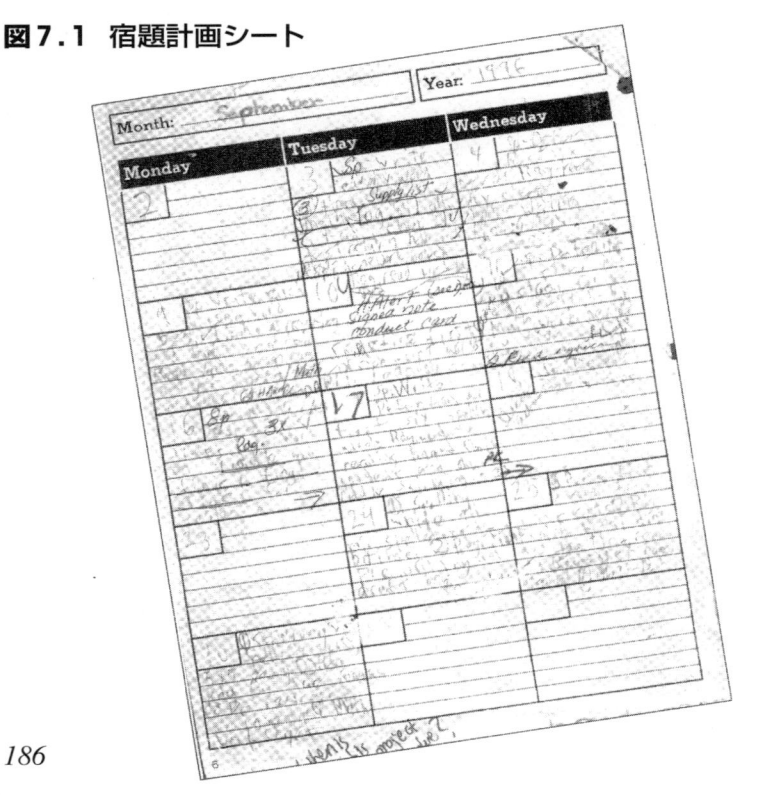

図7.1 宿題計画シート

第7章 マイケル —— ケーススタディ

ています（**図7.2**）。母親はそれをノートに貼っていました。この工夫によってマイケルはたっぷりととった余白に書けるようになったのですが、実際に書き写すのが確実になったわけではありませんでした。

　11月、母親は初めて、3年生の時の担任、クラフト先生との面談を申し込みました。先生は、授業中のマイケルの行動はまあまあなものの、「太鼓のリズムから外れて行進しているような感じ」がする、と述べました。クラス全体へ指示を出す時、マイケルはまったく注意を払っていないように見えるとも言いました。母親は先生に、マイケルが何か別なことに集中している時には、注意をひくのがいつも難しいことを伝え、名前を呼んだり、マイケルの机を軽く叩いたりすると注意が向きやすくなると提案しました。

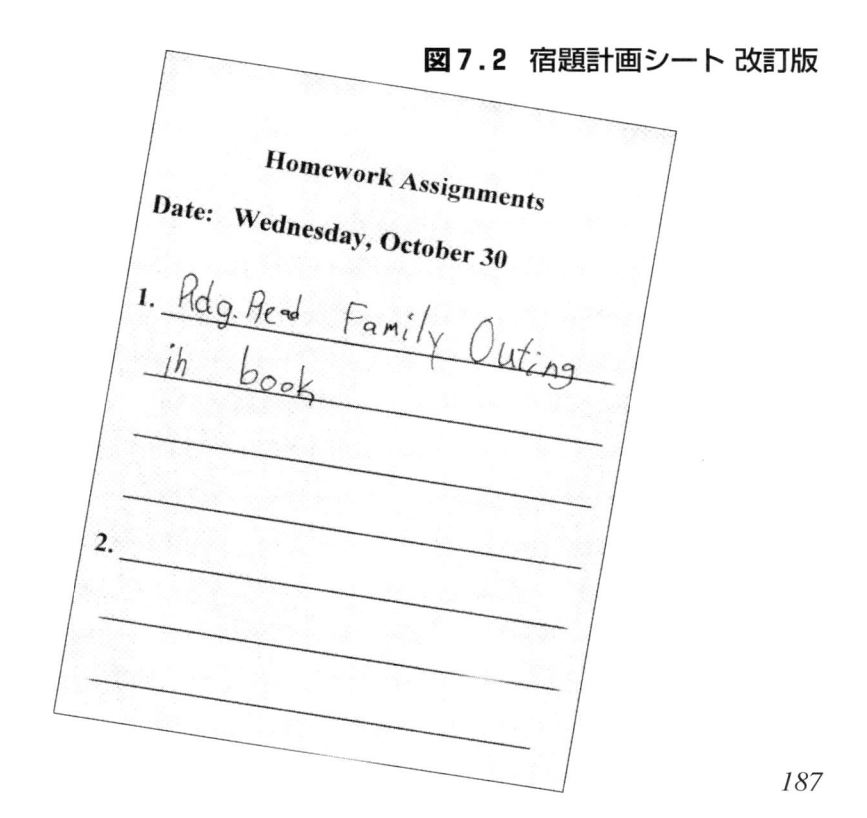

図7.2　宿題計画シート 改訂版

Homework Assignments
Date: Wednesday, October 30
1. Rdg. Read Family Outing in book
2.

マイケルの３年生の成績表は、１学期がすべて「A」、２学期はすべて「B」でした。母親は、「B」ではマイケルの知識を反映していない、何かおかしいと考えました。それにマイケルには友だちが１人もいませんでした。１月に２学期の成績表を見て、母親は再びクラフト先生と会ってマイケルの学習意欲が下がっている話をし、成績が良くなっていないことに驚いたと伝えました。「マイケルは自分で自然に文字の読めるようになった子なんです。チェスの仕方を幼稚園に上がる前に覚えた子なんですよ」と母親は言いました。それに対して先生は「宿題や課題の仕上がりを見ると、高い点数には相当しないので」と答え、「A」をすぐくれると評判の別な先生に頼んでみてはどうかとほのめかしたのでした。

担任との面談に不満をもった母親は、学校長との面談を求めました。そしてそこでも、何かが違うという懸念を伝え、マイケルの体育や音楽などの特別科目の成績が他の科目よりも良いのは変だ、と指摘しました。そして、マイケルは勉強がよくできる素質があるようなのに、学校ではそれが表れていないとも言いました。

学校長は「本校の成績基準は高いのです」と答えた後、もしかするとお母さんは、息子さんが期待通りの良い成績がとれなかったので怒っているのでは、というようなことを言いました。母親は、息子がふさぎ込んでいることや、この学校に来て以来友だちがまったくできないことが心配だ、とも述べました。とくに母親が悩んでいたのは、マイケルの次の様子でした。

(1) 些細なことでもかっとなって怒るようだ（例えば、店で欲しい物が手に入らない時）。
(2) 自分の気持ちについて話すのをいやがる。
(3) 新しい学校に来てから、友だちを作る気配がまったくない。

しかし、これらの懸念に対して、学校側は何の行動も起こしませんでした。

第7章　マイケル――ケーススタディ

　2か月後の3月下旬、マイケルの母親は放課後の学童保育の係から、マイケルの行動のことで2度電話を受けました。どちらもマイケルがからかわれた相手を殴ったという件でした。学童保育の場は構造化がゆるく、それがマイケルの行動につながったのかもしれません。学童保育では、ほとんどの時間、子どもたちはグラウンドやアスファルトのところで子ども同士で遊ぶことになっていました。

　4月、母親はマイケルのうつ状態がますます心配になり、心理士に面談の予約をとりました。母親が心理士に伝えたことは次の通りです。

(1) 新しい学校で友だちをまったく作っていない。
(2) 学習意欲や、以前は好きだった活動への興味が減退しているように見える。
(3) 学校や先生が嫌いだと言っている。
(4) 最近の学童保育での件。
(5) 「ぼく、死んでたらいいのに」とか「自殺するしかない」というようなことを言う。

　マイケルには、かつて、1人か2人の親しい友だちが必ずいました。どの子も聡明で、行儀の良い少年でした。マイケルの母親は、息子はあまりに利発なので、他の子どもたちになじめないのだろうと思っていました。

　民間の心理士であるヨーク博士は、マイケルが学校状況を悲観していることには同意しましたが、うつ状態であるとは認めませんでした。しかし、マイケルが他の生徒たちとよりうまく付き合えるようなクラス、また、もっと魅力的なカリキュラムを備えたクラスでは進歩するだろう、という母親の意見には賛成しました。

　マイケルがIQが高い生徒たちのための上級クラスを受ける力があるかどうか、テストをしてみてはと言う母親に従い、博士はWISC-Ⅲの知能テストを実施しました。その結果、マイケルの言語性IQは126、動作性IQは134、そして総合IQは135でした。どれも優秀以上ないし超優秀に相

当し、言語性と動作性に大きな差はありません。数の復唱の下位テストの点数が低いのは、注意力の問題を示すものであって、驚くべきことではありませんでした。

母親は、上級クラスの受講許可を検討してほしいと、テスト結果を学校の心理士に提出しました。学校側は両親と面談し、マイケルは4年生から上級クラスに入ることになりました。

4年生

マイケルは4年生の新学期から、すべての授業を上級クラスで受けることになりました。4年生の上級クラスには35人の生徒と2人の先生がいました。最初の2〜3週間、何度かマイケルの行動について家に電話連絡がありました。とくに、(a) 指示に注意を払わない、(b) プリントをきちんと保管しない、(c) 宿題を提出しない、(d) トントンと物を叩いたり、そわそわしたり、騒音を出す、といったことが伝えられました。

9月（注：アメリカでは新学年は9月開始）の第1週目に、マイケルの母親は、2人の担任へ宛てて、その先生方のマイケルに対する第1所見に関する手紙を書いています。

1996年9月9日

マクアラスター先生、スミス先生へ

先生方から伺ったことをマイケルの心理士にお伝えして、昨年の様子と比較してみました。そして問題があることに間違いはないと一致しました。心理士さんは、マイケルにはうつ状態の疑いがあり、治療には医学的な支援が必要なので、できるだけ急いで診察を受けた方がいいとおっしゃいました。すぐにそうするつもりです。一方マイケル

第7章　マイケル──ケーススタディ

は、家ではとても協力的で、まったくぐずることなく課題を一生懸命に全部こなそうとしています。書き終えた作文を私に見せた時は、とても自慢気でした。

　先生方がおっしゃった通り、息子のバッグパックを見て、私はその乱雑さが信じられないくらいでした。家庭連絡ファイルを覗いただけででしたが、マイケルはノートやプリントの整理の仕方がまるでわかっていないのですね。2週間ほど前、家にある穴開け器具が壊れたので、先生に頼んで新しいノートに穴を開けてもらいなさいと言ったのですが、マイケルは頼まなかったのだと思います。前にも同じようなことがありました。この夏のことですが、どこに飲み物があるのか聞けなかったので、キャンプで飲み物を全然とらないで数日過ごしたのです。

　とにかく、まずノートを整理できるように手助けしていきます。もし息子に必要な物が他にもありましたら、お知らせ下さい。仕上げた宿題が全部ファイルの中にあるかどうか、今は私が念を入れてチェックするよう努めています。今日の夕方、見てみるとプリントは全部、ファイルから抜け落ちてバックパックの中でばらばらになっていました。たった今、クリップで止めたところです。心理士さんからの質問ですが、先生方は宿題の提出について、クラスの全体の子どもたちにお話しされるのでしょうか。もしそうでしたら、マイケルは先生の指示を聞いていないことが考えられます。できましたら、提出しなければならない時にはマイケルの注意を引いて下さい。それから、宿題をするのに必要なプリントをあの子がちゃんと持っているかどうか、確かめていただければとてもありがたいです。マイケルは、去年に比べると10倍も宿題を仕上げられるようになっていますが、きちんとそれが提出できるようにしていかなければならないと思うのです。マイケルのふさぎ込みも、整理整頓の力や注意力を左右することがあります。

マイケルが時々出すうるさい音や、鍵をお手玉のように投げ回す行動に対して、私はいろいろと考えてきました。一番確かに言えるのは、あの子はそういう行動を周りの注意を引きたくてしているわけではないことです。自分で押さえきれないように見えるのです。やめなさいと言うと、マイケルは謝って、少しの間やめます。でも、不安の度合いが果てしないように上がってくると、自分ではコントロールできなくなるのです。先にも書きましたが、私はできるだけ早く、診察させようと思っています。

　このようなお願いが先生方にとってどんなにご負担となるかはわかっています。私は、先生方のクラスは素晴らしく、教科のレベルも息子にぴったりだと心から思っています。マイケルが自分自身に対してほんの少しでも今より良い感情を抱けるような、またあの子の不安が減るような方法を見つけていきたいと思います。その間、ひき続きマイケルへのご指導をよろしくお願いいたします。良い方法が見つかれば、マイケルは集中し、自分の気持ちももっと上手に整理ができるようになって、不安から来る行動も減っていくかもしれません。

　先生方のお力添えに感謝いたします。

敬具

カレン・ネルソン

　しかし、このような尽力にもかかわらず、マイケルの学校での成績や行動は急速に悪化していきました。まず、落ちていったのは、もとから乏しい整理整頓の力でした。生徒は月別カレンダーにその日出た宿題を書き入れることになっていましたが、マイケルには書き込む箇所の余白が足りず、書いても結局は判読できませんでした。さらに、マイケルは書く課題がとくに苦手なようでした。授業中、ある課題で、マイケルは自分の考えをある段階までは上手に書き切ることができました。しかしそれから20分間は、何もせずにただ座っているだけでした。先生がなぜ

第7章　マイケル ── ケーススタディ

課題をしないのかと尋ねると、マイケルは「鉛筆がないから」と答えたのでした。先生が「どうして、鉛筆を貸して下さいと頼まないの？」と聞くと、マイケルは「授業の始めに、先生は『おしゃべりはいけません』と言ったから、頼めないんだと思いました」と言いました。

　9月9日付の担任への手紙にある通り、母親はこの頃、マイケルを精神科医に連れて行っています。精神科医は、親が息子をどのように見ているのかを知るために、両親と面談をしました。医師はマイケルの生育歴についても非常に詳しく尋ねました。次に、医師は数か月にわたり、毎週マイケルを診ていきました。最初の診察で、マイケルはうつ状態にあると診断されました。

　9月下旬、母親の心配は一層深刻になりました。母親は精神科医に次の手紙を書いています。

1996年9月23日

　ハロルド先生へ

　マイケルには夕食後の手伝いの1つとして、ビニールのテーブルクロスを拭かせています。最近気づいたことなのですが、マイケルは拭く時の音に耐えられなくなっているのです。別な手伝いをさせてほしいと頼んでいます。今日、礼拝へ連れて行った時には、手で両耳をふさいでいました。失礼なのでやめなさいと言うと、部屋の向こうから聞こえるかん高い音に、我慢ができないと言うのです。外に行ってもいいと許可したのですが、帰る時、マイケルはあの音は警報システムに関係していると言い出しました。壁に近づいて、ようやく私はその音を聞き取りました。

　長い間続いている行動で、学校の先生方をとても（もっともですが）悩ませているものがあります。それは何かに夢中になると、周りの音を聞き逃すということです。今までもずっとそうでした。指示などを

聞いて従うためには、思考回路を完全にさえぎらなければなりません。マイケルの注意をひくためには、実際に刺激となるものを止めなければならないこと（テレビを消す、読み物をとりあげる、など）が多いのです。そのため、マイケルが授業中にグループに出された指示を聞き取ることは、ほとんどないに等しいのではないかと思います。

　マイケルはずっと疲れ切っているように見えます。睡眠も十分にとっていません。先週は2度も、明け方の3時頃に私のベッドにやってきて眠ろうとしました。先生からアドバイスをいただければと思います。よろしくお願いいたします。

　　　　　　　　　　　　　　　　　　　　　　　　　敬具
　　　　　　　　　　　　　　　　　　　　　カレン・ネルソン

　4年生の前半、マイケルは教室でますます問題行動を示すようになりました。そして以下の記事の通り、10月から12月までの間に2度停学になりました。

第 7 章　マイケル —— ケーススタディ

生徒のケースマネージメント照会用紙

生徒名：　マイケル　　　　　　　　　　　　　　日付：　10月14日
概　要：　（この生徒が照会される理由を簡潔に記述する）

本人と親を交えた度重なる話し合いにもかかわらず、マイケルは「宿題警告」の紙を持って来なかった。授業で作文の練習をしている間、マイケルはとても騒々しく（机を叩く、口で音を出す）、2人の生徒が彼に注意をした。40分たっても、課題をまったく行っていなかった。

　　　　　　　　　　　　　　　　　　　――――――――――――――――
　　　　　　　　　　　　　　　　　　　　　　　　　学校職員の署名

生徒のケースマネージメント照会用紙

生徒名：　マイケル　　　　　　　　　　　　　　日付：10月29日
概　要：　（この生徒が照会される理由を簡潔に記述する）

数学の時間（午前9：00）、マイケルは騒音をたて、自分のハサミで机の端を引っ掻いていた。その行為は学校の器物破損として重い罪に相当すると注意を受ける。数分後、マイケルはハサミで自分の鉛筆を引っ掻き始めた。なぜ鉛筆をだめにするのかと問われると、マイケルは見下すような口調で「先生は学校の器物を壊さないようにと言ったから」と答える。教科書を読んでいる間中、マイケルはずっとその行為を繰り返していた。後で本人と話し合った結果、マイケルは鉛筆は自分の所有物であり、学校の器物ではないのだから、引っ掻いても構わないのだと思ったことが明らかになる。

　　　　　　　　　　　　　　　　　　　――――――――――――――――
　　　　　　　　　　　　　　　　　　　　　　　　　学校職員の署名

195

生徒のケースマネージメント照会用紙

生徒名： マイケル　　　　　　　　　　　　　日付： 11月15日
概　要：　（この生徒が照会される理由を簡潔に記述する）

マイケルは、「他宗教の祝日に敬意をもっていない」理由でここに挙げられた。彼は「クリスマスはむかつく」というタイトルでサンタクロースの絵をかいた。

マイケルの母親であるネルソン夫人からのコメント：
マイケルはユダヤ教の飾りや歌などが、キリスト教の飾りと同じように出回っていないことに腹を立てていた。また、クリスチャンの子どもはユダヤ教徒の子どもよりもプレゼントを多くもらうと思っていた。さらに、クリスマスの意味について、納得のいく説明を受けたいとも思っていた。マイケルは、教師からユダヤ教の祝日であるハヌカーについて、クリスチャンの同級生たちに説明をするように言われたことがあったが、同じようにクリスチャンの子どもにクリスマスについて説明してほしいと思っていた。

　　　　　　　　　　　　　　　　_____
　　　　　　　　　　　　　　　　　　　　学校職員の署名

図7.3　祝日の絵

第7章　マイケル —— ケーススタディ

生徒のケースマネージメント照会用紙

生徒名：　マイケル　　　　　　　　　　　　　　日付：　11月21日
概　要：　（この生徒が照会される理由を簡潔に記述する）

マイケルは椅子の背にだらんともたれて座りがちである。9月から何度もその座り方をやめるように言われている。正しい姿勢で座るようにと今日は3度注意されたので、私はマイケルの椅子を取り上げた。するとマイケルはスティーブンのポスターの上で足踏みを始めた。私はやめるように言ったが、再び始めたので、マイケルを部屋の向こう側に連れて行き、丸いテーブルの席に座るように指示した。しかしマイケルは今度はこぶしでテーブルを激しく叩き始めた。私がやめなさいと言うと、地団駄を踏んだ。再度やめるように言ってもマイケルはやめなかったので、これ以上反抗的な態度を示すと停学になることを告げる。母親が呼ばれ、事情説明を受けた。

　　　　　　　　　　　　　　　　　_____
　　　　　　　　　　　　　　　　　　　　学校職員の署名

生徒のケースマネージメント照会用紙

生徒名：　マイケル　　　　　　　　　　　　　　日付：　12月3日
概　要：　（この生徒が照会される理由を簡潔に記述する）

良い市民であるための授業の後、マイケルはハミングのように「ぼくにはわかりません」と繰り返し唱えていた。その声はだんだんと大きくなり、とうとう隣の教室で教えていたシルバー先生が何の音かと聞きに来たほどだった。マイケルの担任のゲイル先生が振り返るとマイケルは先生に向かって中指を立てた（侮蔑のしぐさ）。

　　　　　　　　　　　　　　　　　_____
　　　　　　　　　　　　　　　　　　　　学校職員の署名

2か月間で、マイケルが学校で示したような問題行動は、家庭でも著しく増えていきました。例えば、マイケルはナイフをつかみ、もし母親がすぐに店に行って、彼の好きなシリアルを買って来なければ自分を刺すと脅したことがありました。

　母親は、専門家が息子を理解するのに役立てばと、マイケルの異常な行動を記録し続けていました。マイケルの精神科医に宛てた下の手紙もその1つです。

1996年12月3日

ハロルド先生へ

K・ネルソンより

　今日の夕方、私は子どもたちをミュージカルに連れて行きました。小さい劇場で私たちは前から2列目の席に座っていたのですが、ショーが始まる前からマイケルは「見えない、見えない」と繰り返していました。ショーが始まると、言わなくなりましたが、息子の行動はエスカレートして行きました。ショーが始まってすぐに、マイケルは前の椅子の背に両足を乗せ、足踏みを始めたのです。席に座っていた人がやめてほしい、とマイケルに言いました。ショーの間ずっと、私はマイケルが足を上げないように注意していなければなりませんでした。休憩時間の前に、マイケルはすごく疲れたので、ショーが終わるまで車の中で寝ていてもいいかと尋ねました。息子の睡眠パターンはまだひどく不規則なようなのです。いつも目をこすっており、夜は自分からベッドに行きます。

　それから、息子は関節をなめ続けます。関節のところがまだヒリヒリするようなのですが、なめると気持ちが良くなると言うのです。そんなことをするのが変だとは思わないようなのです。先日は新しいおかしな行動がありました。夜ベッドに寝ていて暑いからと言って、体を何枚もの濡れタオルで覆っていたのです。マイケルはそれがとても

第7章 マイケル —— ケーススタディ

気に入り、翌日の晩もそうしたがりました。そんなことをする代わりに、私は扇風機を自分の部屋へ移して涼むようにしてはどうかと言いました。マイケルはそのことに満足したようでした。

　精神科医の勧めで、追加情報を得るため、また、学習障害や思考障害がないことを証明するために、心理学的な評価が行われました。出来上がった評価レポートは、1996年12月10日に両親に報告されました。

センタービル郡　心理サービス
ウエスト地区学生サービス
(296) 888-2943

心理学的評価（1996年11月14日付）
生徒名：マイケル・ネルソン

　マイケルは約6週間にわたり、精神科医の診察を受けており、重篤なうつ病だと診断されている。精神科医によると、マイケルは雑菌や汚染に対していくらかの強迫観念を示す。さらに暴力的な流血話に異常なほどのめりこんでいる。

生育歴
　マイケルは、それぞれ専門職をもつ両親のもとに第1子として誕生。妊娠中の合併症はなく、満期で生まれる。報告によるとマイケルは睡眠・食事パターンが普通ではない我の強い子どもだった。すべての領域で正常な発達を遂げ、12か月で独歩。初期のコミュニケーションの発育は平均的なものだった。2歳で喘息と診断される。2歳半までに秀でた教科スキル、視覚空間スキルを表す。例えばすべてのアルファベットや数字を知っていたり、60ピースのジグソーパズルを独力で完成させることができた。注意の持続は良好だったが、注意の転換は困難だったと報告されている。4歳までに、独力で文字を読めるようになったが、排泄指導はまだだった。幼稚園へ入ると、静かに読書をしたり、チェスやチ

ェッカーなどのゲームをよく楽しんでいた。

低学年の時期
　マイケルは、先進的な保育園に入園。大きな困難があるようには、まったく見られなかった。幼稚園から小学2年生まで、学校側からの報告は非常に肯定的。

実施されたテスト
- スタンドフォード・ビネー知能検査；パターン分析の部分検査
- ウェクスラー個別能力検査
- 視覚運動統合の発達検査
- コナーズの持久力テスト
- 家・木・人の描画テスト
- 家族の動きの描画
- 文章完成テスト
- テーマ統覚テスト
- ロールシャッハテスト
- 小児うつ病調査表
- ピエール・ハリスの小児自己概念尺度
- 小児パーソナリティー調査表
- AD/HD評定尺度―家庭用
- コナーズの評定尺度（保護者用）
- マイケルへの臨床的インタビュー

行動観察
　評価は1回のセッションでなされた。マイケルは母親に付き添われていたが、分離は容易だった。最初マイケルは験者とまったく視線を合わせず、社会的な合図にも気がついていなかった。しかし験者が口頭で指示を出すと、素直に従った。マイケルは評価の間中、ずっと協力的で、全体的に一生懸命行っていた。終わりに近づき、いくらか疲れていたが、大いに励まされると持ちこたえることができた。褒め言葉とユーモアにはよく反応していた。マイケルの話し方は流暢で、実際的だった。非言語の課題は、素早く系統立った解き方を示し、全問を解くことができた。

第7章　マイケル──ケーススタディ

活動レベルは正常範囲。構造化された検査セッションでの注意の持続は適正だったが、セッションが進むにつれて疲れやすくなったようで、その結果、課題への努力が難しくなった。悲しそうで、いらいらしているのが特徴的だった。同級生への怒りと、また彼らに拒まれる悲しみを何度も述べていた。全体的な評価結果は、現在の機能レベルが妥当であるというものだった。

検査結果

　視空間スキルに問題がないことを確認するために、スタンフォード・ビネー知能検査のサブテストが実施された。マイケルは難問にも迅速にきちんとした方法で対応していた。標準年齢スコアは67で百分位数では98点に相当する。この点数は1986年3月実施の検査で得られた超優秀の言語性IQに一致する。視覚認知・統合力に障害は見られない。

　視覚と運動の協応性についても検査も行われた。マイケルの標準スコアは119、百分位数では98点に相当。視覚—運動の協応スキルは13歳8か月の平均に相当し、この分野でも問題はない。*

*著者による注釈：マイケルが書いた文字が示す通り、彼には運動スキルに問題があります。さらに、板書や宿題を写すことが難しく、書く課題は苦手です。視覚と運動の協応力に問題がないとするこの検査結果は教師の誤解を招きかねません。

　心理的評価の一環として、ウェクスラー個人能力検査が実施された。結果は全科目で平均ないしそれ以上の成績だった。とくに読解力に優れている。計算と単語の綴りの力が比較的弱い。

　両親はマイケルの行動評価尺度を完成。コナーズの親による行動評価尺度では、全段階（問題行動、学習の問題、心身の不安、多動）で臨床的に重度の問題が明らかになった。衝動—多動性が唯一、重度に近い尺度であった。これは問題行動の内面化と表出、双方が関連していると思われる。両親は、注意力に関する臨床的に重度の症状を多数報告しているが、多動性に関する報告はない。報告例：マイケルは細かいことに気がつかず、学校の課題でも不注意なミスを犯すことが多い、直接話しかけられても聴いていないように見えることが非常に多い、指示に従わず、課題を終えられないことが多い、課題や活動をまとめられないことが非

常に多い、知的な努力を要する課題を避けることが多い、課題や活動に必要な物をなくすことが非常に多い、毎日の課題を忘れやすいことが非常に多い。

　注意の持続と衝動抑制のレベル測定には、コンピュータを用いた検査が実施された。マイケルはエラーの率と速答率が高く、つまり衝動性が高い。さらに検査の間中、注意が逸れやすかったことから、注意の持続にも問題があることが示唆された。

　投影パーソナリティテストでは、自分の環境を一般的な方法で正確に認識する力があることが示された。しかしマイケルは情緒的にかなり混乱しているようで、それが正確な認識に悪影響を及ぼしていると思われる。情緒的に高覚醒になると、応答の調整が困難になり、気持ちを過度に高ぶらせながら支離滅裂に応答することがある。

　パーソナリティテストの結果、臨床的に非常に重度のうつ状態が示された。小児うつ病調査表では百分位数で99点（テストスコア＝76）、下位領域でもすべて同じような高スコアが見られた。情緒的に過度の苦痛を自覚しているため、自殺の危険性を注意深く監視しなければならない。さらに、マイケルは将来に非常に悲観的で、前向きな解決策はほとんどないと思っている。テーマ統覚テストでマイケルが作った物語は、暴力と被害者への正義の欠如が特徴的だった。

　また、自己概念にも問題があることが明らかになった。全領域で自分は不適切であると見なしていた。自己評価で唯一標準に近かったのは、知的な分野と学校に関するサブスケールだった。点数は低かった（テストスコア＝39；百分位数では12点）。この結果を分析すると、賢いが、学業をうまくこなす能力に不安がたくさんある、というのがマイケルの自己像である。社会的な合図への応答や、行動ルールを場面に応じて使い分けることが苦手のようだ。他者への興味を示すが、学校で他の生徒たちに拒まれることへの悲しみや怒りも表している。両親のことは、自分に必要な慈しみを与えてくれる存在と見なしているが、もっと親密になりたいという欲求も表している。

　他の顕著な問題は、学校に関することである。マイケルは「優秀児童」のラベルを与えられているが、それが彼の唯一の自尊心の基である。一方で、学業を適切に遂行していけるかという悩みも抱いている。

第7章　マイケル── ケーススタディ

> マイケルの作った物語には、勉強をよく行って、教師を喜ばせたいと思っているが、なかなかそうはできない子どもたちがおびただしく登場する。さらに物語の登場人物はテストや宿題に不安を抱え、一生懸命勉強をしたり、正しいことをするのに、テストで失敗し、教師を悲しませるということが多い。マイケルは通知表で良い成績をとることに大きな不安があることを報告している。
> 　学校からは、マイケルの反抗的態度に関する報告があるが、実際は教師の期待に応えたいと望んでいるように思われる。高度な不安や、社会的合図を理解できないことが、教室での問題を生起させている根本理由である可能性がある。さらに重篤なうつ病のせいで疲れやすく、一層苛立ちやすくなっていることが考えられる。
>
> **診断的印象**
> - うつ病
> - AD/HD（注意欠陥/多動性障害）、不注意型（暫定）
> - アスペルガー症候群は除外＊
>
> ＊著者による注釈：「アスペルガー症候群は除外」とは、この場合、ASかもしれないが、公式にはまだ決定されていないことを示す。

転 校

　マイケルは4年生の1学期に深刻な困難を体験し、そのことがきっかけで両親は1月に転校を決意しました。教師や生徒たちがマイケルに対して否定的な先入観をもっていない新しい環境は、プラスになるだろうと考えたのです。

　新しい学校では、4年生の通常学級に所属しながら、1週間に1日、秀でた生徒のための上級クラスを受けることになりました。両親は学校側に直ちにアスペルガー症候群に関する情報を伝えました。学校側がマイケルの困難の原因がわがままなずるい行動にあると思わないように、

職員が息子を理解する手助けをしたい、というのが親の希望の１つでした。

通常学級での授業課題は割と簡単でしたが、整理整頓の問題が悪化し、長い筆記課題や長期課題の完成がますます苦手になっていきました。

**ミシガン州センタービル郡教育委員会
ウエスト地区学生サービス
(296) 589-8300**

検討内容の概要（1997年２月４日付）
生徒名：マイケル・ネルソン

　マイケルの上級クラスの担任、通常学級の担任、学校心理士、両親で構成される学校委員会の会議では、マイケルが新しい学校と教育プログラムにどう適応しているかが話し合われた。通常学級の担任は、マイケルが時々宿題を忘れたり、宿題を仕上げてもそれをなくしてしまったことに言及した。
　委員会では整頓スキルを補うために宿題シートを作ることが決まった。また、上級クラスを受けるにあたり、あることから別なことへの移行や、責任をもって課題を完成するのが難しいという問題への対処法を与えることにも意見が一致する。スケジュールの変更は聴覚的に思い出させることになった。

　両親は、この検討内容を肯定的に受け取りました。学校側はマイケルの進歩を把握するため、積極的に定期的に両親と連絡を取りたがっているようでした。上級クラスの担任は、プログラムなどの調整を監督しながら、マイケルの言動について通常学級の担任と相談し合うことになりました。さらに、マイケルの両親と少なくても週に１度は連絡をとるこ

第7章　マイケル ── ケーススタディ

とに同意しました。

　問題行動は続けて見られましたが、前の学校ほど頻繁でも深刻でもありませんでした。マイケルの問題に続けて取り組むために、学校心理士は授業中のマイケルを観察し、担任教師たちと話をした後、次のことを報告しています。

　　……マイケルは、授業でしていることにほとんど注意を払いません。ぼんやりとして、ただ座って本を読んでいるだけのようです。事実に即した内容には関心を示します。注意を払っていないようだったのに、マイケルは課題を「A」レベルで仕上げました。

　　マイケルは自制心を非常に簡単に失います。例えば、ゲームで負けそうになると、コンピュータを揺すったり叩いたり、チェスの駒を投げた後、声をあげて泣きます。創作的な授業はわからないことが多いようで、「まだわかりません」というようなことを言っていました。

　　授業中は机を指で叩き続けたり、ずっとハミングをしていました。ある時、他の生徒に宿題を忘れたことでからかわれると、マイケルはその生徒を殴った上、からかったらまた殴るぞと脅しました。また別な時、他の人たちに向かって、じろじろ見たら椅子を投げてやると言いました。社会的な判断はまだ弱く、「ぼくのプロジェクトが一番だ」などと言っていました。

　2月4日の検討の後、副校長は地区の特別支援教育事務局に連絡をとり、行動療法家にスケジュールを組んで、マイケルの観察をしてもらうよう派遣の要請をしました。マイケルは「優秀児童」として、そのようなサービスを受ける権利がありました。3月になるとさらに、学校チームは担任教師のためにマイケルの行動支援計画を立てました。

　この計画は特別しっかりと監督されたわけではありませんでしたが、教師は多くの方法を実行したようでした。

ミシガン州センタービル郡教育委員会
ウエスト地区学生サービス
(296) 589-8300

行動支援計画（1997年）

名前：マイケル　　　　　　　　学年：4
クラスの規模：29人　　　　　　配属：通常教育
適性：上級クラス　　　　　　　日付：3月3日
行動療法家：メアリー・B　　　比率：1：29
　　　　　　　　　　　　　　　時間：終日

背景情報

　マイケルは転校生である。以前の学校では、終日上級プログラムを受けていた。現在は、上級クラスの教師による取り出し授業の形で受けている。1週間に1日、終日上級クラスの教師と過ごし、他の日は通常の4年生のクラスで過ごす。マイケルは上級クラスでは非常に安心しており、自分自身についても好感をもっている。そこではグループでも個別でもマイペースで学習ができる。教室を意のままに動き回ることができる。通常学級では境界が設けられており、教師からの要求は明快で、授業課題のほとんどは個別に行うことになっている（机上活動）。教師は情報をはっきりと提示し、視覚的なサンプルも用いている。

照会理由

　学校側はマイケルの社会性と情緒の領域でいくつかの懸念を抱いている。トントンと物を叩く行為が過剰、騒音を立てる、不服従、自尊心の低さ、他の生徒たちとのかかわりの乏しさ、誰からも好かれていないという思い、そして時折示す攻撃行動（机を押し倒す）。学校では、マイケルの教育と行動上のニーズにより合わせていくために、特殊教育地方事務所に行動コンサルタントによる援助を要請した。

　予定表：
　　2月6日、11日、26日　　記録の再検討

第7章　マイケル —— ケーススタディ

3月8日、28日	生徒の観察／カンファレンス
	教師のカンファレンス
	指導カウンセラーカンファレンス
3月22日、24日	親との電話によるカンファレンス
支援：	高度に構造化された教科および行動ベースの教室作り
	ルールの強制と強化
	席替え
	バディ（相棒）となる生徒の任命
	褒め言葉を増やす
	事前修正法を試みる
	合図・再指示を出す
	毎日、行動シートに記入する
好きなこと：	コンピュータ、読書、上級クラス、線画
標的行動：	教師の指示に従うことを拒否する
	ほとんど努力をしない
	気が散るような騒音を立てる
	他の生徒に否定的な形でかかわる
機能：	不愉快だと感じる場からの逃避
代替行動：	一定の時間内に教師の指示に従う、年齢にふさわしい方法で社会的な合図に応じる、退屈になったり不安を覚えた時には、自分を落ち着かせたり活動のペースをゆるめるための具体策を使う
指導内容：	受け入れられやすい方法で、他の生徒たちとかかわることができるようにする。不安や退屈になった時に、適切なコミュニケーション方法がとれるようにする。学校での標的行動は、社会的な状況か不愉快な活動

など逃げ出したくなるような場で最も起こりやすい。以下は、不愉快な状況に対処する社会的な合図や方策を誤解した時の介入方法である。

推奨する支援方法

1. 再指示を出す時、また、マイケルがストレスの多い状況を乗り越えられるように、バディ（相棒）となった生徒を活用する。適切だと思われる時には、マイケルもその生徒を補助するように促すこと。マイケルが自分の長所を強調できるようにする。
2. 学校という大きな環境で、マイケルが「友だちの輪」のプログラムに入れるようにする。また、カフェテリア、自由選択時間、可能なら放課後活動の際には、とくに社会的理解を育むためにソーシャルストーリーを用いる。
3. 怒りの代わりとなり、また他の生徒たちとの関係に重きを置くような、ソーシャルスキルのプログラムを実行する。
4. 静かな活動を中心にしたグループ代替計画を実行する。教室での行動を特定するため、マイケルと契約を結ぶ。
5. 活動、到達点、態度、報酬を視覚的に示したスケジュールを組ませる。15分から30分間隔で、あるいは活動ごとに組ませてもよい。
6. マイケルが問題行動を起こさざるをえないような、また問題行動を強化するような機会を減らす環境作りをする。両親に見せるために、行動シートを毎日家に持ち帰らせる。
7. 一連の活動や予定が完了したら選択時間を与える。選択時間の前に行う活動の時間や数を少しずつ増やしていく。
8. 指名されて答えたか、自ら挙手して答えたか、について自己監督シートをつけさせる。前向きな方法で挑戦させること。このシートは視覚的なヒントとなり、また参加を刺激する役割を果たす。

第7章　マイケル――ケーススタディ

> 9. グループの中で、各生徒がそれぞれの役割（例：読む係、記録係、発表係、監督係）をもつ協同学習に参加させる。
> 10. マイケルの学習スタイルに合うように、課題は音声でではなく視覚的に提示する。
> 11. コミュニケーションを基盤にした支援を行う（例：口頭で逃げることを告げるのではなく、「わかりません」「助けが要ります」「休憩してもいいですか」ということを、紙にらくがきをしたり、言葉などによるはっきりとしたヒントによって伝えさせる）。
> 12. できれば、マイケルの上級プログラムの時間数を増やす。
> 13. 計画の実行と監督に、役割と責任が伴うように工夫する。

家庭での行動

　学校では様々なことが順調に進んでいましたが、家でのマイケルは不満があるとなかなか我慢できない状態でした。3月には、下記の出来事が起こりました。これは母親が精神科医に宛てて書いたものです。

1997年3月17日

ハロルド先生へ

K. ネルソンより

　おとといの晩、私たちはファーストフードレストランのドライブスルーを利用しました。そこを出てしばらくしてから、注文した物が全部揃っていないことに気がつきました。マイケルが頼んだチーズバーガーが入っていなかったのです。マイケルの妹と私が自分たちの分をあげると言ったのですが、マイケルは満足しませんでした。私はソーダやミルクシェイクを飲んだらどうかと言いました。するとマイケルは、「食べるものがほしい、食べるものがほしい」と何度も繰り返し、

興奮してきました。車にある物を食べるか、家に着くまで待ちなさいと私はもう一度言いました。しかしマイケルはそれを受け入れず、パーキングブレーキをオンにすると、自分が運転すると私を脅しました。私は、そんなことは絶対に許されない、もしそうしたら車を止めて警察を呼ぶと言いました。

マイケルの妹はとても怯えて、欲しい物を何でもあげると言い出しました。マイケルは苛立ち、ナイフや尖った物が欲しいと言いながら、脅し文句を繰り返していました。そして妹を殺して切り刻んでやりたい、と何度も言いました。私は娘に、お母さんがいつでも守ってあげるからと言って娘を落ち着かせようとしました。マイケルは状況を支配するのを楽しんでいるかのようでした。マイケルは妹の言ったことに反応し、自分の行動によって欲しい物を得られることをほのめかしていました。次にマイケルは、私に向かって娘を助けるためなら息子を殺すのかと尋ね始めました。

特別支援教育の認定

学校の職員たちは、マイケルがひき続き成功した学校生活を送るためには、とくに中学校への移行に大きな支援が必要になるのではないかととても懸念していました。学校チームは特別支援教育へ向けた審査を行うことに決めました。

学校側も両親も、きちんとした文書記録や発達障害を示すものがなければ、マイケルは主に情緒障害あるいは重度の情緒障害があると見なされる恐れがあると心配しました。学校側は両親に、学校がさらに情報を集め、記録を再検討し、特別支援教育の基準に該当するかどうか、もし当てはまるならどのカテゴリーに入るのかの判断をまかせてはどうかと提案しました。

5月上旬、両親は学校側が様々な自閉症および行動評定尺度、標準化されているが非公式な言語の評価システムを用いてマイケルを評定する

第7章　マイケル ── ケーススタディ

同意書にサインをしました。また、これまで学外で行った評価を再検討することに承諾しました。さらに、夫妻はマイケルの精神科医から届いた1997年4月29日付の手紙に、ヨーク医師による心理学的評価（評価日：1996年11月14日）のコピーを添えて渡しています。

1997年5月8日付の手紙で、マイケルの精神科医は次のように書いています。

> ……1年以上にわたって、マイケルは気分変調を患っており、最近は重いうつ状態も合併しています。注意力に著しい問題があり、AD/HD（注意欠陥/多動性障害）、主に不注意型の診断が検討されているところです。評価の過程で、また現在の初期治療を行う中で、マイケルが社会的相互作用の障害と、限定された行動パターンと興味を示すことが明らかになっています。こうした理由から、マイケルは暫定的にアスペルガー症候群と診断されます。うつ病、広汎性発達障害（暫定）、注意障害が複合障害となり、最近の教室での能力遂行の著しい困難をもたらしているのです。問題行動もその複合障害が原因で説明がつきます。

精神科医からの報告に加え、学校心理士による小児自閉症評定尺度（CARS）で、「対人関係」「情緒的応答」「変化への適応」「非言語コミュニケーション」の領域に重篤な問題があることが判明しました。自閉症行動チェックリストでは「他者との関係」「社会性」「身辺自立」の領域で困難が示されました。

発語と言語の力についても、評価することになりました。マイケルは「問題解決テスト　改訂版」を受け、標準点は108点でしたが、上級クラスと4年生の担任教師、さらに親による語用観察チェックリストでは社会的な言葉の使用に重度の障害があることがわかりました。

判定はテストの標準点ではなく、チェックリストに基づいてなされるため、学校チームは1997年6月、4年生の終わりに特別支援教育の実施

に向けた会議を開き、マイケルは「自閉症」の範疇にあるとして個別教育計画（IEP）を作成し、中学校への移行計画の下、準備を始めることにしました。

　言葉による強化、大人の補助による正しい状況理解の強化、必要な時に行くことができる「落ち着ける場所」（ホームベース）の確保、ソーシャルスキルトレーニングなど、それまでの方策は引き続けられることになりました。

暫定措置の再検討：4年生の6月

　マイケルの進歩と次年度の計画を話し合うために、委員会が開かれました。話し合いの結果、マイケルには穏やかで系統だった、かつ柔軟な教え方のできる教師を厳選することになりました。

　マイケルが5年生になる前に、外部の自閉症とASの専門のコンサルタントによる教師研修が行われました。研修には次の事項が組み込まれました。

- マイケルの環境（バス、学習場所、集会など）には専用のスペースを設けること（教室では、マイケルの動きや音が他の生徒の邪魔にならないように、たいてい席は後ろでした。集会ではマイケルが列の端に座ることができるように、また十分なスペースをとれるように、マイケルのクラスは体育館の観覧席に座りました。また、クラスの生徒には整列番号が与えられ、並ぶ時にはその番号順に並ぶことになりました）
- 毎日課題シートを与える
- 特別支援教育クラスでは、コンピュータのキーボードスキルを指導する
- マイケルを苛立たせるような状況に置かないようにする
- 力づくで押さえ込むのは避ける
- マイケルには生まれつきの障害があることを教師がクラスに話して仲間意識を築く。教師はマイケルが他の生徒たちと違った学び

第7章 マイケル──ケーススタディ

方をするため、違った扱いを受けることも伝える
- マイケルは、年下の子どもたちとではより良いソーシャルスキルを示すことから、週に1度、異年齢のグループで上級クラスの教師のアシスタントをさせる（そうすることで、通常学級の教師に「休憩」を与えることにもなりました）
- 「パス制度」を設ける。マイケルが自分をコントロールできなくなってきたら、特定の場所に行くように促す
- 選択肢を与える（筆記は一般的にASの生徒の苦手分野です。マイケルもそうでした。上級クラスでは学校新聞を作っていましたが、マイケルには自分が特別に興味をもつ分野で、記事を書く自由が与えられていました）
- 課題、プロジェクト、教材の理解補助として視覚支援を行う

マイケルとかかわるすべての職員に配付できるように、新しい目標が設定されました。

「上級クラスと特別支援クラスの時間配分を決めること。マイケルは、個別学習、個別のコンピュータ学習、特別グループ活動を双方のあるいは一方のクラスで行う。特別グループ学習には、ソーシャルスキル学習、他の生徒への個人指導、他の生徒たちとは異なる環境で過ごす時間帯を含む」

ミシガン州センタービル郡教育委員会
ウエスト地区学生サービス
(296) 589-8300

特別支援教育課

個別教育計画：高能力認定

生徒名：マイケル・ネルソン

支援が必要な分野
　責任、社会性、情緒

現在の様子
　マイケルは聡明な少年だが、社会的場面が苦手である。

年間目標
　課題に対する責任を受諾する。必要な時に援助を求めることを学ぶ。グループの一員となることを学ぶ。

短期の指導目標
　1．グループ活動に参加できるようになる。
　2．教室や、特別支援クラス・上級クラスで、またカフェテリアで必要な時に助けを求められるようになる。
　3．苛立ってきたら身体的な暴力に訴えるのではなく、教師に「口頭で伝える」という形で「警告」を発せられるようになる。
　4．筆記課題がより容易になるように、コンピュータのキーボードスキルを学ぶ。

コメント
　4年生の4期中、第3、第4期における報告書によると、マイケルは次の領域で改善が必要である。
- 指示をよく聞き、従う
- 制限時間内に授業課題を完成させる
- 課題に集中する

第7章　マイケル──ケーススタディ

- 他者とうまく活動する
- クラスのルールに従う
- 他者の権利と所有物を尊重する

マイケルは次の領域では良好だった。
- 期限内に宿題を終える
- 自分で考え、1人で作業をする
- 権威を尊重する
- 責任を甘受する

マイケルは全教科でBの成績を納めた。美術、音楽、体育の成績は良好。
上級クラスではほとんどの課題を独力でやり遂げた。

夏

　夏休み中、マイケルはデイキャンプ（宿泊せずに昼間だけ活動するキャンプ）に参加しました。参加者はとくに興味のある分野を選び、1週間のうち3日はキャンプ施設で、2日は施設外で活動を行うことになっていました。マイケルが選んだのは、(a) コンピュータ、(b) ボウリング、(c) ゴルフ、(d) 科学、でした。キャンプが始まる前、両親はキャンプ指導主任に会い、ASのことを知ってもらいました。キャンプの主催事務所では特別支援が必要な生徒たちと共に活動をするというポリシーをもっており、マイケルのグループが施設外で活動を行う日には、スタッフを1人多くつけることになりました。このサマーキャンプは、マイケルにとって成功体験となりました。

5年生

既に述べたように、マイケルが5年生になるまでに多くの計画が立てられていました。しかし推奨された調整を行っても、なおマイケルは間もなく教室で困難にぶつかるようになりました。

10月、担当教師たちは、マイケルが同年代の生徒たちに腹を立てた時の行動をどうコントロールするか、悩んでいることを告げました。マイケルは、他の生徒たちが自分を笑ったり、からかっていると感じると、暴力的になり、机を押したり、生徒たちを叩いたりしていました。教師たちは、マイケルは「協調する」スキルや、さらに自制がきかなくなる前に自ら「警告」を発するような方法も学ぶ必要があるだろうと提唱し、次の個別教育計画が立てられました。

ミシガン州センタービル郡教育委員会
ウエスト地区学生サービス
(296) 589-8300

特別支援教育課
個別教育計画：高能力及び自閉症認定
1997年10月

生徒名：マイケル・ネルソン

支援が必要な分野
　責任、社会性、情緒

年間目標
　マイケルは個別でもグループでも責任をもって課題ができるような学習方法を続ける。

第7章　マイケル── ケーススタディ

短期目標

　マイケルはグループ学習について学ぶために、小グループ設定で他の子どもたちと活動を行う。自分で目標を決め、それに向かって進歩を表に記録する。

- マイケルは特別に興味のあるプロジェクトに集中して取り組めるように、補助教材を使用し、またそれらを整理して行う
- マイケルは定期的にコンピュータのキーボードの使い方を学ぶ。それによってフラストレーションが少なくなり、筆記課題を完成させることができるであろう

支援が必要な分野：　社会性・情緒・言語

短期目標

　ソーシャルスキルの向上のため、ソーシャルスキルグループに参加すること（グループは再編成される）。

- 不満が蓄積しないように、必要な時には助けを求めることを学ぶ
- 苛立ってきたら、学校で決められた方法を用いることを学ぶ。
  例：教師に苛立ってきたことを告げるなどして、警告を出す、休憩をとる、特定の場所へ行く
- 不安や混乱を覚えたら、より良い状況理解のために説明を求める

　第2期、マイケルはすべての教科で「A」の成績を収めました。担任教師は、提案された多くの方策の実施に成功し、マイケルもよく応えていました。このように、ある意味でマイケルの成績表は、学校側が彼のニーズに合わせて教育プログラムを組む力があることを反映していました。例えば、担任の教師は、マイケルがグループでではなく、独自にプロジェクトを仕上げることをしばしば許可していました。成績表で「改善を要す」の項目はまだ1つだけ残っていました。それは当然ながら「他の生徒たちとうまく協同学習を行う」でした。

1998年1月の出来事

　委員会が開かれ、マイケルの進み具合と、通常学級でカッとなり暴力的に反応してしまったいくつかの事件について話し合いがなされました。

　事件の一例を挙げると、学校理事が教室にやってきて、1月の学校祭のパーティーで「クリスマスの12日」の合唱に積極的に参加した生徒にドーナツを配った時のことでした。参加すればドーナツがもらえることは、生徒たちには知らされていませんでした。マイケルは合唱に参加しませんでしたので、ドーナツをもらえず、その結果、椅子を教室の向こう側まで投げ飛ばしたのでした。委員会は、これからも起こりかねない問題行動のことを懸念し、マイケルには自制を失いかけたら直ちに使える方法を教えたい、と考えました。

　そこで次のような介入方法を含んだ新しい行動計画が立てられました。

（1）学校のソーシャルワーカーがマイケルと毎週会い、マイケルの思いについて内密に話し合い、苛立つ場を離れるためにカードやパスを使う実際的な練習を行う。

（2）マイケルは教師と共に、また家庭でも代替行動方法を復習し、練習する。

（3）マイケルが代替行動を示した時には、キャンディなどを用いてそれを強化しなければならない。

（4）もしマイケルが暴力的になったら、学校管理部に相談すること。管理部は親に電話で連絡をする。

　必要なら管理部は、問題を起こした日には、停学にするか、どうしても妥当だと思われる場合は両親に連絡をとった後、退学処分とすることも決定されました。それまでのストラテジーと支援は続行することになりました。中学校の選択についても話し合われ、数学の上級プログラムの受験とそれに備えた実践セッションが提起されました。

第 7 章　マイケル —— ケーススタディ

1998年5月の出来事

　マイケルは 2 日間の停学処分を受けました。報告によると、他の生徒を抱え、床に投げつけて怪我を負わせたということでした。この事件は生徒がマイケルのそばを歩いていて、偶然に肘がマイケルの頭に当たった時に起こりました。マイケルはわざと肘でぶたれたと思ったのでした。

中学校への移行計画

　中学校への移行計画は、5 年生の春からかなり徹底して開始されました。両親、プログラムの専門家、上級コースの教師、行動療法家が数校の中学校を訪れて、どのプログラムが最もマイケルのためになるか、見て回りました。見学した学校は、地域の中学校、モンテッソーリ式の教育を行うマグネットスクール、科学に力を入れたマグネットスクールなどです。

　地域の中学校は、問題行動に対して極度に柔軟性を欠いた管理方針をとっているという評判があり、候補から外されました。その学校では机に向かってプリントを行うという、典型的な中学校のカリキュラムを取り入れており、ラボやコンピュータ、その他の高テクノロジー教材を用いた実体験による学習は行っていませんでした。

　モンテッソーリ式のマグネットスクールのプログラムには、特別支援教育スタッフがついていました。さらにこの学校はマイケルのように、教科成績の良い生徒の受け入れに関心を示していました。在校生のほとんどは教科成績が低かったためです。この学校のプログラムの欠点の 1 つは、転入に教科成績を問わないことでした。その結果、標準テストで低い点数をとった生徒や、読み方や数学で治療教育（学習が遅れた、あるいは誤った学習習慣のある生徒のための特別教育）を要とする生徒たちが大勢、この学校のプログラムに引きつけられて来ていました。もし入学すれば、マイケルは開校以来社会的に最も成功した聡明な成績優秀者となるはずでした。この学校の生徒の多くは、マイケルにはよくわからな

い俗語を話していました。その生徒たちも、マイケルの学者のような話しぶりは理解しがたいだろうと思われました。

　科学を主体にしたマグネットスクールでは見事なテクノロジー機器やラボが揃っており、様々な体験が幅広くできるような校外活動も普通の学校より多くスケジュールに組み込まれていました。

　マイケルの小学校スタッフの何人かは、その学校の特別頭が良くて、どこかやぼったい感じの生徒たちとなら、マイケルはうまくプログラムをこなせるのではないかと感じました。さらにマイケルもプログラムのビデオを見て、参加することに興味があることを伝えていました。

　マグネットプログラムを考慮に入れるためには、この学校の入学基準であるスタンフォード学力テスト（SAT）で100点中75点をとらなければなりませんでしたが、マイケルはすべての科目で90点以上の成績でしたので問題はありませんでした。

　マイケルの入学が許可されると、両親と小学校チームはプログラムのコーディネーターと特別支援教育の専門家に会い、マイケルに必要となるであろうことについて率直に話し合いました。数週間後、移行計画会議が開かれました。会議にはマイケルの小学校職員（上級コースの教師、行動療法家、地区のプログラム専門家）、校区交通課、校区プログラム専門家、移行先での行動療法家、マグネットスクールのコーディネーター、特別支援教育専門家、マグネットプログラム側からの支援チーム、そしてマイケルの両親が出席しました。マグネットスクールのコーディネーターはこの会議での決定事項と主要事項をまとめ、支援チームに提出しています。

全体的な印象

　　成績優秀。優れた読書家。遅れた生徒の手助けを好んで行う。情緒的に未熟。自分に好意的な生徒とのみ、うまく活動する。1人で活動するのが得意。落ち着いていれば、授業で挙手をする。落ち着

第7章　マイケル──ケーススタディ

きがない時には、注意して目を配ること。他者とのかかわりに援助を要する。好かれたがる。頑固。いつも質問をするとは限らない。体を揺らそうとする。日々の決まりごとを要する。成績が下がった時にはカウンセリングを要する。

マイケルが問題を起こす可能性のある状況
- 混雑した場所
- 人に触れられたり、ぶつかった時
- からかわれた時
- 差別されたと感じる時
- 決まりごとに変更が生じた時
- プレッシャーや不安を感じる時

マイケルが困っていると思われる時のサイン
- しかめ面をする
- 騒音を立てる
- 体を前後に揺らす

問題が生じた時にするべきこと
- あなたの存在を認識させる
- マイケルの注意を転換させる
- 教室から出て使い走りをするように頼む。または図書室に行くように言う
- 問題が生じたその場で一緒に解決を図る
- いつもと違うことが予定されている時には、マイケルに備えさせる
- 一番しなければならないことは、マイケルの自己評価を高めること。罰は逆効果となりかねない

以上の観察に基づいてチームは次の決定を行いました。

交通：マイケルはバスの最前席、運転席の後ろに座る。マイケルに対するからかいやいじめなどがあった時には、運転手は学校側に報告する。

選択科目：1学期はコンピュータ補助としての役割を担う。

行動プラン：次のことを行う。
- パス制度の確立
- 宿題計画の補助
- 構造化されていない時間帯や移動時間には、別なオプションや支援が必要。登校後、マイケルは情報センターや特別支援教育担当教師の部屋へ直行すること

その夏中、一連の会議が開かれ、マイケルの母親、特別支援教育の専門家、インクルージョン支援教師、校区の行動療法家、ASに精通した外部のコンサルタントが出席しました。行動プランの作成に加え、パス制度や登校初日に向けたオリエンテーションも計画されました。配置職員の研修は、新学期の1週間前に行われることになりました。

行動プランの作成

行動療法家はマイケルの両親にインタビュー形式の機能分析用紙を渡し、記入を依頼しました。その回答によって、マイケルはフラストレーションを感じたり、邪魔をされたり驚いた時に問題を起こすことがわかりました。また、社会的な場面、とくに不公平だと感じたり、理解できないルールがある時にも困難を示していました。両親は、マイケルはからかいやいじめに対して非常に敏感な子どもだと思っていました。両親によると、マイケルの好きなことは、ビデオゲーム、映画鑑賞、読書、絵をかくこと、コンピュータなどで、嫌いなことは、身体的な活動、興味のないことについて作文を書くこと、嫌いな生徒たちと活動を共にす

第7章　マイケル —— ケーススタディ

ることでした。両親はマイケルの主な問題行動を「誤解を招いたり、行き場がないと感じるような状況に対する反射反応」であると述べています。そのような状況では暴力的に、あるいは非協力的になるのでしょう。問題行動は、偶然にしろ意図的にしろ、身体的な接触があった時、何かを取り上げられた時、からかわれた時、予期しない変更が生じた時、思い通りに行かなかった時、またどうしたらよいのかよくわからない時に最も頻繁に起こっていました。

両親はマイケルの顔の表情（怒りや緊張）で、自制を失いつつあるのがたいていわかると言っていました。マイケルは自分の気に触ることについて話すことがありましたが、ストレスの度合いは声のトーンや身体言語、顔の表情にはなかなか現れませんでした。両親はマイケルが発する言葉によく気をつけるようにしていました。また、マイケルは必要なものや欲しいものがあっても、親に伝えられないことが多々あるとのことでした。ストレスの兆候を見出した時にはたいていの場合、マイケルの言葉に注意深く耳を傾けたり、さらに何か情報となることを探す必要がありました。

会議の結果、基本的なパスの手順が考案されました。マイケルは、自制できなくなったら、教師にパスを使ってもよいか尋ねる、あるいは教師の方からパスを使って、教室を出たりホームベースへ行くように提案することになりました。

マイケルのオリエンテーション・ストラテジー

他の生徒たちとマグネットスクールを一通り見学した後、さらに新学期開始の2週間前には以下のことがありました。

- マイケルは特別支援教育課の職員と2人で個別見学ツアーを行った
- 見学ツアーはビデオに録画された
- マイケルはスケジュール表を受け取った
- 実際のスケジュールを体験した

- 座席が指定され、マイケルはそれぞれの科目の教室で、自分の席に座ってみた
- スクールバスでの手順が説明された
- カフェテリアでの手順が説明された
- マイケルは、名前と科目が記された各教科の教師の写真を受け取った
- マイケルは、校内外の地図を作成し終えた。各教室から特別支援教育課までの道順、また学校の様々な場所からトイレまでの行き方にも印をつけた
- パスの使用手順が説明された

新学期初日に備えた職員研修

　マグネットスクールの職員チームは、1時間半におよぶASのオリエンテーションを受けました。また学校の全職員（事務員、警備員、カフェテリアの職員を含む）が、マイケルのこととパス制度について学びました。

6年生

新学期第1週目

　マイケルが新しい学校に適応できるように終日次のような支援が行われました。
- 最初の2、3日は、親が車で送り、校内へ連れて入った
- クラス間の移動の様子を監視するため、支援スタッフが各クラスへ案内した
- 支援スタッフは、昼食時の様子を監視した
- 支援スタッフは、終業時からバスに乗車するまでの待ち時間の様子を監視した

第7章　マイケル──ケーススタディ

「危機」に先立った最初の問題行動
分析と計画

　学校が始まった第1週目、マイケルの両親は機会あるごとに何度も、支援スタッフにマイケルの様子を尋ねました。スタッフは教師側からはマイケルが問題を起こしたことを一切知らされていなかったので、万事順調に進んでいるものと思っていました。

　しかし、感謝祭の少し前、両親はマイケルがいくつかの教科でかなり遅れをとっているという中間報告を受けました。それは「危機」が差し迫っているという何よりのしるしでした。両親からの連絡を受けた支援スタッフは、親の思い過ごしだと考えましたが、その後、何週間もたたないうちに問題行動が度重なって起こりました。マイケルがいろいろな分野で困難を抱え、それが膨れ上がっていることは、誰の目にも明らかになりました。問題行動には次のようなものがありました。

事件報告書

12月7日

　マイケルは教室に入ると、こぶしを机に叩きつけた。
　教科書を3冊投げ、私の教材を引き裂いた。
　親に連絡：親は本の弁償に同意。

　　　　　　　　　　　　　　――――――――――――
　　　　　　　　　　　　　　　　サイン、社会科教師

12月末までに、学校はマイケルに終日補助をつけるようになりました。しかし状況は改善されませんでした。支援スタッフ、教師、マイケルの両親によるミーティングでは、教師がマイケルの初期の兆候に気づいていなかったことが判明しました。例えば、マイケルが3つもの授業で机などをトントンと叩いたり、過剰な騒音を出していた時にも、介入したり支援スタッフに報告をした教師は、誰もいませんでした。

パス制度の問題
　冬の少し前に生じた問題の1つに、パスに関することがありました。問題の現場にいた教師は、マイケルにはパスの使用が認められているのに、実際は1度も使ったことがないように感じていました。その日、数学の時間にマイケルは、「教室がうるさすぎる」と教師に告げました。教師はパスがあることを思い出させましたが、その教師によると、マイケルが次にしたことは、床に教科書を叩きつけることでした。
　さらに調べた結果、マイケルには自分の情緒状態に気づき、メルトダウン（パニック）に至る前に、まず教室を出るということができないことがわかりました。そこで、マイケルにパスの使い方を教える計画が（ポジティブな行動支援計画の一環として）立てられました。マイケルには、プロンプトを与えられたらパスを使うのが望ましい行動であることが伝えられました。また、教室を出ることができれば、特別支援教育課に置いてある好きなキャンディを1、2個自由にとってもよいことになりました。教室を出てもそれは成績に関与しないこと、さらに授業で抜けた分についてはすべて補習されることも決まりました。
　プロンプトには「パスを使う1回目の合図です」、「パスを使う2回目の合図です」というような、はっきりとした言葉による簡単なシステムを使うことになりました。パスの使用は選択肢ではなくなりました。不安の度合いが高すぎるとマイケルは「固まって」しまい、決断を下せなくなるからです。2回目のプロンプトに応じない時には、警備員が呼ばれ、マ

第7章　マイケル——ケーススタディ

イケルを教室から出すことになりました。その場合は、「規則」を破ったことになるので、特別支援教育課に行ってもキャンディはもらえません。

　行動療法家は、ストレスの少ない状況でプロンプトを与えるように、教師研修を行いました。プロンプトにうまく応えられると、マイケルは褒め言葉と好きなキャンディがもらえました。パスは徐々にマイケルにとって「ストレスの多い」場面でも使われるようになりました。

　研修の結果、学校チームがマイケルの初期のサインに気がつくようになり、はっきりとしたプロンプトを使うようになると、マイケルは力づくで教室を出されることがまったくなくなりました。両親は支援のことで気になることがあれば、引き続き、スタッフと連絡を取り合っていました。

　マイケルが関与した事件の多くは、正式には記録されていなかったため、事件の前にどのようなことがあったかは定かではない状態でした。学校側は、マイケル自身が自分の不適切行動を重く受け止めなくてはな

事件報告書

12月14日

マイケルは近くに座っている生徒とのトラブルを続けた後、席の移動を拒否した。移動するか、私が父親に連絡をするか、と選択肢を与える。私が父親に電話をかけに行こうとすると、マイケルは席を移るような素振りを見せたが、次に突然爆発し、自分の椅子を蹴り倒し、別の椅子をつかんで教室の向こうへ投げ飛ばした。椅子は水槽にぶつかった。私がパスを使うように言うと、マイケルはパスを見つけ、教室を出て行った。

　　　　　　　　　　　　　　＿＿＿＿＿＿＿＿＿＿＿＿＿＿
　　　　　　　　　　　　　　　　　サイン、理科教師

らないと強く感じていました。そのため、マイケルには諸々の事件を理由に、その月は3度、土曜日に登校することが課せられました。登校後は事務職員の監視のもと、3時間過ごし、同じように処分を受けている生徒たちと学校の至るところで様々な仕事をしなければなりませんでした。

　外部の行動コンサルタントは、十分な計画を立てずにそのような処分を行うと、マイケルの問題は急増しかねないという懸念を示しました。両親はマイケルに必要な調整について話し合うために、学校側とのミーティングを設けました。この件では、まず事務職員はマイケルのことをよく知っており、彼のコミュニケーションや社会性の問題を理解している者でなければなりませんでした。同じ処分中でも、マグネットプログラムに属していない「定型発達の」生徒たちをマイケルと組ませるという問題と、マイケルの安全のために、監視をどの程度行うかということも話し合われました。最終的に、マイケルと親しいスタッフが至近距離で監視を行い、課題は1人で行わせることになりました。以上のような条件が整うと、マイケルは問題行動を起こすことなく、土曜日の登校処分を終えることができました。

機能分析

　冬休みの間ずっと、外部の行動コンサルタントによる広範囲の機能分析インタビューが実施、完了されました。自閉症とASのエキスパートであるこのコンサルタントは、マイケルを下降線に陥れる原因を特定しようとしていました。

　インタビューの計画にあたって、マイケルが一番積極的に質問に応えてくれる時間帯（食事やおやつの後、好きな活動の後など）や条件を注意深く考慮しました。さらにインタビューに快く応じてくれることに対し、マイケルには強化子として前もって謝金が支払われました。また、インタビューで得た情報があれば、マイケルが難しいと感じることを教師や

第7章　マイケル──ケーススタディ

スタッフが理解しやすくなることも繰り返し話しました。次に挙げるのは、実際のインタビューでのマイケルの応答とそのまとめです。このインタビューの結果は、今後何を観察していくべきか、どんな情報を得るべきか、またどのような支援を行っていくか、ということに対して膨大

機能分析インタビュー
生徒名：マイケル・ネルソン

1時間目：コンピュータ
- 教師からのフィードバックがわからない
- 情報を写しとるのに、席を立たなければならない
- 席から黒板が見えない

2時間目：数学
- 板書が難しい
- 赤や黄色で書かれた文字が読めない
- 他の生徒たちにからかわれるかもしれないので、意見をなかなか言わない
- 宿題を行う際、プロセスを書き出さない；ステップに分けて行う必要がある
- 友だちのジャスティンと一緒に作業ができないのが悲しい
- 宿題がどのように出されるのかはっきりわからない

3時間目：理科
- 教師からのフィードバックがわからない
- 2人の生徒から悪口を言われる。1人はめそめそとして苛立つ声を出す。もう1人はテーブルの下でマイケルを蹴る。2人のうち1人は、マイケルの席の隣に座っている生徒
- プロジェクトが遅れている
- 困惑のあまり、親に宿題のコピーを渡さなかった
- おちこぼれて、マグネットプログラムから追い出されるのではないかと悩む
- 中間テストの成績が「F」（不合格）だった

229

4時間目：国語
- 教師の意図が読めない
- 綴りのテストのやり方がよくわからない
- 宿題がよくわからない
- 不公平な課題（選択制、利用できる情報量に偏りがある）
- 筆記課題が難しい
- 筆記課題が大嫌い
- 教師がマイケルの席をしょっちゅう移動させる
- 通常は4人のグループで行う課題を、マイケルは最近1人でしており、罰せられているかのように感じている
- 宿題が口頭で出されている

5時間目：世界史
- 宿題が口頭で出されている
- 宿題を聞き漏らし、0点をとることがある

マイケルの行動と環境の関連性についての仮説
- マイケルの問題行動は、フラストレーションを示し始めた時に生じやすい
- マイケルの問題行動は、よく構造化された場、教科学習で遅れずについていっている時、また周囲の人たちと良い関係にある時には起こりにくい
- マイケルの行動は、ストレスを軽減・除去したり、不安を減らすことができる能力によって維持・強化される
- マイケルの行動は、ストレスの度合いが高い状況を避けることで、維持・強化される

な手がかりを与えることとなりました。

　委託を受けた行動コンサルタントと両親は、学校の対応があまりにも遅く、下降を辿り始めているマイケルの助けになっていないことを憂慮し、非常に具体的な事項を強く記した覚書を学校に提出すると同時に、そのコピーを教育委員会にも送りました。

第7章　マイケル──ケーススタディ

覚　書
（メモ）

1998年12月28日

宛　先：ファウルズ先生（特別支援教育専門家）、ギャラガー先生（行動療法家）、キャンベル先生（インクルージョン支援担当）、フルー先生（自閉症支援専門家）

気　付：シェイド先生（特別支援教育プログラム立案担当）、トンプソン先生（地区自閉症スーパーバイザー）

発　信：カレン・ネルソン、ファッサー（私設行動コンサルタント）

　ASの人が危機に瀕している場合、まず優先すべきことは安定化です。学校環境を安定させるために私たちは、直ちに支援を増やし、ストレス因子を減らさなければなりません。危機が深まるのを阻止するには不安を減らしていくことが必要です。目標はマイケルが順調に日々を過ごすことができるように手助けをすることです。

　また、マイケルに期待し過ぎないことも必要です。今は、マイケルが新しい課題を学べる段階ではありません。感情や自己評価に関する話題は避けて下さい。「こういう状況ではどうしたらもっとうまくできると思う？」などという抽象的な質問もしないで下さい。そのような質問は不安を煽るだけです。また、授業での自己評価やパスの使用の指導も延期して下さい。

ストレス因子の除去
- マイケルが、問題を起こす生徒たちに近づかないようにして下さい（懲罰の形ではなく、援助する形で）
- 課題の難易度を下げて下さい
- 変更はできるだけ徐々に行って下さい（スケジュール、座席、提出課題、対応する人）
- 筆記課題を減らして下さい
- 課題はすべて単純化して下さい。課題を分割し、計画を立て、順に行ってまとめることができるように、直接的な補助を与えて下さい
- 課題の遂行が成績に響くことを強調しないで下さい

支援の増加
- 同一性を保持して下さい。何か変えなければならないことがあれば、マイケルにあらかじめ伝え、備えさせて下さい
- 変更がある時には、マイケルに対する期待・要求を減らして下さい
- 座席を一定にして下さい
- 学校側の支援のもとに、マイケルが好きな生徒たちとかかわれるようにして下さい（ただし、マイケルは判断力も忍耐力も弱いことを忘れないで下さい）
- 宿題を出す時には、書いて与えて下さい
- 課題を調整したり、できるだけ多くの選択肢を与えてマイケルの長所と興味を活用して下さい
- 安心感、褒め言葉、先生からのはっきりとしたフィードバックを増やして下さい
- マイケルが学校で好意をもっている大人と好きな話題について話せるように、取りはからって下さい。そうすることで、マイケルは学校側とつながっていると感じ、全体的に安心感や満足度が増すことでしょう
- 国語と理科のプロジェクトでは、うまく最後までやり遂げられるように、学校スタッフが援助してくれることを再認識させて下さい。プロジェクトについては、前向きな形で話し合うようにして下さい

　この手紙に対する返事の中で行動療法家のギャラガー教諭は、マイケルにはポジティブな行動支援（PBS）チームをつけることを提案し、以下のプランを立てました。プランは1999年1月4日にチームのミーティングで検討されました。また冬休み明けの第1日目である1月3日に、インクルージョン支援教師と行動療法家が、マイケルの観察を行う手配もされました。

第7章　マイケル──ケーススタディ

理科の授業での観察
（インクルージョン専門家）
1999年1月3日

コメント：
　マイケルは授業中ずっと大変よく学習し、参加していた。課題に集中するよう2度ほど口頭で注意を受けたが、注意されると課題に取り組んだ。
　マイケルはクラスにとてもよく溶け込んでいるようだ。宿題の期日を予定表に書きこんだり、手を挙げて教師に要約を書き終えたことを知らせる様子を見て、私は大変嬉しく思った。教師はマイケルが書きとった日付をチェックしたり、課題の開始を思い出させるのがうまかった。マイケルが1度ストレスの兆候を示した時にもよく気がついた。

提案：
　口頭で指示を出す時には、マイケルが聞いているかどうかを確認すること。授業のスケジュールをクラス全体に示し、次の課題に移る時には、全員に（マイケルにも）知らせる。例えば、記事を読んでいたマイケルは「書き始めなさい」と言われてそうしていたが、スケジュールがあれば読むことも書くことも忘れずに済む上、他の生徒たちも何時何分になったら書き始めるのかがわかりやすくなる。

　次の草案はマイケルの学校の行動療法家によるものです。学校側が支援プランを立て、実施する際の補助となるように立案されました。

機能的行動評価・ポジティブな行動支援（PBS）計画（草案）

生徒名：マイケル・ネルソン

支援チームメンバー
　特別支援教育専門家
　行動療法家
　地域の自閉症支援副担当教師
　ASの専門外部コンサルタント
　インクルージョン支援教師
　マグネットプログラムのコーディネーター

情報およびデータ収集
　情報、データは、行動療法家、通級学級の教師、自閉症専門家、特別支援教育専門家、ASに精通した外部のコンサルタントによって収集された。データには記録の総覧評価情報、非標準な直接観察、標準化された直接観察、生徒本人へのインタビュー、親へのインタビュー、教師へのインタビュー、親からの提案、教師からの報告が含まれる。

支援目標
　マイケルが自分の知的レベルに応じた教育を受けることで実力を向上させるためには次の目標が役に立つであろう。
　1．ストレスを感じたら教室内で適切な行動を示す。
　2．授業での課題、宿題、プロジェクトの完成度を上げる。
　3．各科目の教師が出す社会的な手がかりを読む。
　4．ストレスを感じたら落ち着けるような方法を使う。

環境の調整
　1．宿題はすべて書いて出す。必ず黒のサインペン（赤は不可）を使うこと。宿題はOHP、黒板、宿題シートや予定表に書く（毎日同じ方法で同じ場所に書くこと）。
　2．各授業では、その日のスケジュールをできるだけ細かく書き出し、授業の前に提示する。教室での決まり、座席の位置、教示の仕方に変更がある時には、どんな場合でも詳しく解説する。

第7章　マイケル――ケーススタディ

3. マイケルの座席は教室の後方、他の生徒たちと一緒にする。教師はマイケルに、どの生徒のそばに座りたいかを尋ね、適切に生徒を選ぶこと。グループ作りの時も同様。毎回同じグループに入れること。メンバーの入れ替えなど、変更がある時には移行が楽になるように、前もってその件をマイケルと話し合うこと。
4. マイケルがしていることに対して、具体的なフィードバックを常にたくさん与えること。マイケルは他の生徒たちのように社会的な手がかりを読み取らないので、これは最も重要な提案の1つである。行動に対して、具体的ではっきりとした褒め言葉を多く与えること。
5. 課題はすべて小さなパーツに分け、できるだけ完成例を示すこと。
6. 課題の完成には、十分な時間を与えること。家で仕上げてもよいことにする（その場合、親にわかるようにその旨を連絡帳に記入すること）。
7. ストレスに対処する時の決まりと、教室での行動ガイダンスをマイケルのノートにテープで貼っておき、授業の前に見直せるようにしておく。授業を始める時に、見直すようにプロンプトを出すこと。
8. 主要な指示は、すべて非常に具体的に出すことを心がけ、マイケルが理解したかどうかを確認する。「はい／いいえ」で答える質問をしてはいけない。実際にするべきことをさせてみたり、指示を反復させること。

行動マネージメントの手順

　教師は全員、マイケルのフラストレーションの兆候を知っておくこと。また、その兆候を積極的に探すこと。兆候は次の通りである。
- うなだれる
- 視線を合わせない
- 顔、頭、手をこする
- しかめ面をする
- 椅子に座ったまま体を揺する

以上の兆候がいずれでも現れた場合、教師は慎重にマイケルに近づき、
- 今、何をするべきかを言わせる
- 今するべきことをして見せる

以上の試みに効果がなければ、するべきことがはっきりわかるように、さらに次のことを行ってみること。
- ストレスの度合いを下げるため、短時間、課題を減らす
- マイケルがしている適切なことを探し、指摘する
- 褒める

　それでも効果がなければキャンベル教諭（インクルージョン支援担当）、ジョーンズ教諭（マグネットプログラムコーディネーター）、ギャラガー氏（行動療法家）に電話をすること。苛立ちの兆候が見られた段階で、マイケルのフラストレーションはすでに極限状態であることを、必ず覚えておくように。

指導するスキル
- ストレスを軽減する方法とそれぞれの教師が使う「合図」の見分け方を教えるには、ソーシャルスキルストーリーが役立つであろう。ソーシャルストーリーはキャンベル教諭（インクルージョン担当）が週に１度指導する
- フラストレーションが高まった時に、パスを使う練習を始めること。１日に１度、落ち着いている時にパスを使う。そうすると、ストレス下ではパスの使用がさらに快く感じられる。ストレスがあってもなくてもパスを適切に使えたら、その都度ごほうびを与える

家庭と学校間の連絡
- マイケルは各授業ごとに、その日の計画帳を使用する。教師と親は計画帳にサインをする。教師は、授業の終わりに計画帳を持ってくるようにプロンプトを出す。計画帳には、やり残した課題や提出が遅れている課題、またその日の行動について毎日記録すること。教師は、また、週の終わりに１週間の成績をプリントして渡す
- 長期課題やテストの日付、その他大切なプロジェクトは、コピーをしてキャンベル教諭（インクルージョン支援担当）のポストに入れておくこと

第7章　マイケル──ケーススタディ

　この草案が作られた2、3日後、学校側はポジティブな行動支援（PBS）プランの実行に向けて各教師との面談を行いました。さらに2週間後には、マイケルの年間IEP（個別教育計画）の更新のために会議が開かれました。

**ミシガン州センタービル郡教育委員会
ウエスト地区学生サービス
（296）589-8300**

**年間IEP再考
1999年1月19日**

年間目標
- ストレスやフラストレーションを感じたら、教室内で適切な行動を示す

短期目標
- 苛立(いら)った時には、緊急パスを活用する
- 日々の課題、また長期にわたる課題をはっきりさせるために、計画帳を使う
- 社会的に不適切な状況に遭遇した時には、大人の援助を求める
- ソーシャルストーリーを使うことで、教室で教師からの合図を利用できるようになる

年間目標
- 授業での課題、宿題、プロジェクトを期限内に完成させる能力を高める

短期目標
- 課題が何かがはっきりしない時には教師に確かめる
- プロジェクトや長期課題は、教師の補助を得て課題を3つのステップに分割する

卒業後の目標
- 中学校／高校のプログラムを終えて、4年制の大学に進学する

障害が教育に作用することを考慮し、IEPの持続に向けて優先すべきニーズは次の通りである。

教育上の優先ニーズ
- 授業での課題・宿題・プロジェクトを期限内に完成させる能力を高める
- ストレスやフラストレーションを感じたら、教室内で適切な行動を示す
- 自分のニーズを、学校では他の生徒や教師に、家庭では両親にわかりやすく伝える

調整（以下の事項はすべての授業で必要）
- 好きな座席に座らせる
- 授業内容を細分化する
- プロセス・応答時間を余分にとる
- 課題にかける時間を余分にとる
- 応答には（必要に応じて）コンピュータやワープロを使わせる
- 毎日親と報告しあい、協力関係を結ぶ
- 整頓法を教える
- 常にフィードバックを与え、進み具合をチェックする

交通でのニーズ
- 家に最も近く安全な場所で通常のスクールバスに乗る
- バスの最前席に座る
- バスに専用席を設ける

教科での調整
- 宿題は視覚的に（OHP・黒板・ホームワークシートに）提示する。毎日同じ方法で同じ場所に書くこと。宿題計画書を使うのも可
- 日々の授業のスケジュールをできるだけ詳しく、はっきりとした視覚的な形で、各授業のはじめに示すこと。授業での手順、席、指導スタイルに変更があれば、必ず具体的に詳しく説明する。集会、避難訓練、講演、その他の特別な活動時も同様
- 座席は教師のそばか、他の生徒たちの邪魔にならない場所にする

第7章　マイケル――ケーススタディ

- 長期の課題は、支援職員のポストに入れておくこと
- 教師は、マイケルの進み具合について具体的なコメントを頻繁に与えること
- 教師は、マイケルに誰と座りたいかを尋ね、一緒に座る生徒選びを手伝う。グループ活動でも同様に、好きな生徒のグループに入れるようにすること。グループメンバーの移動など何らかの変更がある時には、移行がスムーズにできるように、必ずあらかじめマイケルに話すこと
- 重要事項はすべて具体的に伝え、マイケルが理解したかどうかを確認する。「はい・いいえ」で答える質問はしないこと。するべきことをさせてみたり、説明させること

マイケルの両親は宿題のことでまだ困っていました。2月後半、両親は次の文書を学校側に送っています。

覚 書（メモ）

宛 先： 特殊教育専門の先生、インクルージョン支援担当の先生へ
発 信： カレン＆テッド・ネルソンより
用 件： マイケルについて
気 付： 自閉症専門の先生および行動療法家の先生
日 付： 1999年2月22日

宿題に関して至急検討していただきたい事項をお伝えします。

1. 国語担当のマーティン先生は、マイケルに1週間分の宿題を全部書き写すよう指示されていますが、マイケルはその多さに圧倒されています。書き写させる代わりに、宿題のコピーを与えてはいかがでしょう。マーティン先生は宿題の提示にOHPをお使いでしょうか。もしそうでしたら、コピーは可能だと思います。簡単なところから調整していくことが必要で

はないでしょうか。そうすれば先生方にもマイケルにも負担が少なくなるはずです。マイケルが自分で宿題を書き写せない時には、先生に書いていただくことを前にお話しましたが、IEP（個別教育計画）にも注意書きにも載っていません。この件を載せていただくためには、もう1度IEPチームとのミーティングが必要だと思います。

2．私たち親は、マイケルに出されている宿題を全部把握していません。息子は困惑の余り、私たちに宿題のリストを見せたがらないのかもしれません。毎日自宅に宿題をファックスでお送りいただけるでしょうか。

3．歴史の授業での長期課題について、私たちは何も知らされていません。キャンベル先生（インクルージョン支援担当）と私たちに連絡がない場合、マイケルの長期課題の提出期限は延長されるべきです。

4．提出課題をすべてチェックするシステムを設けて、代わりになるものがないかどうか検討していく必要があります。課題の種類にまだ問題点があります。先生方が同意されたように、キャンベル先生に課題のことを知らせていらっしゃるかどうか、よくわかりません。課題は全部、キャンベル先生に目を通していただく必要があるかもしれません。

　私たちが親として知ることは、マイケルから得る情報に限られているということを、どうぞご理解下さい。マイケルからの課題情報が正しいとすれば、今までの課題はASの生徒にはもともと難しいところがあります。ですから、補助を増やしたり、別な課題を与えることを考慮していただかなければなりません。繰り返しますが、マイケルは提出課題のことで、またそれにどのように取り組むのかについて悩んでいます。宿題がなかなか出ない時にも、いつもより不安を覚えています。

第7章　マイケル —— ケーススタディ

> 5．具体的にマイケルが困っている課題には次のようなものがあります。
>
>   - 「恐れ」についての国語の作文
>   - 「ルネサンスの作家のように感情をこめて書きなさい」という社会科での絵と詩を交えたプロジェクト
>
>   マイケルはこのような課題をどうしたらよいのかわからない、と言っています。プロジェクトの期限がいつなのか、どのように始めたらよいのかなどがわかっていません。キャンベル先生に手伝っていただくように頼みなさいと言ったのですが、私たちの知る限り、頼んでいないようです。
>
> 6．マイケルが何かトピックについて調べる時には、段落に分けて書く方法がわかるように、補助が必要ではないかとずっと気になっておりました。自由作文では、段落について理解しているのですが、科学のレポートでは混乱してしまうようなのです。国語のマーティン先生は、自分の新しい考えを書く時には、段落を変えると指導されていました。マイケルにとっては、レポート全体が1つの話題なので、それをさらに分けることが理解できないようです。

　この文書と両親の要請によって、IEP（個別教育計画）チームのミーティングが開かれました。その結果、日々の宿題を両親にファックスで送ること、行動療法家が少なくても週に1度の割合で、マイケルの学校での1日の様子を様々な場面で観察することが決まりました。通常教育の教師たちは、事態が大きくならない限り、マイケルの問題になかなか気がつかなかったため、観察はずっと続けられることになりました。

　行動療法家による特定場面での観察では、次のようなことが報告されています。

カフェテリアでの出来事と介入

1999年3月1日

カフェテリアでの観察：午後12：30～12：40

　マイケルは、カフェテリアで壊れた椅子の隣にあるテーブルについた。ある生徒が、その壊れた椅子に自分の物を置くと言ってきかなかった。マイケルは、何度もそこには置かないでほしいと頼んでいた。その生徒が椅子に物を置くと、マイケルは彼を押した。

- マイケルの隣に座っていた生徒が、壊れた椅子に両足を乗せた
- マイケルは足を降ろすよう頼んだ
- その生徒は笑って片足を降ろした。しかし別な生徒と話したり笑ったりしながら、また足を椅子に戻した
- マイケルは自分の食べ物を見て、次にその生徒の足を見た。次にマイケルは生徒の足を壊れた椅子から押しのけた。3度繰り返した
- 生徒が笑った（私は支援する必要があった）
- 私はマイケルに状況を説明し、まず自分をコントロールするにはどうしたらよいかを話した（パスの使用、昼食を乗せたお盆を私の部屋まで運ぶ、席を変わる、職員に言いに行く）
- この出来事を観察した後、私はマイケルを教室まで送った。他の生徒たちは席についていたが、マイケルは立っていた。私の部屋に来るか、席に座るか、どちらかにしなさいと言われると、マイケルは部屋に行く方をとり、約10分そこにいてから教室へ戻った

　翌週、地区の自閉症専門家が、インクルージョンの支援教師がマイケルと共に作成できるように「ソーシャルストーリー」の概略を作りました。概略にはマイケルの視点で書き入れたいことも含まれていました。
　インクルージョンの教師とマイケルがソーシャルストーリーを書きあげると、自閉症専門家がマイケルがカフェテリアで適切に行動できるよ

第7章 マイケル——ケーススタディ

う補助するためにソーシャルストーリーをどう使ったらよいのか、その概念をインクルージョンの教師に教えました。以下がそのソーシャルストーリーのコピーです。

ソーシャルストーリー —— ランチタイム

　ぼくの昼食時間は新しくなりました。ぼくのスケジュールが変わったので、昼食を新しい時間帯にとることになったのです。新しいスケジュールでは、ぼくは情報センターでアシスタントをします。ぼくは情報センターでの仕事が大好きです。

　新しい昼食時間では、今までと違うことがあります。それは、

1. 列の最初に並べるように、パスを使わなくてはいけません。そうすると昼食を食べる時間がたっぷりとれるので、次の授業に遅れる心配がなくなります。

2. 昼食をもらったら、自分の席へ行きます。事務の人たちのそばのテーブルが、たいてい空いています。事務の人たちのことは知っているし、その人たちが忙しくない時には話しかけることもできます。カフェテリアでは、誰かや何かがぼくの邪魔になることがあります。そういう時に、問題を解決するやり方をぼくは知っています。問題を解決する方法は次の通りです。

　もし、ぼくのいやなことをしている生徒がいれば、ぼくはまず、言葉を使ってやめてほしいとたのみます。ぼくの言葉を聞かない生徒もいます。ほかの生徒たちが、ぼくの言ったことを聞いて助けてくれるといいのですが、みんながいつもぼくの言うことを聞いているとは限りません。みんなにぼくの言い分を聞かせることはできないことを、ぼくは覚えておかなければなりません。いやなことをしている生徒が、ぼくの言葉を聞かない時、ぼくにはいくつかできることがあります。でも、できないこともあります。

ぼくができること：	ぼくができないこと：
● その場を離れる（別な席に行く、特殊教育の先生の部屋へ行く、情報センターへ行く） ● 言葉を使う	● 相手の生徒に触る（押す、たたく） ● 相手の生徒の持ち物にさわる ● ほかの生徒たちに、ぼくの言い分が正しいことを無理やり認めさせる

あらゆる予防措置と調整を行った後も、事件は続けて起こりました。学校の最終日、生徒の1人がマイケルの髪に青いヘアスプレーを吹きつけ、マイケルはその生徒をこぶしで何度も殴りました。その日は2人共処分を受けることになりました。

7年生

　7年生の1年間を通して最大の難題は、学校側がマイケルの宿題を両親に知らせ続けることでした。前年に決まった通り、教師は日々の宿題をファックスで送ることになっていました。しかし、ファックスの故障や、他の教師が支援担当の教師に宿題を渡さないことが頻繁にあり、宿題が何なのかがマイケルにも両親にもはっきりしなかったため、問い合わせとその応答がほとんど毎日のように交わされていました。

　また、ひき続き難しかったことは、マイケルが教科学習で遅れをとった時の報告形式についてでした。数学教師と支援担当者はマイケルの両親と電子メールで連絡をとるようになり、これは非常に有益でした。以下がその連絡例です。

第7章　マイケル —— ケーススタディ

発　信：　数学教諭
宛　先：　マイケル君のお母さんへ
用　件：　マイケル君について
送信日：　11月10日

マイケル君は、水曜日締め切りの宿題を提出しませんでしたが、私は内容をお母さんにお伝えしていませんでした。宿題は、p.193〜p.198の8〜20番（偶数のみ）と、24〜48番（4の倍数のみ）です。数学でのマイケル君の行動はずっと立派です！

発　信：　マイケルの母
宛　先：　インクルージョン支援の先生へ
用　件：　科学の宿題の確認
送信日：　11月13日

マイケルは、付き添いの人と図書館で2〜3時間過ごしましたが、調べることにした衛星の情報を得られませんでした。衛星の写真も見つかっていません。インターネットで3時間も探していましたが、結局見つけられませんでした。どうやら、宇宙ではなく人工衛星の項目で調べていたようなのです（マイケルはどちらなのか聞くこともしませんでした）。今までの配慮の効果が表れていないため、教科支援のことで先生と話し合わなければならないと思います。各授業の始めから終わりまでのシステムと支援が、毎日の決まりごととなるように、構造そのものに系統だった計画が必要だと思います。

学年度末再評定

5月、7年生の終わりに、マイケルは再評定を受けました。

**ミシガン州センタービル郡教育委員会
ウエスト地区学生サービス
(296) 589-8300**

**特殊教育課
IEP（個別教育教育）の再評定**

生徒名：　マイケル・ネルソン
年　齢：　13歳6か月
学校名：　ブーン・マグネット
学　年：　7
レポート作成日：　2000年5月16日

照会理由

　再評定は3年ごとに必要とされている。マイケルは高い能力をもつ、自閉症（アスペルガー症候群）の生徒で、会話言語・言語において特別支援教育を受ける資格がある。前回の報告書の日付は1997年5月5日である。教科学習での達成度と、過程における更新が必要。

既往情報

　既往については今までのレポートを参照のこと。マイケルの両親は再評定のための情報用紙に記入済み。それによるとマイケルと家族との関係は良好。規律に関しては、本人が公平で適切だと見なし、結果が期待できる時には受け入れが可。余暇では、ビデオ、コンピュータ、音楽、収集、科学を楽しむ。マイケルが困難とするのは、親密な友人関係を育むこと、また通常の枠を超えた恐怖心や非常に心配しやすいことも問題である。両親は、学校側は支援的でマイケルのための調整を行ってはいるが、「もっと自立して、自分のすることに取り組む必要がある」と感じている。また特定の分野で「もっと直接的な指導」

第7章 マイケル――ケーススタディ

と、学校での必須学習に対するより良い評価を期待している。

評価方法

ウッドコック-ジョンソン 心理教育総合テスト 改訂版
（Woodcock-Johnson Psychoeducational Battery-Revised: WJ-R）
記憶および学習 広域評価法
（Wide Range Assessment of Memory and Learning: WRAML）

行動観察と印象

マイケルは、上記のテストのために教室を快く出た。試験官には、家に泥棒が入ったことを話したがった。2つ目のテストでは、最近もらったばかりのドリームキャストという新しいゲームと、再び家に入った泥棒について、かなり長い時間をかけて話した。この夏の計画を尋ねられると、キャンプに行く代わりにゲームソフトをいくつか買う方が長い目で見ると経済的なので、両親にそうしてはどうかと話したことを述べた。数学のテストでは、時間がかかるので計算機を使ってもよいかと聞いた。数学の応用問題では難しい箇所に気づき、意見を述べた。筆記のための文章を示された時には、説明や追加情報を何度も求めていた。

テスト結果と解釈

ウッドコック-ジョンソン 心理教育総合テスト 改訂版（WJ-R）

テスト成績 （2000年5月2日実施）

群スコア	相当学年	CA&ile	標準点
読み一般	11.9	90	120
数学一般	11.0	84	115
文字言語一般	11.1	83	114

部分テスト	相当学年
文字・単語の識別	10.7
文節理解	13.0
計算	8.3
応用問題	13.8
書きとり	8.0
筆記見本	16.9

マイケルの教科上のスキルは、現在の学年よりも3年以上高い。全体的な読む力は、11年生に相当する。読解力はそれ以上である。マイケルは、以下の単独でタイプされた単語を理解できる。significance（重要性）、bouquet（ブーケ）、apparatus（器具）、trivialities（些細なこと）。数学のスキルは11年生の初期に相当する。実際的な場ではそれ以上のスキルを示す。分数の足し算、引き算、また約分もできる。平方フィート、利息、パーセントの計算ができる。文字言語では、et cetera（エト・セトラ）などの略語やarrogance（傲慢）、bizarre（奇妙な）、millenniums（千年）といった綴りが書ける。マイケルが書いた文章は極めて詳細で、句読点も正しく使われている。

記憶および学習 広域評価法（WRAML）

部分テスト	尺度スコア
絵画記憶	8
デザイン記憶	9
言語学習	9
ストーリー記憶	11
記憶スクリーニング指標	95

　マイケルは視覚的に細かい短期記憶課題よりも、聴覚的なヒントがある課題の方がよくできた。全体の記憶スキルは、平均的な機能レベルである。

　全体的に順調であったにもかかわらず、マイケルはまだ時おり行動上の爆発を起こしていました。しかし両親は、マイケルの今学年はまずまずの成功だったと感じていました。そして夏休みが、マイケルにも自分たちにとっても、「回復の時」となることを楽しみにしていると話していました。

第7章　マイケル —— ケーススタディ

8年生

　マイケルは学校でずっと順調でした。学校側は、教師と親との開かれたコミュニケーションを維持していました。具体的には、宿題は定期的に両親宛に電子メールで送られ、支援スタッフは、教師が難しすぎるような宿題を出していないか毎週調べていました。この段階で、支援スタッフのメンバーのほとんどが、マイケルのことをよく知っていました。マイケルもスタッフを信頼しており、彼らが自分を好きで支援してくれていることを知っていました。以下の電子メールは学校側とマイケルの両親との間で定期的に交わされたコミュニケーション例です。

発　信：　D教諭（インクルージョン支援担当）
宛　先：　ネルソン夫妻へ
用　件：　今日の更新情報
送信日：　2000年8月30日 水曜日

B先生（国語担当）が、マイケル君の更新情報をメールでご両親にお送りしたいとのことです。私にもコピーが送られてくることになっています。B先生にはご両親のメールアドレスをお伝えしました。N先生（歴史担当）は金曜日のテストに備えて、今週は「行動規範」について復習するそうです。

P先生からの宿題は今週はありません。

終業時まで、H先生はマイケルの今日の様子を知らせて下さる予定です。今日中にお知りになりたいことがありましたらご連絡下さい。私の方からまたメールを差し上げます。

このアドレスをそちらのアドレス帳に載せておいて下さい。
私は自宅のメールアドレスではなく、教育委員会のメールシステムを使っています。

発　信：　B教諭（国語担当）
宛　先：　マイケル君のご両親へ
用　件：　マイケル君の課題
送信日：　2000年8月31日 木曜日

おはようございます。

私は今年度とてもはりきっています。プレハブ校舎ではなく、ちゃんとした校舎ですばらしいテクノロジーを利用できるのです。つまり、マイケル君の宿題を、そちらにメールで送信できるということです。万一、課題にやり残しがあったり、気になることがあった時にも、メールでお知らせできます。すぐに情報をお伝えできるのが何よりです。今週は主に授業に必要な物や用紙などを揃える作業をしています。

今日は初めて提出課題を出します。

課題は、自分の名前の文字を使って詩を作ることです。詩の各行の最初の文字を縦に読むと自分の名前になるようにします（必要なら授業で書き写せるように視覚補助を使います）。詩の内容は、趣味や性格など自分自身に関することです。名前の文字は装飾します。できあがった詩はクラスで発表します。発表についてマイケル君がどう思うか話し合ってみます。おそらく大丈夫だと思うのですが、無理強いはしません。この課題は自己紹介活動です。生徒のことがわかるようになりますし、また私がいつもどういう風に採点評価をするのかを伝えることもできます。

今日は採点評価方法の紙と国語の本をご覧下さい。本は今日か明日持ち帰ると思います。

よろしくお願いいたします。

第7章　マイケル —— ケーススタディ

発　信：　D教諭（インクルージョン支援担当）
宛　先：　マイケル君のご両親へ
用　件：　更新情報
送信日：　2000年8月31日 木曜日

月曜日の朝にお伝えしました通り、マイケル君には整頓用のファイルを2冊渡しました。赤いファイルは今しなければならない宿題用（「止まれ！ 宿題をしなさい」）、緑のファイルには終わった宿題を入れます（「進め！ 宿題を入れなさい」）。

数学で短い宿題が出ています。p.17の問題22～25です。

科学ではセクションのまとめをすることになっています。p.19の問題1～5です。

期限は明日（金曜日）です。H先生によると、マイケル君は今週はとてもよくやっているとのことです。今週は2つの研究を仕上げてクラスで口頭発表しました。

良い夕べをお過ごし下さい。

発　信：　B教諭（国語担当）
宛　先：　マイケル君のご両親へ
気　付：　インクルージョン担当教諭
用　件：　マイケル君について
送信日：　9月5日 火曜日

今日（9/5）は名前を使った詩の発表を行いました。マイケル君は準備が十分できていませんでした。幸い、時間が足りなくなり、全員が発表できませんでしたので、マイケル君にはもう1日余分に課題を仕上げる時間があります。

マイケル君には発表をするかしないか選ばせることにしました。

学校でマイケル君が宿題計画表に確実に宿題と期限を書き写せるようなシステムを作り、おうちでもご両親に見ていただけるようにすれば、もう少し期限を守って宿題ができるようになるのではないかと思います。

明日（9/6）は詩の発表の続きを行い、次に作文の教科書に初めて自由作文を書く予定です。

発　信：　B教諭（国語担当）
宛　先：　マイケル君のご両親へ
気　付：　D教諭（インクルージョン担当）
用　件：　9/7の宿題について
送信日：　9月7日 木曜日

マイケル君は詩の課題を提出しました。発表はしないそうです。ざっと見たところ課題は上出来でした。採点をしたらお知らせします。

マイケル君には読書課題があります。p.12の質問1、2、5に答え、作文の教科書の「作者の覚え書き」を完成させることです。

教科書は9/6（水）に持ち帰り、学年末まで家に置いておくことになっています。

　宿題に関する連絡システムの改善と、学校側からの社会的にも情緒的にも前向きな支援によって、マイケルの成績は良くなっていきました。両親は宿題情報を得て、マイケルが責任をもって宿題を書きとめ、必要な教材を持ち帰り、期限内に仕上げるよう強化することができました。8年生の2学期でのマイケルの成績は次の通りでした。

ブロード・コミュニケーション（メディア補助）	A
上級国語	B
代　数	C
科学（研究）	B
上級科学（応用）	C
上級アメリカ史	A

　マイケルの教育にあたっては、早目に計画をたてるのが重要だと知った両親は、ふさわしい高校の情報を積極的に集めています。マイケルはマグネットプログラムのある科学・初期工学の高校に自動的に入ること

第7章　マイケル——ケーススタディ

ができますが、コンピュータテクノロジーに興味があると言っています。マイケルの学校区にはコンピュータテクノロジーの特別プログラムを備えた高校が3校あります。その中の1校は、とりわけ荒れた生徒の多い学校なので、マイケルの学校側は、両親にできるだけ多くの選択肢を考えるようにと促しています。

　今までマイケルは候補にあがった3つの高校のうち、2校のオープンスクールに出席しました。同時に両親は3校それぞれを訪問し、マグネットプログラムのコーディネーターや特殊教育専門家との面談を行いました。マイケルはその中の1校に一番関心を示しています。そこでは選択科目に日本語があるからです。高校では、入学の可能性のある生徒が在校生1名と1日体験ができる「シャドーイング」と呼ばれるシステムがありますが、マイケルはどの学校でもそれをしたがりませんでした。学校で迷うのではないかと心配したのです。マイケルの不安を減らすためには、新しい学校での初日に備えたオリエンテーションプランが不可欠でしょう。オリエンテーションを行えば、マイケルは職員や校内の環境に慣れやすくなるはずです。

　両親は、ひき続きマイケルのために強く代弁していかなければならないと考えています。教師チームがマイケルをより理解するための研修を受けるか否かは、両親にかかっています。さらに、調整が確実になされ、学習で遅れをとることがないように、学校側とは緊密な連絡を取り合わなければならないでしょう。また両親は、マイケルの情緒状態を監視しながら、他の生徒たちからのからかいやいじめによる問題がないかどうかにも、注意を払っていかなければならないことも承知しています。このような数々のことがすべて適切になされれば、マイケルは来る年月をうまく切り抜け、高校を見事に卒業できるのではないかと両親は期待しています。

監訳者あとがき

　ブレンダ・S・マイルズ先生の『アスペルガー症候群への支援 ― 思春期編』を読者の皆さんにお届けできることを、大変嬉しく思います。
　およそこの十年は、欧米だけでなく日本でも高機能自閉症やアスペルガー症候群など、発達障害への関心と注目が一気に高まりました。こうした障害のお子さんを育み教えることの難しさ、困難さは、世界中、そう変わらないようです。とくに我が国では、世間を震憾させる不幸な事件が続いたり、引きこもりやいじめといった社会的関心事もあって、このところ、行政や学会、障害者団体、NPO団体など、各方面から解決の糸口をさぐる動きも活発になってきました。
　とくに昨年は発達障害者支援法が成立して、我が国で初めて軽度発達障害をもつ幼児から青年・成人までを本格的に支援する方向が定まりました。いよいよクライエントのライフステージとニーズに合わせて、詳細かつ精力的な支援のプログラムとパワーの構築が重要な課題になっています。またコミュニティ・ケアあるいは国民的なメンタルヘルスとしての、新たな問題提起という側面も見逃してはならない点でしょう。
　私は立場上、多くの関係者や関連職種の方々と接してきました。心優しいこの関係者の皆さんの熱心な取り組みに、改めて敬意を表します。また一方で人手や予算の不足、ネットワークの弱さで、関係者自身が悲鳴をあげる状況にも胸が痛くなります。とくにアスペルガー症候群の人々の支援は端緒についたばかりで、教育支援、メンタルヘルス、就労支援、地域生活支援など、問題山積です。地域格差の拡大も懸念されます。本書は、ささやかながらも苦闘する皆さんへのエールに、という願いを込めてお届けする次第です。
　著者のマイルズ先生は、すでに『アスペルガー症候群とパニックへの対処法』（東京書籍）、『アスペルガー症候群と感覚過敏性への対処法』（東京書籍）が邦訳されていて、日本でも高名です。とくに本書はアメリカで

高く評価されて、金賞を授与された名著です。姉妹編のスーザン・T・ムーア先生の『アスペルガー症候群への支援 ── 小学校編』と併せてお読みいただければ、アメリカでの支援や教育の基本的なスタンスや方法が明確になります。マイルズ先生とは、一昨年の来日の際にお目にかかって、いろいろな質問をぶつけたり、ソーシャルファームという新しい就労形態の研究会にご一緒したりしました。深い学識と暖かいお人柄に魅了され、昨年6月にはカンザスシティを訪れて再び議論を重ねる機会を得ました。私の質問に明快に答えていただいたのみでなく、ご自宅の書斎の蔵書をたくさん手渡され、読破するよう励まされました。改めて、底の深さに感じ入りました。

　今回の翻訳は、テーラー幸恵さんにとても読みやすい日本語に直していただき、またマイルズ先生の長い間のパートナーである萩原拓さんにも加わっていただき、遺漏のないよう努めました。とくに萩原さんはこの春から帰国されて、大学で後輩を育成されることになりました。本書の生きた実践が見られることを、心から期待しております。本書はもっと早く出版のはこびになるはずでしたが、私の予期せぬ眼疾などで大幅に遅れてしまい、編集担当の大山茂樹さんはじめ、関係者の方々にご迷惑をおかけしました。お詫びするとともに、ご支援を深く感謝いたします。

　　　2006年4月

　　　　　　　　　　　　　　　　　　　　　　　　　吉野邦夫

參考文獻

Adreon, D. (2000, Winter). Organizational supports. *FASTimes, Florida Asperger Syndrome Times*, 1.

Adreon, D., & Stella, J. (2001). Transition to middle and high school: Increasing the success of students with Asperger Syndrome. *Intervention in School and Clinic. 36*, 266-271.

Alspaugh, J. W. (1998). Achievement loss associated with the transition to middle and high school. *The Journal of Educational Research. 92*, 20-25.

American Psychiatric Association. (2000). *Diagnostic and statistical manual of mental disorders* (4th ed. text rev.). Washington, DC: Author.

Anderman, E. M., & Midgley, C. (1997). Changes in achievement goal orientations, perceived academic competence and grades across the transition to middle-level schools. *Contemporary Educational Psychology, 22*, 269-298.

Arowosafe, D. S., & Irvin, J. L. (1992, November). Transition to middle level school: What kids say: *Middle School Journal, 23*, 15-19.

Arwood, E. L., & Brown, M. M. (1999). *A guide to cartooning and flowcharting: See the ideas*. Portland, OR: Apricot.

Autism Asperger Syndrome Resource Center. (1997). *Assessing the setting demands in the classroom*. Kansas City, KS: Author.

Ayres, A. J. (1979). *Sensory integration and the child*. Los Angeles: Western Psychological Services.

Barnhill, E. (2000). *Attributional style and depression in adolescents with Asperger Syndrome*. Unpublished doctoral dissertation, University of Kansas.

Barnhill, G., Hagiwara, T., Myles, B. S., & Simpson, R. L. (2000). Asperger Syndrome: A study of the academic profiles of 27 children and adolescents. *Focus on Autism and Other Developmental Disabilities, 15*(3), 146-153.

Barnhill, G. P., & Myles, B. S. (in press). Attributional style and depression in adolescents with Asperger Syndrome. *Journal of Positive Behavioral Supports*.

Bieber, J. (Producer). (1994). *Learning disabilities and social skills Richard Lavoie: Last one picked . . . first one picked on*. Washington, DC: Public Broadcasting Service.

Black, S. (1999). Major school transitions require more than a one-shot orientation. *American School Board Journal, 186*, 53-55.

Bromley, K., Irwin-DeVitis, L., & Modio, M. (1995). *Graphic organizers: Visual strategies for active learning*: New York: Scholastic.

Cumine, V., Leach, J., & Stevenson, G. (1998). *Asperger Syndrome: A practical guide for teachers*. London: David Fulton.

Dunn, W. (1999). *The Sensory Profile: A contextual measure of children's responses to sensory experiences in daily life*. San Antonio, TX: The Psychological Corporation.

Dunn, L. M., & Dunn, L. M. (1981). *Peabody Picture Vocabulary Test - Revised*. Circle Pines, MN: American Guidance Service.

Dunn, W., Myles, B. S., &: Orr, S. (in press). Sensory processing issues in Asperger Syndrome: A preliminary investigation. *The American Journal of Occupational Therapy*.

Durand, V. M., & Crimmins, D. (1992). *Motivation Assessment Scale.* Topeka, KS: Monaco & Associates.

Gerler, E. R., Drew, N. S., & Mohr, P. (1990). Succeeding in middle school: A multimodal approach. *Elementary School Guidance & Counseling, 24.* 263-271.

Goldstein, A. P. (1997). *Skillstreaming the adolescent (revised).* Champaign, IL: Research Press.

Grandin, T. (1999, April). *Understanding people with autism: Developing a career makes life satisfying.* Paper presented at the MMP Services, Incorporated, and Indiana Resource Center for Autism Conference, Indianapolis.

Gray, C. (1994). *Comic strip conversations: Colorful, illustrated interactions with students with autism and related disorders.* Jenison, MI: Jenison Public Schools.

Gray, C. (1995). *Social stories unlimited: Social stories and comic strip conversations.* Jenison, MI: Jenison Public Schools.

Gray, C., & Gerand, J. D. (1993). Social stories: Improving responses of students with autism with accurate social information. *Focus on Autistic Behavior, 8,* 1-10.

Green, R. W. (1998). *The explosive child: A new approach to understanding and parenting easily frustrated "chronically inflexible" children.* New York: HarperCollins.

Harris, L. G., & Shelton, I. S. (1996). *Desk reference of assessment instruments in speech and language.* San Antonio, TX: Communication Skill Builders.

Hartos, J. L., & Power, T. G. (1997). Mothers' awareness of their early adolescents' stressors: Relation between awareness and adolescent adjustment. *Journal of Early Adolescence, 17,* 371-389.

Henry Occupational Therapy Services, Inc. (1998). *Tool chest: For teachers, parents, and students.* Youngstown, AZ: Author.

Hook, D. L. (2000, September 10). Mom in the middle. *Kansas City Star.* H-1, H-8.

Howlin, P. (1998). *Children with autism and Asperger Syndrome.* New York: John Wiley and Sons.

Jones, V. F., & Jones, L. S. (1995). *Comprehensive classroom management: Creating positive learning environments for all students* (4th ed.). Boston: Allyn and Bacon.

Kadesjo, B., Gillberg, C., & Hagberg, B. (1999). Brief report: Autism and Asperger Syndrome in seven-year-old children: A total population study. *Journal of Autism and Development Disorders, 29.* 327-332.

Kasselman, C. J., & Myles, B. S. (1988). Getting the most from a lecture: Strategies for teachers and students. *LD Forum, 13*(4), 15.

Kennedy, C. H., & Fisher, D. (2001). *Inclusive middle schools.* Baltimore, MD: Paul H. Brookes.

Kern, L., Dunlap G., Clarke, S., & Childs, K. (1994). Student-assisted functional assessment interview. *Diagnostique, 19*(2-3), 29-39.

Kerr, M. M., & Nelson, C. M. (1993). *Strategies for managing behavior problems in the classroom.* Columbus, OH: Merrill/ Macmillan.

Kientz, M., & Miller, H. (1999). Classroom evaluation of the child with autism. *AOTA School System Special Interest Section Newsletter, 6*(1), 1-4.

Lewis, T. J., Scott, T. M., & Sugai, G. (1994). The problem behavior questionnaire: A teacher-based instrument to develop functional hypotheses of problem

参考文献

behavior in general education classrooms. *Diagnostique, 19*, 103-115.
Little, L. (2000, Fall). Peer victimization of children with AS and NLD. *The Source: A Publication of the Asperger Syndrome Coalition of the United States, Inc.* 1,6.
Mclntosh, D. N., Miller, L. J., Schyu, V., & Dunn W. (1999). *Short Sensory Profile*. San Antonio, TX: The Psychological Corporation.
Michael Thompson Productions. (2000). *Social language groups*. Naperville, IL: Author.
Mizelle, N. B. (1990). *Helping middle school students make the transition into high school*. Champaign, IL: ERIC Clearinghouse on Elementary and Early Childhood Education. (ERlC Document Reproduction Service No. ED 432 411)
Mullins, E. R., & lrvin, J. L. (2000). Transition into middle school. *Middle School Journal, 31*, 57-60.
Myles, B. S., Bock, S. J., & Simpson, R. L. (2000). *Asperger Syndrome Diagnostic Scale*. Austin, TX: Pro-Ed.
Myles, B. S., Constant, J. A., Simpson, R. L., & Carlson, J. K. (1989). Educational assessment of students with higher-functioning autistic disorder. *Focus on Autistic Behavior, 4*(1), 1-15.
Myles, B. S., Cook, K. T., Miller, N. E., Rinner, L., & Robbins, L. A. (2000). *Asperger Syndrome and sensory issues: Practical solutions for making sense of the world*. Shawnee Mission, KS: AAPC. 『アスペルガー症候群と感覚敏感性への対処法』ブレンダ・スミス・マイルズ、キャサリーン・タブスコット・クック、ナンシー・E・ミラー、ルーアン・リナー、リサ・A・ロビンズ著　萩原　拓訳　東京書籍　2004
Myles, B. S., & Simpson, R. L. (1998). *Asperger Syndrome: A guide for educators and parents*. Austin, TX: Pro-Ed.
Myles, B. S., & Simpson, R. L. (2001). Understanding the hidden curriculum: An essential social skill for children and youth with Asperger Syndrome. *Intervention in School and Clinic, 36*, 279-286.
Myles, B. S., & Southwick, J. (1999). *Asperger Syndrome and difficult moments: Practical solutions for tantrums, rage, and meltdowns*. Shawnee Mission, KS: AAPC. 『アスペルガー症候群とパニックへの対処法』ブレンダ・スミス・マイルズ、ジャック・サウスウィック著　冨田真紀監訳　東京書籍　2002
Nowicki, S. (1997). *Instructional manual for the receptive tests of the Diagnostic Analysis of Nonverbal Accuracy 2 (DANVA2)*. Atlanta, GA: Author.
Occupational Therapy Associates Watertown. (1997). *Adolescent/adult checklist of occupational therapy*. Watertown, MA: Authors.
Odegaard, S. L., & Heath, J. A. (1992). Assisting the elementary school student in the transition to a middle level school. *Middle School Journal, 24*, 21-25.
O'Neill, R. E., Horner, R. H., Albin, R. W., Sprague, J. R., Storey, K., & Newton, J. S. (1997). *Functional assessment and program development for problem behdvior: A practical handbook*. Pacific Grove, CA: Brooks/Cole.
Phelan, P., Yu, H. C., & Davidson, A. L. (1994). Navigating the psychosocial pressures and adolescence: The voices and experiences of high school youth. *American Educational Research Journal. 31*. 415-447.
Reis, S. M., Burns, D. K., & Renzulli, J. S. (1992). *Curriculum compacting: A process for modifying curriculum for high ability students*. Storrs, CT: The National Research Center on the Gifted and Talented.
Reisman, J., & Hanschu, B. (1992). *Sensory Integration - Revised for individuals*

with developmental disabilities: User's guide. Hugo, MN: PDP Press.

Richardson, R. C. (1996). *Connecting with others: Lessons for teaching social and emotional competence.* Champaign, IL: Research Press.

Rinner, L. (2000). *Asperger Syndrome and autism: Comparing sensory processing in daily life.* Unpublished master's thesis, University of Kansas.

Schumacher, D. (1998). *The transition to middle school.* Champaign, IL: ERIC Clearinghouse on Elementary and Early Childhood Education. (ERIC Document Reproduction Service No. ED 422 119)

Shoffner, M. F., & Williamson, R. D. (2000) . Facilitating student transitions into middle school. *Middle School Journal, 32,* 47-52.

Swaggart, B., Gagnon, E., Bock, S., Earles, T., Quinn, C., Myles, B. S., & Simpson, R. (1995). Using social stories to teach social and behavioral skills to children with autism. *Focus on Autistic Behavior, 10,* 1-16.

Walker, H., McConnell, S., Holmes, S., Todis, B., Walker, J., & Golden, N. (1988). *The Walker social skills curriculum: The ACCEPTS program.* Austin, TX: Pro-Ed.

Weldy; G. R. (1995, February). Critical transitions. *Schools in the Middle,* 4-7.

Wigfield, A., & Eccles, J. S. (1994). Children's competence beliefs, achievement values and general self-esteem: Change across elementary and middle school. *Journal of Early Adolescence, 14,* 107-138.

Wilde, L. D., Koegel, L. K., & Koegel, R. L. (1992). *Increasing success in school through priming: A training manual.* Santa Barbara, CA: University of California.

Williams, M. W., & Shellenberger, S. (1996). *How does your engine run? A Ieader's guide to the Alert Program for Self-Regulation.* Albuquerque, NM: Therapy Works.

Winebrenner, S. (2001). *Teaching gifted kids in the regular classroom: Strategies and techniques every teacher can use to meet the academic needs of the gifted and talented.* Minneapolis, MN: Free Spirit Publishing, Inc.

Wing, L. (1981). Asperger's Syndrome: A clinical account. *Psychological Medicine, 11,* 115-129.

Wood, M. M., Davis, K. R., Swindle, F. L., & Quirk, C. (1996). *Developmental therapy - Developmental teaching* (3rd ed.). Austin, TX: Pro-Ed.

World Health Organization. (1992) . *International classification of diseases and related health problems* (10th ed.). Geneva: Author.

Yak, E., Sutton, S., & Aquilla, P. (1998). *Building bridges through sensory integration.* Weston, Ontario: Authors.

索引

【事項】

〈英字〉

AD/HD　　　　　　　　32, 203, 211, 220
AD/HD評定尺度 ― 家庭用　　　　200
ASDS　　　　　　　　　　　　　38
DSM-IV-TR　　　　　　　　　　37
ICD-10　　　　　　　　　　　　37
IEP　　　　　　41, 108, 167, 169, 177, 179,
　　　　180, 185, 212, 237, 238, 240, 241, 246
IQ　　　　　　　　　15, 16, 79, 86, 87,
　　　　　　　135, 146, 163, 176, 189, 190, 201
LD　　　　　　　　　　　　　　15
OHP　　　　　　　　　89, 234, 238, 239
PBS　　　　　　　　168, 226, 232, 234, 237
SOCCSS　　　　　　　　　124, 128, 130
TO-DOリスト　　　　　　　　101, 156
WISC-III　　　　　　　　　　　189

〈あ〉

アイコンタクト　　　　　　　　52
アスペルガー症候群診断スケール　38
安定化　　　　133, 134, 136, 138, 140, 231
暗黙の言語　　　　　　　　　　18
暗黙のルール　　　　92, 113, 114-117,
　　　　　　　　　　120, 123, 140, 157
家・木・人の描画テスト　　　　200
怒り　　　29, 30, 33, 66, 96, 100, 126, 133,
　　　　　136, 168, 169, 201, 202, 208, 223
移行期　　　　　　　　10, 113, 144, 158
移行計画　　76, 143, 144, 150, 159, 212, 219
移行計画会議　　　　　　　150, 151, 220
移行計画チェックリスト　　　145, 151
いじめ　　　　　　11, 27, 30, 33,
　　　　　45, 92, 93, 116, 137, 146, 154,
　　　　　155, 159, 173, 175, 222, 253, 255
一次性こだわり　　　　　　　　22
1対1の指導　　　　　　　　　135
意味をもつ記憶　　　　　　　　50
インクルージョン　　222, 231-234, 236,
　　　　239, 240, 242, 243, 245, 249, 251, 252
インタビュー　　　　　　56, 67, 68,
　　　　　　　　　90, 200, 222, 228, 229
隠喩　　　　　　　　　　　46, 49

ウェクスラー個別能力検査　　200, 234
うつ　　　　　　　31, 32, 36, 133, 134,
　　　　　　189, 190, 193, 199, 202, 203, 211
ウッドコック-ジョンソン心理教育
　総合テスト 改訂版　　　　　　247
運動スキル　　　　15, 34, 43, 94, 201
演技　　　　　　　　　118, 122, 157
エンリッチメント　　　　　　　86
オリエンテーション　　　110, 111, 144,
　　　　　　150-152, 158, 222-224, 253
オリエンテーション・ストラテジー　223
音楽　　　　　54, 122, 169, 188, 214, 246

〈か〉

外的かんしゃく　　　　　　　　33
概念型グラフィック・オーガナイザー　85
回避行動　　　　　　　　　53, 55
カウンセラー　　　　　　41, 100, 140,
　　　　　　　151, 152, 155, 165, 207
顔の表情　　　　　　　　18, 24, 223
拡充学習　　　　　　　　　　　95
学習・記憶ストラテジー　　　53, 55
学習意欲　　　　　　　　　186, 189
学習コントラクト　　　　　86-88, 153
学習習慣　　　　　　　　　47, 50, 219
学習障害　　　　　　　15, 77, 148, 199
学習条件　　　　　　　　　　86, 88
学習スタイル　　　　47, 50, 65, 121, 209
学習特性　　　　　　42, 47, 50, 55, 56, 59
覚醒レベル　　　　　　　　　103, 132
書く力　　　　　　　　　　　　40
数の復唱　　　　　　　　　　190
学校環境　　16, 137, 138, 144, 151, 158, 231
学校心理士　　　　　　　　204, 205, 211
学校チーム　　　　　74, 75, 89, 93-95, 97,
　　　　　110, 135, 138-140, 205, 210, 212, 220
カフェテリア　　　　　　11, 12, 14, 29,
　　　　　30, 33, 95, 96, 102, 128, 133,
　　　　　134, 208, 214, 224, 242, 243
カラーチャート　　　　　　　126
からかい　　　　　　27, 30, 43-45, 92, 93,
　　　　　95, 116, 126, 146, 155, 175, 222, 253
カリキュラム　　　　　23, 27, 37, 39-42,
　　　　　59, 64, 71, 132, 134, 135, 144,

261

	146, 149, 157, 160, 171, 189, 219
感覚	15, 28-30, 37, 42, 52, 75, 92, 93, 95, 96, 103, 105, 113, 132, 144, 155, 156, 163
感覚・運動	38, 42, 43
感覚訓練	159, 161, 162
感覚刺激	39, 43, 66, 91
感覚処理	29, 43
感覚統合	29, 132, 133
『感覚統合による架け橋』	132
感覚認識	124, 132, 157
環境的支援	99, 145, 156
環境予測	54, 56
かんしゃく	21, 30-31, 33, 100, 107, 133, 136, 165, 182
感受性	39, 43
感情	16, 35, 54, 56, 66, 73, 75, 122, 123, 126, 135, 136, 140, 155, 192, 231, 241
感情・行動の規制	54
感情・行動の調節	47, 56
関節	28, 198
慣用語句	46
キーボードスキル	212, 214
記憶および学習広域評価法	247, 248
記憶力	16, 17, 47, 50
機械的記憶	50
着替え	34, 95, 117
技術科	34
機能的行動評価	234
機能評価	57, 67, 71
機能分析	144, 228, 229
機能分析インタビュー	228, 229
機能分析用紙	222
気分変調	211
決まりごと	30, 97, 139, 158, 222, 245
『きみのエンジンの調子はどう？』	103, 132
虐待	11, 159, 181
嗅覚	28, 30, 43, 132
教育委員会	160, 230, 249
教育課程	74, 86, 147
教科学習	37, 40, 55, 56, 76, 77, 124, 132, 144, 145, 148, 152, 230, 244, 246
強化子	228
教科内容	74, 75
教材	11, 40, 59, 64, 65, 77, 80, 81, 96, 97, 101, 104, 105, 115, 152, 156, 170, 171, 213, 217, 219, 225, 252
教室移動	96, 155
凝縮化	86
競争	9
教頭	152
協同学習	209, 217
強迫観念	199
強迫性障害	167
拒否行動	58
距離	24, 25, 51, 145, 168, 182, 228
筋肉	28
偶発的学習	50
グラフィック・オーガナイザー	82, 84, 85
グループ学習	137, 213, 217
グループ学習ストラテジー	65
グループ活動	44, 128, 140, 213, 214, 239
グループ代替計画	208
ケーススタディ	14, 185
ケースマネージャー	111, 112
ゲーム	10, 79, 94, 98, 177, 200, 205, 222, 247
結果予測	39, 129-131
言語スキル	23, 25, 37, 144
言語性IQ	190, 201
言語聴覚士	74, 100, 124, 149
言語テスト	47, 48
言語評価	46
言語理解	26
研修	150, 158, 177, 212, 222, 224, 227, 253
語彙	39, 46, 49, 176
攻撃行動	206
構造化	44, 75-77, 91, 92, 97, 98, 122, 135, 139, 141, 145, 189, 201, 207, 222, 230
構造言語スキル	23
交通機関	92, 147, 154
口頭応答	78
行動ガイダンス	235
行動観察	200, 247
行動コンサルタント	206, 228, 230, 231
行動支援計画	57, 67, 71, 205, 206, 226
行動上の問題	30, 35, 58, 71, 162, 167
行動パターン	47, 51, 55, 211
行動評価尺度	201
行動プラン	129, 131, 179, 181, 222
行動プログラム	134
行動マネージメント	235
行動療法家	205, 206, 219, 220,

索引

	222, 227, 231-234, 236, 239, 241,
広汎性発達障害	132, 211
公立学校	74, 145, 147
声のトーン	30, 46, 223
黒板	20, 34, 89, 229, 234, 238
心の理論	17, 18
固執	33, 52
個人競技	94
語想起困難	39
言葉がけ	133
言葉の抑揚	27
コナーズの持久力テスト	200
コナーズの評定尺度（保護者用）	200
個別化	75, 76, 141
個別学習	137, 213
個別教育計画	41, 108, 151, 167,
	169, 177, 179, 180, 185,
	212, 214, 216, 237, 240, 241
個別指導	122
個別プログラム	75
ご褒美	108, 110, 112, 134, 177, 181
コミック会話	126
コミュニケーション	18, 23-25, 46, 52, 57,
	73, 108, 110, 132, 136, 140, 150,
	165, 199, 207, 209, 211, 228, 249
固有感覚	28, 30, 43
語用観察チェックリスト	211
コンピュータ	40, 79, 80, 86, 97,
	138, 139, 147, 153, 155, 162, 171,
	176, 177, 202, 205, 206, 212-215,
	217, 219, 222, 228, 238, 246, 253

〈さ〉

再評定	246
サイン	24, 25, 30, 31, 136, 221, 227
作業療法士	43, 103, 149
座席	93, 99, 224, 231, 232, 234, 235, 238
自意識過剰	95
ジェスチャー	24
支援教育コーディネーター	152
支援プラン	57, 58, 140
視覚運動	89, 200
視覚─運動スキル	34
視覚運動統合の発達検査	200
視覚支援	81, 97, 99,
	104, 105, 108, 120, 135, 161, 213
視覚的サポート	104, 105, 156
視覚的理解	81

時間管理	124
時間配分	12, 13, 86, 100, 213
視空間スキル	201
刺激	25, 28, 33,
	49, 66, 89, 91, 147, 194, 208
思考障害	199
自己概念	200, 202
自己監督シート	208
自己言語化	53, 55
自己刺激行動	52, 53
自己修正	53, 55
自殺	189, 202
自習室	95
姿勢	18, 30, 105, 146, 197
自制心	205
視線	24, 27, 55, 200, 235
事前学習	77, 78, 100, 139, 152, 158
事前試行	129-131
自尊心	135, 139, 174, 202, 206
実証	120, 121
実力テスト	41
指導ストラテジー	129
自閉症行動チェックリスト	211
シミュレーション	129
社会性	10, 14, 15, 23, 24, 37-39, 42,
	55, 56, 74, 76, 95, 113, 115, 119, 126,
	128, 132, 133, 136, 143, 144, 148, 163,
	166, 175, 206, 211, 214, 216, 217, 228
社会的規範	10
社会的相互作用	24, 44, 75,
	102, 133, 149, 211
社会的な手がかり	16, 234, 235
社会的場面	103, 113, 122, 124, 214
社会的場面検証法	126-128, 157
社会的ルール	113
社交上の合図	35
シャットダウン	30, 93
シャドーイング	253
集会	97, 137, 155, 212, 238
自由時間	13, 154
集団標準準拠テスト	39
柔軟性	74-76, 219
授業課題	77, 78, 153, 204, 208, 214
授業環境診断チェックリスト	60
宿題計画シート	187, 188, 204
宿題チェックリスト	89, 90
宿題帳	90, 109
宿題ホットライン	90, 91

263

状況把握	128, 130	生育歴	193, 199
冗談	52, 114, 115, 117	生活スキル	40, 41, 75
情緒	16, 29, 121, 135, 136, 138, 139, 143, 145, 149, 167, 202, 206, 214, 216, 217, 220, 226, 252, 253	成熟度	16
		精神科医	193, 198, 199, 209, 211
		生徒参加の機能評価面接用紙	67
情緒・行動障害	178	生徒のケースマネージメント照会用紙	195-197
情緒障害	167, 210		
情緒的応答	211	整頓支援	100
衝動的・強迫的行動	52	整頓術	99, 100
衝動抑制	202	整理整頓	20, 90, 99, 101, 155, 156, 186, 191, 192, 204
小児うつ病調査表	200, 202		
小児自閉症評定尺度	211	セーフパーソン	99, 103, 114, 151, 152, 156, 158
小児パーソナリティー調査表	200		
食堂	98, 152, 155	接近による抑止法	133
触覚	30, 43, 132	接触	29, 91, 128, 223
序列型グラフィック・オーガナイザー	83	セラピー	135, 140, 171
私立学校	74, 145, 148	セラピスト	135, 140
神経学的障害	16	全障害者教育法（IDEA）	67
身体的特徴の評価	38	選択科目	14, 222, 253
身体反応	29	選択肢	76, 123, 128-131, 144, 148, 166, 180, 213, 226, 227, 232, 253
診断的評価	37, 144		
心配事	11, 13	選択判断	129, 130
心理学的評価	199, 211	選択問題	58, 79
心理士	74, 179, 189-191	前庭感覚	28, 30
遂行（実行）機能	19	専門家	38, 140, 158, 166, 181, 185, 198, 219, 220, 222
睡眠	39, 92, 194, 198, 199		
スキル指導	89	専門プログラム	147
スキル練習	120	騒音	25, 28, 30, 69, 70, 91, 92, 95, 190, 195, 206, 207, 221, 226
スクールカウンセラー	165		
スケジュール	11, 13, 16, 35, 40, 65, 68, 71, 97, 100, 101, 104, 106, 107, 137, 139, 150-152, 155-157, 163, 170, 172, 204, 205, 208, 220, 223, 231-234, 238, 243	総合IQ	190
		創作	40, 205
		ソーシャルサポート	113, 145
		ソーシャルスキル	10, 25, 26, 40, 41, 43-45, 73, 75, 88, 93, 95, 103, 113, 120-122, 124, 128, 136, 140, 147, 156, 157, 172, 177, 208, 212, 213, 217, 236
スケジュール提示法	133		
図式まとめ	81, 82, 153		
スタンドフォード・ビネー知能検査	200	ソーシャルスキルの通訳	113, 124, 157
スタンフォード学力テスト	220	ソーシャルストーリー	120,122,123, 157, 208, 236, 237, 242, 243
ストラテジー（方略）	53, 55, 113, 122, 126, 140, 156, 218		
		ソーシャルワーカー	218
ストレス	10, 12, 22, 25, 30, 31, 33, 40, 51, 58, 66, 74, 76, 77, 88, 92-97, 100, 102, 106, 107, 121, 133-140, 143, 149, 164, 168, 170, 175-177, 208, 223, 227, 230, 233-238	粗大運動	34, 39, 154
		ソックス法	124, 128, 129, 132, 157
		〈た〉	
		体育	30, 34, 54, 91, 94, 95, 101, 117, 122, 139, 151, 154, 188, 215
ストレス因子	10, 12, 55, 56, 136-139, 144, 231		
		退学	149, 218
スポーツ	34, 94, 95, 154	大学進学	42

264

索引

代替教師	56, 97, 137, 138, 177
代替行動	207, 218
タイミング法	139
タイムアウト	100
ダウンタイム	151
多重課題	20
短期の介入	133
段取り	129, 130
地域社会	10, 115, 141
チームタイム	163
チームワーク	94
チェックリスト	42, 59, 132, 144, 212
知覚	28, 29, 37, 57, 144
知能	15, 16, 189
知能検査	15, 200, 201
注意欠陥障害	167
注意欠陥/多動性障害	32, 203, 211
注意散漫	32, 52, 54
注意の持続	199, 201, 202
注意の転換	19, 20, 199, 221
昼食	69, 70, 91, 95, 100, 119, 120, 133, 151, 152, 155, 176, 224, 242, 243
注目要求行動	53
聴覚	30, 43, 52, 132, 204, 248
長期・短期記憶	50
長期の支援	134
嘲笑	44, 92
調節能力	29
直接観察	42, 46, 56, 59, 234
直接指導	80, 114, 120, 121, 128, 157
治療教育	219
通学	69, 70, 74, 92, 93, 145, 147, 154
通級学級	73, 74, 77, 100, 102, 135, 138, 146, 160, 162, 176-178, 180-182, 234
通常学級	74, 108, 110, 112, 118, 134, 135, 146, 151, 157, 175-179, 182, 203, 204, 206, 213, 218
綴り	17, 78, 170, 176, 201, 230, 248
停学	194, 197, 218, 219
デイキャンプ	215
定型発達	9, 11-13, 17, 19, 24, 27, 29, 30, 31,34, 35, 42, 43, 46, 64, 92, 94, 96, 102, 143, 228
テーマ統覚テスト	200, 202
手書き	34, 40, 78, 89, 170
転校	149, 167, 203, 206
トイレ	11, 116, 152, 224
投影パーソナリティテスト	202

動機測定尺度	67
動機づけ	9, 22, 23, 111, 135
登下校	98, 152, 154
動作性IQ	189
洞察力	99, 118
投薬	39, 171
トークン	134
読書	19, 199, 207, 220, 222, 252
特別支援	39, 47, 74, 110-112, 146, 148, 157, 178, 181-183, 205, 210-216, 219, 220, 222-227, 231, 234, 246
特別な興味	22, 23, 30, 41, 135
図書館	97, 101, 245
徒党	12, 13
友だちの輪	112, 118, 119, 157, 208
トラウマ	14, 160
トラベルカード	99, 108-112, 157
トラベルカードプログラム	110, 111
トレーニング	45, 103, 119, 144, 151, 156, 157, 212

〈な〉

内的かんしゃく	33
内容読解	40
仲間意識	64, 212
悩み	9, 12, 14, 175, 178, 179, 202
匂い	91, 95
二次性の関心	22, 23
日常生活スキル	75
日課	12, 78, 91, 93, 97, 135, 139, 152, 155, 156
認知	15, 21, 37, 38, 123
認知的障害	29

〈は〉

パーティー	32, 116, 218
白昼夢	32
パス制度	213, 222, 224, 226
発達障害	210, 255
バディ（相棒）	152, 154-156
パニック	30, 31, 33, 58, 74, 100, 123, 133, 139, 167, 226
般化	21, 47, 51, 53, 54, 112, 113, 120, 122, 128
反抗挑戦性障害	167
板書デモンストレーション	50
ピエール・ハリスの小児自己概念尺度	200
引きこもり	21, 33, 39, 58, 74, 93, 134, 255

265

非言語コミュニケーション	211
微細運動	34, 40, 97, 105, 170, 177
美術	54, 101, 147, 215
筆記	40, 50, 52, 101, 105, 107, 135, 148, 204, 213, 214, 217, 230, 231, 247
避難訓練	97, 155, 238
皮肉	43, 44, 175
標的行動	59, 207
不安	9, 12, 16, 20, 22, 25, 29-32, 36, 56, 74, 76, 77, 96, 100, 105, 133, 136, 140, 144, 151, 158, 165, 168, 170, 171, 178, 192, 201-203, 207, 217, 221, 226, 230, 231, 240, 253
フィードバック	111, 128, 229, 232, 235, 238
不器用	32, 34, 178
複合障害	211
不信感	10, 182
不注意	32, 201, 203, 211
不適応性	38
不適切な行動	21, 22, 92
フラストレーション	96, 97, 136, 167, 168, 178, 217, 222, 230, 235-238
ブレーンストーミング	40
プロンプト	91, 106, 107, 110-112, 226, 227, 235, 236
文章完成テスト	200
文の解読	40
平衡感覚	132
ベースラインデータ	59
放課後	34, 35, 88, 89, 91, 119, 137, 152, 155, 165, 189, 208
方向感覚	105, 173
法的な支援	160
暴発行動	136
暴力	174, 175, 199, 202, 214, 216, 218, 223
ポジティブ（前向き）な行動支援（PBS）	168, 226, 232, 234, 237
ホームスクーリング	74, 145, 149, 159, 166, 168, 169, 171, 180
ホームベース	31, 55, 56, 76, 92, 95, 97, 99, 100, 102, 103, 106, 133, 139, 151, 152, 156, 212, 223
補助教員	73, 74, 77, 93, 146, 177-182
褒め言葉	200, 207, 227, 232, 235
ホルモン変化	143

〈ま〉

マグネットスクール	73, 145, 147, 219, 220, 223, 224
マナー	93, 117, 124
マンガ化	124, 157, 265
味覚	28, 30, 43, 132
メルトダウン	29, 30, 33, 74, 100, 107, 133, 139, 167, 168, 226
モデリング	65, 120-122
問題解決	20, 21, 46, 55, 65, 71, 87, 88, 154, 155
問題解決スキル	20, 21, 75, 128
問題解決テスト	211
問題解決法	54, 87, 126
問題行動	65-67, 146, 149, 168, 194, 198, 205, 211, 218, 219, 201, 208, 223, 225, 228, 230
問題行動調査票	67
モンテッソーリ式	219

〈や〉

薬物療法	66
憂うつ	66, 136
優先席	98, 99
ユーモア	52, 200
予測性	75-77
予定表	106, 156, 206, 233, 234
予防的リフレッシュ法	133, 134
読む力	39, 248

〈ら〉

らせん下降	133, 134
ランチタイム	26, 95, 96, 102, 122, 133, 134, 243
ランチ仲間	119, 120
領域・系統チャート	44
ルール	21, 93, 94, 97, 113-117, 140, 158, 160, 161, 173, 174, 202, 207, 215, 222
レジャータイム	91
連続順型グラフィック・オーガナイザー	84
ロールプレイ	129, 152
ロッカー	11-14, 21, 54, 96-99, 101, 104, 105, 115, 143, 152, 155, 156

〈わ〉

| 悪ふざけ | 123 |

索引

【人名】

CJ	3, 160, 175-183
アーウッドとブラウン	124, 125
アイビー	35
アリスン	159, 165, 166
アル	31
アン・ブリッグス	160, 175
ヴィクター	34
エド	17, 18
カレン・ネルソン	186, 192, 194, 231
ギャラガー氏	236
ギャラガー先生	231
キャロル・グレイ	122
キャンベル教諭	236
キャンベル先生	231, 240, 241
クラフト先生	187, 188
クレイグ	25
ケイティ	24
ケイトリン	117
ケン	32
サム	136, 160, 172-175
サリー・ブライ	46
シェイド先生	231
ジェイムズ	86
ジェニファー	17, 18
ジェニファー・ステラ	9, 47, 143
ジェフ	35
ジェフリー	159-162
ジェフリー・シュミット	3, 163
ジェリ	23
ジェリー	139, 140
シェリー・モイヤー	166
ジム	17
シャイナ	20
ジャスティン	118, 229
ジャン・ルーザ	128
ジュアン	25
ジュリー	74
ジュリー・ティプトン	159, 165
ショーン	25
ジョーンズ教諭	236
ジョシュア	92, 93
ジョナサン	13
ジョニー	24, 44
ジョン	24, 125
ジョン・オーク	3, 159, 163
ジョンソン先生	23, 105
ジル・オズグッド・シュミット	160
シルバー先生	197
スーザン	137
スティーブン	197
スミス先生	133, 134, 190
ソナ・チャドウィック	99
タラ	25, 26
チー先生	93
ティム	26, 32, 137
テッド・ネルソン	239
テンプル・グランディン	115
トーマス先生	26, 105
トム	118, 123
トンプソン先生	231
ナンシー	27
ニコル	26
ニック	26
ニラル	58
ハリー	23
ハロルド先生	193, 198, 209
ビリー・ジョー	19, 20
ファウルズ先生	231
ファッサー	231
フルー先生	231
ヘザー	77
ベン	29
マーガレット	41, 42
マーク	17, 18, 25, 125
マーティン先生	239, 241
マイケル	33, 185-253
マクアラスター先生	190
マリア	33
マルコ	102
マルタ	22
マレン先生	41, 42
ミーガン	134, 135
ミランダ	136
ミン	136
ムーア先生	31
メアリー・B	206
モーリーン	27
モニク	18
モハメド	138, 139
ヨーク博士	189
ライス、バーンズ、レンズーリ	86
ライス先生	25
ラヴォイ	126
リタ	94

267

リリー	119, 120
ルーザ	129
レスリー	34
レベッカ・ハインリックス	159, 172
ローリー	26
ロッキー	108, 109
ロバート	159, 166-171
ロベルト	133, 134

【団体名】

アメリカ学業成績認定委員会	161
ウィルソン中学校	98
コロンバインの高校	164
サイプレス中学校	163
自閉症・アスペルガー情報センター	59
センタービル郡心理サービス	199
ブーン・マグネット	246
ミシガン州センタービル郡教育委員会	204, 206, 214, 216, 237, 246

【引用論文】

アイルス、1979	132
アルスポウ、1998	9
アンダーマン&ミッドグリー、1997	9
ウィグフィールド&エクレス、1994	9
ウィリアム&シェレンバーガー、1996	103
ウィング、1981	31, 32
エイドリアン&ギトゥリツ、私信、2000	96
エイドリアン&ステラ、2001	9, 10, 94-96, 143, 150, 158
オディガードとハース（1992）	95
オニールら、1997	57
カー、ネルソン、1993	59
ガーラー、ドゥルー、モーア、1990	10
カーン、ダンラップ、クラーク、チャイルズ、1994	67
カッセルマン&マイルズ、1988	80
カーデショー、ギルバーグ&ハグバーグ、1999	15
クーミン、リーチ、スティーヴンソン（1998）	18
グランディン、1999	117
グリーン、1998	138
グレイ&ジェランド、1993	122
グレイ（1994）	126
グレイ、1995	122
ジョーンズ（1995）	108
ショフナー&ウィリアムソン、2000	10
スワガートら、1995	122
世界保健機関(WHO)、1992	37
ダン、マイルズ&オー、2002	29
ダンら、2002	29
デブラ=リン・フック（2000）	10
デュランド、クリミンス、1992	67
バーンヒル、萩原、マイルズ、シンプソン	15
バーンヒル、2000	31
バーンヒルとマイルズ	32
バーンヒルら、2000	86, 146
ハウリン、1998	22
ビーバー、1994	114, 126
ブラック、1999	10
ブロムリー、アーウィン=デヴィティスとモディオ（1995）	81
米国精神医学会、2000	37
ヘンリー作業療法サービス、1998	103, 132
マイケル・トンプソン・プロダクション、2000	46
マイルズ&サウスウィック、1999	16, 21, 33, 100, 120, 122, 132, 136
マイルズ&シンプソン、1998	22, 80, 100, 119
マイルズ&シンプソン、1998、2001	114, 132
マイルズ&シンプソン、2001	115
マイルズ、コンスタント、カーソン、1989	47
マイルズ、ボック、シンプソン、2000	38
マイルズら、1989	47, 55
マイルズら、2000	43, 103, 132
ヤクら、1998	132
リトル、2000	92
リナー、2000	29
ルイス、スコット、スガイ、1994	67
ワイルド、ケーゲル&ケーゲル、1992	77
ワインブレナー（2001）	79, 86

ブレンダ・スミス・マイルズ　Brenda Smith Myles

1957年、米国カンザス州オレイサ市に生まれる。1989年カンザス大学を優等学位で卒業（特殊教育学専攻）。現在カンザス大学教育学部特殊教育学科准教授として、アスペルガー症候群、自閉症に関する大学院プログラムの指揮にあたる。米国アスペルガー症候群連合、非利益団体MAAPサービスなどをはじめとする、アスペルガー症候群や自閉症の青少年たちのニーズに応える数々の団体で特別役員を務める。米国の特殊教育関係の専門誌の中で3番目に発行部数のある「Intervention in School and Clinic」編集主幹。夫キース、一人娘ヘイリーとカンザス州オーバーランドパーク市在住。《著書》Educating Children and Youth with Autism: Strategies for Effective Practice（共編著）1998年 Pro-Ed、Asperger Syndrome and Difficult Moments: Practical Solutions for Tantrum, Rage, and Meltdowns（共著）1999年　AAPC（邦題『アスペルガー症候群とパニックへの対処法』冨田真紀監訳、萩原拓・嶋垣ナオミ訳、東京書籍）、『アスペルガー症候群と感覚敏感性への対処法』（共著）2004年　ほか多数。本書は、アメリカ自閉症協会において2002年年間最優秀書籍賞受賞

ダイアン・エイドリアン　Diane Adreon

米国マイアミ大学自閉症および関連障害センター副センター長。アスペルガー症候群の青年の母親でもある。アスペルガー症候群に関する論説を執筆しており、国内外の会議に多く出席している。

吉野邦夫（よしの くにお）

1947年、島根県に生まれる。鳥取大学医学部卒業後、同大学医学部付属病院、付属脳幹研究施設を経て、1983年　国立療養所西鳥取病院小児科医長、1987年同副院長、1998年国立秩父学園園長、2006年4月より西多摩療育支援センター施設長。

専門は小児神経学、障害児治療、発達障害。日本重症心身障害学会、日本自閉症スペクトラム学会、日本発達障害学会、日本感覚統合障害学会などの理事・役員を歴任

《著書》『自閉症のトータルケア』1994年 佐々木正美監修　ぶどう社『社会就労センターハンドブック』 2002年　エンパワメント研究所『医療スタッフのためのムーヴメントセラピー』 2003年　メディカ出版『自閉症スペクトラム児・者の理解と支援』2005年　教育出版（いずれも共著）

テーラー幸恵（Taylor / テーラー ゆきえ）

北海道に生まれる。北星学園大学文学部英文学科、フリーライターをへて、現在は主婦をしながら自宅で英語指導と実務翻訳を行う。1992年　学習研究社「フェミナ文学賞」受賞。日本レット症候群協会会員。

《訳書》『レット症候群ハンドブック』（監共訳）2002年　日本レット症候群協会出版

『自閉症へのABA入門―親と教師のためのガイド』2003年　東京書籍

『アスペルガー症候群への支援：小学校編』2005年　東京書籍

萩原 拓（はぎわら たく）

1968年、東京都に生まれる。1991年立教大学心理学科卒業後、渡米。1994年メンフィス大学教育学部特殊教育学科修士課程修了。1998年カンザス大学教育学部特殊教育学科博士課程を優等学位で卒業。卒業後、同大学特殊教育学科プロジェクト・コーディネーターとして、本書の著者ブレンダ・マイルズと自閉症スペクトラムの研究、大学院レベルでの指導者養成に当たる。また、マイルズとともにアスペルガー症候群をはじめとする自閉症スペクトラムの総合的特徴を捉える研究を、全米レベルで展開しており、これまでの結果は論文で発表されている。2006年4月より北海道教育大学旭川校特別支援教育分野助教授。

《訳書》『アスペルガー症候群とパニックへの対処法』（共訳）2002年『アスペルガー症候群と感覚敏感性への対処法』2004年　いずれも東京書籍　『こんなとき　どうしたらいい：アスペルガー症候群・自閉症のお友だちへ』2006年　日本自閉症協会

装幀　東京書籍ＡＤ　金子裕
編集協力　山本幸男

アスペルガー症候群への支援──思春期編

2006年6月8日　　第1刷発行

著　者　　　ブレンダ・スミス・マイルズ＆ダイアン・エイドリアン
監訳者　　　吉野邦夫
翻訳者　　　テーラー幸恵・萩原　拓

発行者　　　河内義勝
発行所　　　東京書籍株式会社
　　　　　　東京都北区堀船 2-17-1　〒114-8524
　　　　　　営業 03-5390-7531　　編集 03-5390-7513

印刷・製本所　　壮光舎印刷株式会社

東京書籍　書籍情報（インターネット）http://www.tokyo-shoseki.co.jp/
　　　　　　e-mail: shoseki@tokyo-shoseki.co.jp

禁無断転載　乱丁・落丁の場合はお取り替えいたします
ISBN 4-487-79905-8 C0037 NDC378
Copyright © 2006 by Tokyo Shoseki Co., Ltd., Tokyo
All rights reserved.　　　　　　　　　　　　　　　　　　Printed in Japan

東京書籍の好評基本図書

ぼくのアスペルガー症候群 もっと知ってよぼくらのことを
ケネス・ホール著 野坂悦子訳 A5判 128頁 定価1,365円（本体1,300円）
アスペルガー症候群の十歳の少年本人がアスペルガー症候群を語った初の書籍。高機能自閉症やアスペルガー症候群の子どもがなぜみんなと一緒が苦手なのかなどがわかります。
内容 1．ぼくのこと 2．ぼくがちがっているところ 3．ぼくの長所 4．ぼくが信じていること

自閉症へのABA入門
親と教師のためのガイド
シーラ・リッチマン著
井上雅彦・奥田健次 監訳
テーラー幸恵 訳
A5判 184頁 定価1,890円（本体1,800円） 療育関係者 教育関係者 親・家族必携
自閉症の子どもの日常生活スキルの獲得や向上、不適切行動の改善の促進に非常に効果的なABA（応用行動分析）をはじめての方にもわかりやすく紐解く入門書

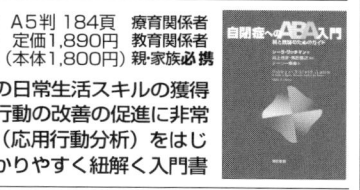

アスペルガー症候群への支援-小学校編
スーザン・トンプソン・ムーア著 A5判 224頁 定価2,100円（本体2,000円）
テーラー幸恵 訳　特別支援教育のあるべき方向を示すアメリカでの具体的実践例
自らアスペルガー症候群の子を育てながら、小学校教師としての専門性を生かして、ASの児童へのさまざまな効果的な支援のノウハウを提供する

すぐに役立つ 自閉症児の特別支援Q&Aマニュアル
通常の学級の先生方のために　廣瀬由美子・東條吉邦・加藤哲文 編著
特別支援教育に取り組む小学校の先生方にすぐに役立つアドバイス満載！
A4判 64頁 並製 2色刷 定価1,050円（本体1,000円）

いじめの根を断ち 子どもを守るガイド
バーバラ・コロローソ著 冨永星 訳 A5判 並製 276頁 定価1,890円（本体1,800円）
いじめは必ず防げると説く著者がえぐった「いじめ」のすべて。学校関係者・親御さんにおすすめ

きみも きっと うまくいく
子どものための ADHD ワークブック 
キャスリーン・ナドー ＆ エレン・ディクソン著
水野薫・内山登紀夫・吉田友子 監訳　ふじわらひろこ 絵
A5判 80頁 イラスト41点 定価1,050円（本体1,000円）
注意欠陥/多動性(ADHD)特性のある子どもが、自信と誇りを失わせずに本来の力を発揮させるために、自分自身を少しずつ改善していくためのワークブック。
(推薦文) 子どもが多動・注意・集中・衝動で心配なとき、具体的・実用的な対応がわかります。大きな字で、イラストも多く、親子で読むのにピッタリです。 都立梅ヶ丘病院 院長 市川宏伸

すぐに役立つ 特別支援教育コーディネーター入門
福井県特別支援教育研究会 編著　松木健一 監修　A5判 176頁 定価1680円（本体1600円）

東京書籍の好評基本図書

十人十色なカエルの子
大好評の絵本
特別支援教育のコツをカエルの子らの絵でわかりやすく示した。

特別なやり方が必要な子どもたちの理解のために
落合みどり 著　宮本信也 医学解説　ふじわらひろこ イラスト
A5判 88頁（うちカラー64頁）定価1,680円（本体1,600円）　杉山登志郎先生 推薦

ガイドブック アスペルガー症候群 決定版
親と専門家のために　四六判 336頁　定価2,940円（本体2,800円）
トニー・アトウッド 著　冨田真紀・内山登紀夫・鈴木正子 訳

アスペルガー症候群（自閉症で高能力）の人たちの研究を、二十数年重ねてきた著者が、彼らの療育と支援、社会適応などについて、具体的な提案をした世界初の決定版ガイド。アスペルガー症候群の人々自身が読んでも、ヒントが得られると英米でも大好評。

アスペルガー症候群と感覚敏感性への対処法
ブレンダ・マイルズ他 著　萩原拓 訳　A5判 160頁　定価1,890円（本体1,800円）
●感覚の過敏や鈍感の問題の理解や評価、そして具体的な指導法をまとめた
第1章　感覚処理について　　　第2章　アスペルガー症候群と関連する感覚の特徴
第3章　感覚処理問題の評価　　　第4章　感覚の問題に対する指導法
第5章　クリストファーの物語：感覚処理のケーススタディ　　**大好評**

アスペルガー症候群とパニックへの対処法
ブレンダ・マイルズ & ジャック・サウスウィック 著　冨田真紀 監訳　萩原拓・嶋垣ナオミ 訳
パニック発作の原因をさぐり具体的対応を施すための書籍　A5判 152頁　定価1,890円
第1章　アスペルガー症候群の特徴と行動へのインパクト　第2章　パニックはなぜ起きる？ その機能的評価
第3章　自分に気づき、落ちつき、自己管理をうながす手だて　第4章　親御さんの理解のために

自閉症とアスペルガー症候群
ウタ・フリス 編著　冨田真紀 訳　四六判 464頁　定価4,281円（本体4,078円）

能力の高い自閉症の形態、アスペルガー症候群について『自閉症の謎を解き明かす』の姉妹編として内容を発展・展開・詳説。アスペルガーの記念碑的論文の全訳、フリス、ウィング、ギルバーグ、タンタム、デューイ、ハッペらによる緻密な各章の内容でアスペルガーの人々の心に迫る。
オリヴァー・サックス絶賛──本書は、計り知れない価値のある一冊です。

アスペルガー的人生
大人になるまで知らずに『探索』し続けたアスペルガー症候群の半生
リアン・ホリデー・ウィリー 著　ニキ・リンコ 訳

リアンの自伝を読めば、この世界がアスペルガー症候群の人の目にはどう見えているかが理解できることでしょう。家族・友だち、学校の先生、診断や治療にあたる専門家の先生方にとっても、情報と洞察に満ちた宝の山となりましょう。──トニー・アトウッド 序文より　四六判 256頁　定価2,100円（税込）

すぐに役立つ 小児慢性疾患支援マニュアル
文部科学省・厚生労働省 推薦　加藤忠明・西牧謙吾・原田正平 編著　A5判／192頁／定価2100円（税込）